ET TU SERAS
CHAMANE

ISBN : 978-2-38135-005-9

www.editions-tredaniel.com
info@guytredaniel.fr
www.facebook.com/editions.tredaniel
@vegaeditions

Marie Jésus Sandoval-Amrita
Avec la collaboration de Jean-Luc Nussbaumer

Et tu seras chamane

Éditions
Véga
19, rue Saint-Séverin
75005 Paris

Préface

Ce livre relate l'histoire de Marie Jésus Sandoval, telle qu'elle me l'a racontée. Le désir m'a pris d'écrire ces pages après avoir rencontré une femme d'exception au cours des formations chamaniques et tantriques que j'ai suivies avec elle. Un courant d'énergie, une connivence spontanée, des réminiscences de vies antérieures, je ne saurais dire ce qui a déclenché cette collaboration pleine d'intimité et de confiance mutuelle. Sans doute l'addition de tous ces facteurs. Le tout à l'initiative de mon épouse, Claire, dont le regard lucide et aigu avait perçu avant moi la belle soif de vivre et le potentiel d'amour de Marie Jésus, au cours de stages réservés aux femmes. L'histoire m'a touché et je l'ai rédigée avec plaisir et passion. Pour cela, je me suis appuyé sur ce qu'elle a bien voulu me confier au cours de nos nombreuses et riches conversations. Je me suis appliqué à restituer le plus fidèlement possible le déroulement d'un chemin de vie hors du commun. En prenant tout de même quelques petites libertés dans les dialogues et certaines séquences[1].

Ce livre représente trois années de travail, d'échanges, de rencontres, de contacts, de retours. J'ai vécu cette aventure comme un accouchement, celui de l'histoire sortie tout droit du ventre d'une femme au vécu hors du commun. Un petit bout de femme plein d'énergie,

1. À quelques détails près, tous les événements relatés dans cet ouvrage correspondent à la réalité. Les modifications que j'y ai apportées ont pour but de protéger la vie privée des personnes apparaissant. Dans ce but, certains noms et prénoms ont été modifiés.

d'humour et de joie de vivre, qu'elle partage sans compter. Grande prêtresse de la communion homme-femme, elle a toujours le mot juste pour expliquer, rassurer, apaiser.

Je vous souhaite un beau voyage en compagnie de Marie Jésus la chamane. Un voyage qui vous étonnera, vous émouvra, vous ouvrira peut-être à de nouvelles réalités. En tout cas, lorsque vous distinguerez un rapace planant haut dans le ciel, vous ne le regarderez plus de la même façon.

JEAN-LUC NUSSBAUMER

À propos de Jean-Luc

Un signe sous forme d'un coup de vent alors que nous préparons les offrandes aux gardiens des quatre directions. Une carte qui s'envole et se dépose dans ta main, comme par magie. Le gardien de la porte de l'Est, l'aigle, t'apporte son message ? Et moi, je suis là, à te sentir, te regarder, te respirer. C'est entre toi et Lui, le Grand Esprit… Puis tu viendras, un jour, me proposer d'accoucher de mon histoire comme autant de révélations et d'enseignements… Ça s'est passé entre toi, moi et eux… Ton écoute, ta sensibilité, ton don avec les mots qui coulent, dansent et glissent. Puis ils prennent corps pour restituer, avec finesse, délicatesse et profondeur, l'histoire. Mon histoire. Si, pour les Amérindiens, la Plume incarne « la respiration de la Vie », si c'est le cadeau, le Présent du Grand Esprit, tu es et seras à tout jamais tout cela pour moi. Une initiation, un enfantement, ta plume au service de l'histoire de ma vie, messagère de toutes mes pensées et prières pour qu'elles s'envolent vers le Grand Esprit…

MARIE JÉSUS SANDOVAL-AMRITA

Avant-propos

La vie ne tient parfois qu'à un fil. Un fil tissé par le destin, plus ou moins solidement relié à la toile de la vie. Ne faut-il naître que pour mourir ou ne faut-il mourir que pour renaître ? Ou les deux ? Dans la nature, tout est cyclique, alors pourquoi pas la vie elle-même ? Dans ce cas, naissance et mort marqueraient le début d'un nouveau cycle pour les êtres vivants. Des cycles qui se suivent mais ne se ressemblent pas forcément... Manifestement, celui qu'a entamé Marie Jésus Sandoval en 1958 n'est pas de tout repos. Dès sa plus jeune enfance, Marie Jésus avait déjà, dans le regard, la profondeur de ceux qui voient au-delà des apparences et la lueur de celle qui sait. Son entourage a rapidement compris qu'elle n'était pas vouée à une destinée ordinaire... Et le destin l'a, en effet, immédiatement mise à l'épreuve, avec un premier voyage entre la vie et la mort dès sa plus tendre enfance.

Plus tard, de visions en rencontres, la quête spirituelle de Marie Jésus Sandoval l'a menée de la tradition ayurvédique au chamanisme, en passant par de nombreuses découvertes, dont le tantrisme sera l'élément clé. D'initiations en maîtrises, elle a extrait des profondeurs de sa conscience sa vraie nature, celle qui ne demandait qu'à éclore afin qu'elle puisse apporter sa contribution à la « Terre-Mère » et à ses enfants. Et, sans rien demander, Marie Jésus est devenue chamane. Avec les quêtes mystiques, on finit souvent par trouver ce que l'on ne cherchait pas. Les voies du Grand Esprit sont impénétrables...

S'il lui manque les trois quarts de son poumon gauche, on ne peut pas dire que Marie Jésus manque d'air. Au contraire ! À croire que chacune de ses alvéoles pulmonaires travaille pour quatre. Boostée par une incroyable énergie de vie, elle compense ses faiblesses physiques par une insatiable envie de vivre. Mais comment contrer la puissance de la fatalité ? Marie Jésus va en faire l'incroyable expérience dans un canyon de la Sierra Nevada en Andalousie, un jour de printemps en 2012.

Qu'est-ce que la vie ?
C'est l'éclat d'une luciole dans la nuit.
C'est le souffle d'un bison en hiver.
C'est la petite ombre qui court dans l'herbe
Et se perd au coucher du soleil.

CROWFOOT, CHEF BLACKFOOT (1830-1890)

LE CANYON

Sierra Nevada en Andalousie, printemps 2012

Narrateur

Le vautour suspend son vol au-dessus du canyon. Figé dans les airs, le rapace suit de ses yeux perçants la dérive de la chamane, emportée par les eaux furieuses du torrent. Puis il reprend ses circonvolutions dans l'azur andalou. Plusieurs centaines de mètres plus bas, des cœurs se serrent, des cris fusent, des mains se joignent, des larmes coulent. Quinze regards incrédules fixent désespérément l'endroit où leur guide a disparu, happée par les eaux grondantes de la cascade, comme une vulgaire quille balayée par le passage d'une boule sur la piste du destin. Car c'est bien lui, le destin, qui vient d'infliger une énième épreuve à Marie Jésus Sandoval. Comme s'il s'acharnait sur ce bout de femme chamane malgré elle, dont la douloureuse initiation a commencé dès sa plus tendre enfance…

Marie Jésus, la miraculée

Je viens de naître et, déjà, je ne suis qu'une fragile funambule sur le fil de la vie, entre terre et ciel, à la merci des vents du destin.

Mon nom est Marie Jésus Sandoval Fernandez. Je suis née le 3 novembre 1958, en Espagne, à Orzonaga, un village situé à mille deux cents mètres d'altitude, dans la ville de León. Mes parents, Enrique Sandoval Prieto et Otilia Fernandez Gutierrez, sont tous deux espagnols, même si la moitié du sang de ma mère est portugaise. Née comme moi à Orzonaga, dans son cœur, elle est espagnole.

Lorsque ma mère apprend qu'elle est à nouveau enceinte, seize mois à peine après avoir accouché de ma sœur aînée, Maria-Iziar, ce n'est pas une bonne nouvelle pour elle. Car elle craint terriblement de souffrir et même de mourir, comme cela avait failli se produire lors de son premier accouchement. Elle est tellement anxieuse que son médecin la met sous tranquillisants. Ce qui ne manque pas d'imprégner le liquide amniotique dans lequel je baigne innocemment.

Finalement, tout le monde survit à l'accouchement, même moi, tout petit bout de chou. Mais, à l'âge de neuf mois, première alerte : ma vie ne tient plus qu'à un fil ! Au point que j'ai droit à l'extrême-onction. Mes vêtements mortuaires sont fin prêts, je n'ai plus qu'à lâcher mon dernier souffle pour rejoindre ma tombe. L'esprit de contradiction déjà bien développé, je décide de ne pas mourir. Et ça marche ! Les sacrements de l'extrême-onction ont-ils agi comme une protection pour moi ? À moins que ce ne soit ce coquin de destin qui joue avec mon sort comme un chat avec une souris ? Toujours est-il que je survis. Personne ne sait comment, mais je survis. Le souffle de la vie est plus fort que le vent de la mort. Pour l'instant... Certes, je mange comme un oiseau et je suis nourrie par perfusion. Et, à force de recevoir des piqûres, mon petit corps ressemble à un champ de mines. Au point que mes parents en pleurent de désespoir quand ils doivent me faire une injection de plus avec les seringues confiées par le médecin. Ce sera mon premier traumatisme, la mère de toutes mes peurs : celle des piqûres... Cela explique qu'aujourd'hui je les sens avant même qu'elles ne me touchent. Les injections sont mon seul contact avec cet univers... Un contact sous forme d'agression envers mon pauvre petit corps martyrisé. À quoi me sert-il donc ? Et quelle vie l'avenir me prépare-t-il ? En aurai-je seulement une ici-bas ?

Depuis que j'ai vu le jour, je focalise toute l'attention de mes parents, ce qui ne plaît pas du tout à ma sœur Maria-Iziar. De plus, je coûte cher en soins à ma famille en visites de médecins, pharmacie et autres. Mes parents m'emmènent même chez des rebouteux pour tenter de me sauver. Ou au moins de me maintenir en vie...

Les femmes du village se relaient à mon chevet, mais elles murmurent que si j'avais été leur enfant, elles m'auraient laissé mourir ! Sans doute souffrent-elles profondément de me voir endurer de telles épreuves. Finalement, les efforts de toutes ces bonnes âmes sont récompensés, car je finis par reprendre du poids et de la force.

On veille sur moi. Trop, peut-être... Me devinant gauchère comme sa mère, « Añana », la sœur aînée de mon père, dit que c'est « la main du diable ». Et on m'attachera la main gauche pour que je ne puisse pas m'en servir...

Avec tout ça, j'ai pris beaucoup de retard dans ma croissance et mon développement. À l'âge d'un an, non seulement je ne marche pas, mais, plus grave, je n'arrive même pas à ramper. Ce qui fait que mes hémisphères cérébraux ne sont pas connectés. Et tout ça, au moment où je devrais me construire, créer ma relation avec l'univers ! Je ne fais manifestement pas partie de ce monde... Je ne suis ni chez les vivants ni chez les morts. Mais, pour l'instant, la balance penche plus du côté de la vie.

Cependant, le répit sera de courte durée. Je commence ma vie d'enfant fragile qui mobilise toute l'attention parentale. À cette époque, mon père est mineur. Un travail aussi pénible que risqué. Car, outre les dangers de la mine, la silicose le guette. Elle a frappé ses aînés et, à terme, menace tous les mineurs. Mon père finit par imiter la majorité de ses compatriotes : il cherche du travail ailleurs. Il est prêt à faire n'importe quoi pour échapper à ce destin sous forme de silicose. C'est finalement en France que mon géniteur trouve un emploi.

J'ai un peu plus de quatre ans lorsque nous quittons l'Espagne pour aller nous installer du côté de Vichy. Mon père y est embauché comme maçon. Il ne connaît pas ce travail, mais il apprend sur le tas. Comme beaucoup d'autres. Comme moi, beaucoup plus tard, j'apprendrai en pratiquant. *Learning by doing*...

Nous ne sommes pas riches, mais nous nous débrouillons. Avec mes sœurs, je partage une petite chambre équipée d'un petit poêle à bois. Mais il s'avérera bientôt insuffisant à nous réchauffer, car notre premier hiver en France sera l'hiver du siècle. Les températures deviennent glaciales dès la mi-novembre 1962. Il fait si froid que toute la famille se regroupe dans la cuisine pour dormir autour du poêle à charbon. Une nuit, peu de temps plus tard, je me mets à tousser fort, très fort, trop fort... Au point que cela inquiète nos voisins du dessus, Louise et Eugène. Mes parents ne parlant pas le français, ce sont eux qui alertent le SAMU. Louise avance même l'argent des frais médicaux. Je ne le sais pas encore, mais Louise sera mon sauveur, mon ange gardien ! Car mon affaire est sérieuse : un vilain kyste au poumon oppresse mon cœur. Et il grossit de jour en jour. Mon pauvre petit cœur ! Comble de l'ironie : je suis hospitalisée le jour de la Saint-Valentin pour un problème de cœur !

Le nom de l'affection révélée par le diagnostic fait peur : « Maladie adénomatoïde kystique du poumon ». Pour accéder à ce corps étranger, on doit m'ôter les trois quarts de mon poumon gauche. Une opération inédite, qui ne laisse que peu d'espoir à ma famille. D'autant plus que je ne pèse que dix kilos, à un peu moins de cinq ans. Je ne l'apprendrai que bien plus tard, mais on me donne une chance sur cent de m'en sortir...

Heureusement, à l'hôpital, l'équipe médicale me donne beaucoup d'amour. Une forme plus douce de perfusion, mais bien plus efficace... Et un examen de mes poumons révèle qu'il n'y a pas de trace de tuberculose. Ouf, c'est déjà ça !

Mon père a signé une décharge pour l'opération et se prépare à passer la nuit dans ma chambre. « Peut-être sa dernière nuit », pense-t-il sans doute en pleurant intérieurement et en priant de toutes ses forces pour moi. Ma mère n'est pas au courant de la gravité de mon état, mon père porte seul le fardeau de sa douleur. « Maman, les médecins ne veulent pas que je te voie, je ne comprends pas... »

À un moment, je me mets à délirer. Je vois les étoiles. Ça y est, je monte vers le paradis... Mais mon père me fait comprendre que ce ne sont que les lumières de la ville que j'entrevois à travers la fenêtre. Puis j'entends un murmure à l'intérieur de moi : « Tu es à Buenos Aires. » *Buenos Aires :* le « bon air »... Tout ce qu'il me faudrait ! Buenos Aires, c'est aussi la ville vers laquelle mon arrière-grand-mère avait émigré après la mort de son mari sous un éboulement dans la mine. Mais tout ça, je ne l'apprendrai que beaucoup plus tard. Mon aïeule avait laissé sa fille Domitila, ma grand-mère maternelle, à sa mère quand elle est partie en Argentine. Domitila portait le même prénom que sa sœur aînée décédée avant sa naissance. Elle sera élevée par ses grands-parents, avec son frère Pin. Mon arrière-grand-mère a refait sa vie en Argentine, elle s'est mariée et a eu plusieurs enfants. Ma mère fera la connaissance de cette descendance sud-américaine lorsque des cousins et cousines viendront un jour au village. Ils lui rapporteront que mon arrière-grand-mère avait été une femme aimée pour ses qualités humaines et que ses enfants étaient des boxeurs et des comédiennes de renom.

Une fois de plus, je surprends tout le monde en survivant. En effet, le professeur Jacquemet – une sommité dans son domaine – réussit cette opération, la première du genre. Je fais donc à nouveau partie des vivants. Cependant, je n'en mène pas large. D'autant plus que de vilaines visions sataniques me visitent. Elles ancrent en moi une peur viscérale du diable. Car je le vois ! Je le vois vraiment, encodé en moi ! Même si ma mère prétend que ce ne sont que des enfants déguisés pour le carnaval, que j'ai vu à travers la vitre qui sépare mon lit de la rue. Cependant, c'est bien autre chose que j'ai en mémoire. Et cette couleur rouge – celle du diable et qui est aussi la couleur du sang – restera insupportable pour moi pendant longtemps.

Je comprendrai beaucoup plus tard que, sans l'intervention de Louise et Eugène, je serais morte. *A posteriori*, je découvrirai également que je suis née avec ce kyste congénital qui s'est développé pendant la grossesse de ma mère. En décodage biologique, on dit que si les kystes sont présents dès la naissance, il se peut que l'enfant ait somatisé les émotions de sa mère pendant la grossesse. Et quand on sait que le cancer du poumon a pour origine la peur de la mort, on comprend mieux pourquoi ce kyste était présent dans ma poitrine...

Après mon séjour à l'hôpital, j'ai longtemps cru qu'il y avait eu une autre petite fille dans ma chambre et je me suis même souvenue avoir observé longuement cette gamine. Pourtant, tout le monde m'a toujours affirmé que j'étais seule dans la chambre. Et, surtout, j'ai été hospitalisée en urgence... chez les adultes ! Comment aurais-je donc pu côtoyer un enfant ?

Ce n'est que bien plus tard que j'ai compris : cette petite fille, c'était moi ! Et je la voyais de la même perspective plongeante que mon village natal quand je le contemplais du haut des collines. Plus tard, j'ai compris que j'avais vécu une sortie hors du corps physique alors que mon cœur s'était arrêté de battre. Une NDE *(Near Death Experience)*, comme disent les Américains, qui en ont recensé des centaines de milliers, dont une majorité rapporte des déroulements concordants. Ma première expérience chamanique...

Adulte, j'ai fait des recherches pour tenter de retrouver le professeur Jacquemet, le chirurgien qui m'avait sauvé la vie. Mais mon dossier médical a disparu. Évaporé, volatilisé… Comme si je ne devais pas savoir…

Depuis toujours, la question de la mort me taraude, et j'en parle fréquemment. En Espagne, ceux à qui je m'adresse à ce sujet se signent et changent de discussion. Mes parents… même pas la peine d'essayer de leur en parler…

Je suis facilement troublée par mes rapports avortés avec les autres. Toute petite, déjà, j'éprouvais une sorte d'hypersensibilité, liée à une très grande émotivité. J'étais également sujette à des amnésies, des trous noirs, doublés de la sensation de tomber dans le vide. Après mon passage à l'hôpital, ces dispositions me semblent exacerbées. À l'école, je perds facilement mes moyens face aux questions des autres, surtout des personnes incarnant l'autorité. Ma mémoire me fait faux bond, et mes souvenirs sont occultés. Je n'ai pas d'antennes pour me repérer, j'en perds mes racines. Au point que parfois je ne me souviens même plus de mon propre nom ! Et pourtant, en cours, j'écoute, je regarde, je comprends beaucoup de choses. Et je les ressens. Nul besoin pour moi d'apprendre par cœur, je sais, intuitivement, tout simplement. Mais parfois je suis envahie par des hordes d'idées, de paroles, d'informations et de perceptions et je me sens un peu noyée… Mon problème, c'est que je pense trop. Et je suis incapable de m'arrêter de penser.

À la maison, je perçois également beaucoup de choses, même si je ne comprends pas tout. Je suis capable de décoder une atmosphère : et on aura beau tenter de me faire croire l'inverse, je sais exactement ce qu'il se passe, si c'est positif ou négatif. Quand c'est négatif, je me sens rapidement perturbée, mon ventre me fait mal, et dans ma tête, tout se met à tourner. Je ne suis pas assez forte pour supporter l'imperfection de ce monde égoïste et dangereux.

Je suis souvent « à fleur de peau », et mes larmes surgissent sans prévenir. Quand mes parents me font des reproches, je sombre dans l'autodestruction, prenant ces reproches comme des confirmations de ma nullité, surtout quand ils me comparent à ma brillante grande sœur,

Maria-Iziar. Dans ces moments-là, je suis persuadée que mes parents ne m'aiment pas. Et j'occulte facilement tout ce qu'ils ont fait pour moi depuis que je suis née.

J'ai douze ans lorsque mon père ne trouve plus de travail à Vichy. Nous décidons de quitter la région. Après une hésitation entre Moulins et Mulhouse, mes parents optent pour l'Alsace. L'usine Peugeot propose des emplois, et l'un des deux frères de maman y travaille déjà. À Vichy, j'ai mes habitudes ; aussi, quitter cette ville est un véritable arrachement pour moi, et j'ai l'impression de mourir une nouvelle fois. Comble du malheur, je viens de perdre mon cher grand-père Anibal. Je suis effondrée.

J'espérais retrouver quelque chose de Vichy à Mulhouse, mais il n'en est rien. Adieu l'ambiance touristique, la quête de la beauté. Ici, tout est gris, il n'y a pas de fleurs, et en plus les gens parlent une drôle de langue... J'ai l'impression d'avoir été parachutée dans un désert culturel, où règne une sécheresse sociale. Toute mon intégration est anéantie. Je vis cette nouvelle vie comme un décalage social, comme quand nous rentrions en Espagne pour les vacances : un retour au Moyen Âge.

À Mulhouse, nous habitons rue des Abeilles, à six dans un appartement avec une cuisine, deux chambres, sans salle de bains. Comme à Vichy. Les toilettes sont dans la cour intérieure... Me voilà précipitée dans une ville froide et dans une vie sans convivialité ni confort. Heureusement, nous hériterons plus tard de trois pièces supplémentaires, un étage en dessous, avec des toilettes bien à nous. Mais cela n'enlève rien à cette horrible sensation qui m'habite. De plus, la femme d'un de mes oncles nous prend en grippe. Mais ma mère est heureuse, car elle a retrouvé ses frères. Ça me fait une belle jambe !

Ma sœur Maria-Iziar est en train de devenir femme, elle a quinze ans, et je contemple avec envie les formes incurvées de son corps. Moi, je suis et je reste une gamine. Du haut de sa stature de jeune adulte,

Maria-Iziar ne manque pas une occasion de se moquer de moi et de me rabaisser au rang qui est le mien : celui de la petite sœur à son service. Mais c'est pour mon bien, m'assure-t-elle dans les rares moments où elle daigne communiquer avec moi. Elle va au lycée Schweitzer et elle trouve que la mixité serait dangereuse pour moi. Ben voyons... Pour me « protéger », elle recommande le collège Kennedy à ma mère... Les paroles de Maria-Iziar sont paroles d'évangile pour mes parents, alors je suis inscrite à Kennedy pour la rentrée en cinquième. Je suis terrifiée par ce nouveau changement d'environnement. Ma mère m'emmène au collège pour le premier jour de classe. Je suis tiraillée entre le sentiment de sécurité que me procure sa présence et la honte d'être la seule élève accompagnée par sa mère... Ma timidité et mon hypersensibilité handicapent lourdement mon intégration. Aller vers l'inconnu me terrorise jusqu'aux os. Par la force des choses, il me faut prendre le chemin de l'école toute seule, plus tard, avec l'affreux sentiment d'avoir à affronter un monde extérieur vaste et hostile. Entre-temps, mon dossier médical a été transféré de Vichy chez le... pédiatre ! J'ai quand même treize ans ! Je déroule une scolarité moyenne, entrecoupée de visites au dispensaire, dont je garde l'aspect traumatisant. En conseil d'orientation en fin de cinquième, je me dirige vers un CAP d'aide-maternelle. Je sens en moi une profonde vocation de m'occuper d'enfants. Je ne sais pas encore que je m'occuperai plus tard de nombreux « grands enfants »...

Je vis dans la solitude et la souffrance. Cependant, je parviens à me faire une amie : Doris. Elle a mon âge et vient de la même région d'Espagne. Elle devient un peu ma nouvelle sœur. Heureusement, car Maria-Iziar, ma vraie sœur aînée, se montre de plus en plus élitiste, voire raciste.

— Si tu me croises en ville, change de trottoir ! m'intime-t-elle dans un de ses moments de gentillesse...

Et pourtant, elle me fascine, et je ne peux m'empêcher de l'admirer et de l'envier. Elle devient à la fois mon tyran et mon dieu. Maria-Iziar est née avec des cheveux blancs, des yeux bleu-vert, le teint clair et à moitié chauve. De plus, elle a une grosse tête, ce qui explique sans doute pourquoi elle s'est rapidement révélée être un petit génie. Elle a du répondant, elle est vive, intelligente, elle a du caractère et de la personnalité. Tant de choses qui me font cruellement défaut… Moi, ma mère m'a portée avec peur, prenant des tranquillisants pendant une bonne partie de sa grossesse. Et puis il y a eu cette chute dans le cellier. Malgré tout cela, je suis née « normale », avec les cheveux noirs, le teint mat, comme une vraie Espagnole. Ce qui n'empêchait pas Maria-Iziar de me traiter constamment de « moche » et de « sorcière ». Il faut dire qu'enfant je prenais tout l'espace familial avec ma maladie. Notre grand-père achetait des poupées à ma sœur. Et, chaque fois, elle leur coupait la tête ! Mais je sais bien que ce n'était pas à la poupée qu'elle coupait la tête, mais à moi ! Cette impression sera confirmée en 2012, lors d'une régression au cours de laquelle je sens la présence de ma sœur qui, peut-être, souhaite ma mort. Elle a plein de « gentils noms » pour moi : « résidu de fausse couche », « face de cul de mammouth »… Plus tard, beaucoup plus tard, je comprendrai que c'était ses mots d'amour pour moi.

Je commence mon CAP d'aide-maternelle à la tour du Diable. Je me sens à l'aise dans mes études, comme si j'étais venue au monde avec un diplôme de psychologie imprimé dans mon cerveau.

Durant mon enfance, nous rentrons en Espagne tous les trois ou quatre ans. Je redécouvre petit à petit le pays de mes ancêtres. Mais le niveau de confort très rustique me donne l'impression de remonter le temps, et ça me chamboule. En revoyant la vieille Emma, au visage à la peau craquelée qui trahissait des années de soumission, j'imagine ce que serait ma vie si nous étions restés au village. Je revois Emma sur sa moto, autrefois, faisant la distribution du lait. Elle débordait de vitalité, et dans ses yeux dansait sa joie de vivre. Aujourd'hui, son regard semble éteint, et mon cœur d'enfant se demande pourquoi le temps a pris sa jeunesse à ce visage jadis débordant de charme. Dans mon cœur, je plains tous ces jeunes hommes et ces jeunes femmes, pleins d'espoirs et d'attentes, à l'aube d'une vie dont ils connaissent déjà le déroulement. Serais-je moi aussi devenue comme ça si j'étais restée au pays ?

Quand je reviens en Espagne, je prends le chemin du village où mon grand-père Anibal Dos Santos – le père de ma mère – avait son épicerie, à deux ou trois kilomètres de mon village natal. À l'époque, il y avait une gare, et l'épicerie se trouvait près de la voie ferrée. Comme chaque fois que je reviens au pays, je me rends au cimetière où est enterré mon aïeul. Je ressens pour lui une sorte de profond respect admiratif, proche de la vénération. Car c'était un patriarche et un homme très altruiste qui travaillait dur et dont la sagesse était reconnue par tous. Un peu visionnaire, dans la graine, il voyait déjà le fruit. Il était mon soleil. Je dansais pour lui. Je le soupçonne également d'avoir été franc-maçon et de m'avoir transmis certaines de ses valeurs. Comme au cours du partage de l'héritage, qu'il a réparti non en parts égales, mais en fonction des situations de chacun.

Ma grand-mère Domitila m'a raconté qu'un jour Anibal avait obtenu une augmentation de salaire à la mine. Mais il avait annoncé au patron qu'il ne l'accepterait que si ses camarades étaient tous augmentés aussi. Quand je repense à lui, je vois l'image d'un chef indien, sage et puissant. Endurant, aussi, car il a été incarcéré sous Franco et ses sbires pendant la guerre civile. En prison, il risquait le peloton d'exécution tous les jours. Situation ubuesque, car, étant portugais, qu'avait-il à faire dans cette guerre hispano-espagnole ?

Je m'assieds sur sa tombe et je passe des heures entières à dialoguer avec lui. Une vieille femme m'épie et, rapidement, tout le village est au courant. Cependant, personne n'en parle. Une sorte d'omerta cimentée par de puissants tabous règne sur le sujet. Ça fait peur à beaucoup de gens... Ma médiumnité commence à se manifester, comme elle le fera plus tard dans les moments importants de ma vie.

J'éprouve un besoin vital de monter sur la colline surplombant le village, j'ai besoin de le voir sous cette perspective plongeante. Je sais que je fais partie du village, mais en même temps, je me sens différente. Si différente...

J'étais encore une gamine quand mon grand-père maternel, Anibal Dos Santos, est mort, le jour de Pâques. Depuis, je suis malade chaque année à Pâques... Un élan de fidélité inconsciente à l'âme de mon grand-père ? Pourtant, j'étais la seule à ne pas pleurer, le jour de sa mort. Peut-être savais-je déjà qu'il ne pouvait pas être mort, que personne ne meurt, que nous sommes tous des parcelles de Dieu, donc immortels. Au cimetière, le jour de l'enterrement, j'ai eu l'étrange sensation que quelque chose en moi voulait le rejoindre. Pire, j'entendais des voix ! Et ça me terrorisait ! Les temps qui suivirent, je ne me couchais plus sans me munir de mon crucifix que je tenais serré fort entre mes mains. La peur du diable me poussait vers une grande vigilance.

Cette expérience mystique me revient sans cesse, comme le fil rouge de ma vie. Je ne peux pas savoir que les prémices de ma vocation de chamane sont en train de naître des cendres de mes ancêtres.

On raconte de drôles d'histoires dans ma famille. Les femmes les transmettent du bout des lèvres, et les hommes se détournent quand ils en entendent parler. Un jour, j'appris que la famille de mon grand-père détenait un pouvoir et que ce pouvoir était transmis de génération en génération. On disait aussi que la mère de mon père, Petronilla, était une *donã* – une femme avec un titre – au destin tragique. Jeune fille, elle était sur le point de terminer ses études d'enseignante à Leone – ce qui était exceptionnel pour une jeune fille, à l'époque. Mais la mère de Petronilla, mon arrière-grand-mère, décéda soudain, et ma grand-mère fut contrainte d'interrompre ses études pour s'occuper de son père. Elle est morte d'une manière étrange : un jour, la foudre est tombée près d'elle et a provoqué sa mort. Le souffle ? Une décharge électrique ? En tout cas, la croyance populaire castillane veut que là où la foudre était tombée, sept ans plus tard, une pierre remonte des entrailles de la Terre, une pierre avec des pouvoirs de guérison : la pierre de feu. Des décennies plus tard, lorsque j'étudierai les coutumes amérindiennes, je découvrirai une légende d'une analogie frappante. Elle émane de Tatanka-Ohitika, « Bison brave », un Sioux du Dakota du

Nord. Cet homme-médecine parlait aux pierres trouvées au sommet de hautes buttes, loin de l'eau, exposées au vent et au soleil. Pour lui aussi, ces pierres seraient liées avec l'éclair et le tonnerre, qui les enfonceraient dans les profondeurs de la Terre en frappant le sol…

On dit qu'un nouveau temps s'annonce, qu'il ne faut pas basculer dans la peur et garder la confiance. Je crois que ce message à l'intérieur de moi, je le porte depuis tellement longtemps. Ça a commencé enfant, quand j'allais à l'école et que mon cartable me paraissait tellement lourd que j'avais l'impression de mourir étouffée, écroulée sous ce poids. Ma tête se mettait alors à tourner dans une spirale de vertiges, débouchant sur un torrent de nausées. J'avais l'impression que la terre s'effaçait sous mes pieds. Et puis, soudain, le son des tambours dans ma tête, à tue-tête, toujours plus fort, qui m'invite à poser mon cartable et à entrer dans ce rythme « boum, boum, boum, boum… » Le son du tambour évoquait en moi le rythme des pelletées de terre tombant sur le cercueil de mon grand-père.

Et je frappais le sol de mes pieds pour pouvoir l'exprimer et me laisser complètement emmener. Je ne savais plus où j'étais, je crois que je voyageais. Aujourd'hui, je comprends : je me mettais en transe, quelque chose de moi s'envolait ou se reliait ou se souvenait – je ne saurais dire quoi. La seule chose dont je me souviens, c'est qu'une fois cette danse étrange passée et ces tambours dans ma tête, dans mes pieds, dans mon corps, dans tout mon être, estompés, le calme revenait, et mon cartable me semblait alors soudain beaucoup plus léger.

LE CANYON

Un drôle de pressentiment

Béatrice

Cette journée de printemps se termine comme elle a commencé, avec un ciel bleu au-dessus de la Sierra Nevada. Nous revenons du canyon, pour la troisième fois. C'est aussi la dernière, car demain nous rentrerons chez nous. Cette semaine a passé si vite !

Habituellement, il nous faut un peu plus d'une heure de marche pour rejoindre notre lieu d'hébergement.

— Il faudrait quelqu'un pour fermer la marche, demande Marie Jésus.

— Moi, je veux bien !

— Merci, Béatrice !

Ça m'arrange de rester derrière. Après une semaine de travail sur moi, je ressens le besoin de ralentir. Je voudrais marcher pour moi, juste pour moi. À l'aller, la présence de « femmes de queue » s'était révélée judicieuse pour les randonneuses en difficulté. Là, je suis seule en queue de peloton. Je laisse suffisamment de distance avec l'avant-dernière pour maintenir ce semblant d'isolement qui me sied si bien.

Nous avançons tranquillement sur l'étroit chemin en flanc de colline et nous ne devrions pas tarder à arriver au passage. D'ailleurs, je commence à percevoir le grondement du torrent au loin. Lorsque j'arrive en vue du groupe, Nicole a déjà traversé, elle est la seule. Le bruit est assourdissant. Beaucoup plus fort qu'à l'aller. Le débit me paraît énorme ! Je suis dubitative face à la violence du courant. Lorsque Marie Jésus s'approche du torrent, je suis prise d'un drôle de pressentiment. L'énergie du moment me trouble. Puis me bouleverse.

Apparemment, Marie Jésus a décidé de passer malgré tout. Je m'assieds et j'attends. Mais qu'est-ce que j'attends, exactement ? Je ne sais pas. Je sens simplement qu'il va se passer quelque chose, quelque chose d'inéluctable…

Plus aucun médecin ne me touchera !

Adolescente, je suis sous surveillance médicale constante. Un jour, le médecin du dispensaire à Mulhouse assurant cette surveillance m'annonce qu'il a décidé de m'envoyer à Colmar pour y passer – y subir, plutôt – des tests en vue d'un nouveau traitement. Le médicament en question en est alors au stade des essais cliniques. Mais ça, je ne le sais pas. Tout comme j'ignore un autre fait, bien plus révoltant encore et que je ne découvrirai que bien plus tard : le médecin du dispensaire et le directeur de l'hôpital ne font qu'un unique et odieux personnage ! Toujours est-il que je dois me rendre dans cette clinique pour y passer ces fameux tests sur l'asthme. Car, en plus de mon poumon amputé, je fais des allergies aux chats et aux chiens et de nombreuses crises d'asthme. Au point que l'effort physique m'est interdit, je suis même dispensée de tout sport.

Je suis suivie par une doctoresse qui me surnomme son « petit bout de cul ».

À l'époque nous allions pique-niquer en famille au bord de l'Allier. J'en garde de belles images qui ressemblent à des tableaux de Renoir, entre autres, celles d'un restaurant flottant : La Rotonde. Cet endroit chic est le témoin de ma première revendication : je veux apprendre à nager ! Cependant, l'élément liquide éveille en moi une peur ancrée depuis ma petite enfance ; une immense peur, celle de me noyer. Elle est inscrite au plus profond de moi et déclenche de terribles crises d'angoisse. Pourtant, j'ai demandé une dérogation à ma dispense de sport, afin de me joindre à la classe pour les séances de piscine. Ajoutée à ma terreur face à l'autorité, quand je suis assise au bord de la piscine à regarder mes camarades de classe nager, ma peur de l'eau me met dans tous mes états. Je deviens toute bleue.

Néanmoins, au fil des ans, à force de voir les autres se baigner sans retenue, je décide de tenter d'apprivoiser cette peur, petit à petit, à mon rythme. Un jour, j'essaie de nager avec une bouée. Et ça ne rate pas, une prof me force à essayer sans bouée. Je coule lamentablement, ce qui me vaut une mise à l'écart. Mais je n'abandonne pas pour autant. Je me remets à l'eau, avec des flotteurs. Je commence par en supprimer un, puis l'autre, et miracle…, je ne marche pas sur l'eau comme Jésus, mais je nage ! C'est une énorme victoire sur moi-même, sur la doctoresse, sur la prof qui m'avait forcée.

Moi, qui ai à peine dix-sept ans, je me retrouve donc à Colmar, dans une clinique avec des vieux qui toussent, crachent et pètent à longueur de journée ! Les infirmiers viennent me chercher. Et ça tourne vite à la rafle. Puis à la torture. En effet, le médecin testeur se prépare à enfiler un tube dans ma bouche pour atteindre les poumons afin de mesurer la perte de ma capacité respiratoire. L'ultime supplice ! Pour cela, il doit, au préalable, m'injecter un produit censé rendre mes poumons visibles sur la radiographie. L'opération se déroule à vif ! La douleur est atroce, et je me débats de toutes mes maigres forces ! Je me raidis, je recrache le produit !

Ma vie, mon corps ne m'appartiennent pas à moi mais à la science médicale ! Je ne pense plus qu'à une chose : m'enfuir le plus vite et le plus loin possible ! Je dois échapper à cet horrible tortionnaire ! Mais le pire est à venir. Quatre infirmiers me saisissent par les bras et les jambes pour permettre au médecin de m'intuber ! Le médecin tire très fort sur ma langue pour passer le tube. Atroce douleur ! Il va me l'arracher ou me la couper, c'est sûr ! Je me sens suppliciée, écartelée. Humiliée, aussi. Car je ne suis qu'un cobaye pour la science, rien d'autre ! Pas un être humain, en tout cas, au vu du comportement de ces personnes !

Ce genre d'épreuve se poursuit pendant des jours. Cela me rappelle le calvaire enduré à l'âge de quatre ans et demi. À cette époque, l'hôpital, c'était un peu l'enfer pour moi. Quand j'entendais, au loin, le tintement métallique du plateau avec les seringues, ça résonnait comme une cloche d'alarme. Alors je ne pensais plus qu'à fuir. Je me planquais sous un lit. Je retenais ma respiration et j'entendais mon cœur battre à tout rompre. Mais c'était peine perdue : j'étais vite repérée. Les hommes se servaient de balais pour me déloger de mon précaire et illusoire abri. Puis ils me chopaient, comme on attrape une évadée, une rebelle, une révolutionnaire.

Je suis désespérée, mon humanité est sans cesse bafouée, refoulée, niée, je me sens plus un objet qu'un être humain. D'autant plus que mes parents habitent trop loin pour venir me voir assez souvent. J'en veux à la vie, au destin, à Dieu et tous ses saints qui ferment les yeux sur mon sort. Finalement, je rentre à la maison, fourbue, humiliée, mais déterminée. Car j'ai décidé de faire ma révolution intérieure. Enfin ! Je viens d'avoir dix-huit ans, je pèse moins de trente-cinq kilos et je viens tout juste d'avoir mes premières règles, alors que je ne les attendais même plus ! Le débarquement de mon sang de femme déclenche en moi un profond besoin de libération. Je décide de me réapproprier mon corps, j'ai assez subi, à présent, je veux vivre ! Alors je me hisse sur les barricades de mon territoire et je me fais un serment : plus aucun médecin ne me touchera !

LE CANYON

Ne fais pas ça !

Béatrice

J'observe Marie Jésus se positionner à califourchon sur le tuyau qui enjambe le torrent. Ce tube de béton d'une trentaine de centimètres de diamètre me paraît alors bien frêle face à la force qui dévale la montagne dans une avalanche de liquide bouillonnant et écumant. Ses eaux grondantes viennent se fracasser sur les jambes de Marie Jésus. Je distingue à peine la chamane derrière les embruns. Derrière elle, Corinne semble effrayée. Prudemment, Marie Jésus avance sur le tuyau en le serrant entre ses petites mains. « Ne fais pas ça ! » explose une voix au fond de moi. Et je me souviens soudain qu'à l'aller Marie Jésus nous avait recommandé : « Pas à califourchon ! »

Sur l'autre rive, la puissante Nicole, de l'eau jusqu'aux cuisses, encourage sa chamane en agitant ses mains. Dans le fracas des eaux, il me semble entendre Marie Jésus demander à Nicole de lui tendre la main. Mais la distance entre elles est trop importante. Malmenée par les eaux qui surgissent, glissent et rugissent sous son bassin, la chamane se met à osciller comme un pendule. Je sens que la catastrophe est imminente. Corinne tente d'agripper son pied, en vain. Je n'ose plus regarder. À peine ai-je détourné les yeux qu'un cri émanant de mes compagnes surpasse le fracas du torrent. « Oh non ! »

Le cordon coupé à la machette

À vingt et un ans, mon poids passe à quarante kilos. Un nouveau record, je n'ai jamais été aussi lourde ! Ma personnalité a également pris du poids et de l'assurance. Dans la foulée de ma révolution intérieure se profile un inévitable événement que j'espère et redoute à la fois : le moment de la scission parentale. Depuis des années, mes parents se disputent constamment, pour ce que je considère être des futilités. Leur vie est tellement le contre-exemple de ce que j'imagine que je ne peux plus le supporter. Ce contexte familial devient mon allié, car il me pousse à couper le cordon. Enfin ! Mais je le sais, ça se fera à la machette ! Un vrai moment de vérité. Rien que d'y penser, j'en tremble déjà… Je me souviens que ma sœur avait été punie pour avoir embrassé un garçon, et honnie quand elle avait quitté le nid familial. Cette expérience m'a à la fois traumatisée et servi d'avertissement, car mes parents, en colère, l'avaient empêchée d'emporter ses affaires. Forte de cet avertissement, je prépare « mon coup » bien à l'avance. Je prends le premier job que je trouve, grâce à Maria-Iziar : vendeuse dans un magasin de chaussures. Mon premier boulot ! Ce n'est pas le pied, ça ne me botte pas plus que ça, mais ça me permet de vivre et ça vaut tout l'or du monde.

En vue de mon départ, j'empile discrètement de la vaisselle au grenier, en y ajoutant le nécessaire de survie et des affaires achetées à un Espagnol qui rentre au pays. Mon permis de conduire est dans ma poche. Je travaille dans une galerie marchande et je mets des sous de côté, jour après jour, comme un écureuil avant l'hiver. Je suis presque prête pour l'envol, je n'attends plus qu'on me pousse hors du nid. Je guette le bon moment. Ce qui ne tarde pas. En effet, mes parents gèrent mes revenus avec beaucoup d'autorité. Trop, même. Le peu d'argent que je parviens à mettre de côté est alloué à des dépenses diverses, et il ne reste rien pour mes sorties, ce qui provoque mon désaccord, puis ma colère. Quand l'inévitable « Si tu n'es pas contente, tu pars ! » résonne, je leur annonce mon intention de partir. Il n'en faut pas plus pour qu'ils retrouvent l'union sacrée. Et leur réaction est encore pire que ce que j'avais imaginé. C'est une menace, une terrible menace : « Si tu franchis cette porte, c'est pour toujours ! Tu ne reviendras plus jamais ! » Pourquoi veulent-ils donc tant me retenir ? M'aiment-ils à ce point ou bien est-ce pour me garder sous leur joug ? Quoi qu'il en soit, je ne peux pas rester plus longtemps avec eux, je ne le peux plus ! Ce n'est pas ça, la vie ! Cette existence bridée a assez duré, il faut que la vraie Marie Jésus naisse enfin ! Depuis ma plus tendre enfance, je me sens tellement décalée par rapport à leurs comportements qu'il m'arrive de plus en plus souvent de douter de ma santé mentale. En réalité, je suis simplement différente, mais ça, je ne le comprendrai que plus tard, beaucoup plus tard. Aujourd'hui, avec le recul, j'ai l'impression que je suis née vieille et que plus j'avance en âge, plus je rajeunis.

Telle une bannie, je quitte donc le nid familial sous les regards noirs de mes parents. J'ai loué un tout petit appartement, mon premier chez-moi, enfin ! Bon, je ne vais pas très loin, à peine à deux rues du domicile de mes parents, rue du Cerf... Manifestement, le cordon n'est pas complètement coupé. La machette n'était pas assez aiguisée... Cependant, je me sens si heureuse d'être enfin chez moi, d'avoir mon havre, mon île tranquille ! De gérer mes maigres revenus moi-même. À propos de sous, je constate que j'ai tout dépensé pour m'installer et que je n'ai plus de quoi payer le chauffage. Mais peu importe le glaçon, pourvu que j'aie l'ivresse de la liberté ! La première nuit, je m'endors avec des gants et un bonnet, bien emmitouflée dans des vêtements chauds sous une pile de couvertures, après avoir avalé une soupe bouillante. Mais je suis bien, car je me sens vivante et libre. Oui, pour la toute première fois de ma vie, je me sens libre ! Une vraie jouissance pour moi. Ça ne m'empêche pas d'aimer mes parents, mais je veux simplement ne pas devenir comme eux.

Le temps passe, comme le vent qui pousse les feuilles mortes le long des trottoirs de la ville. Parfois, je croise ma mère ou mon père, par hasard. Dès qu'ils m'aperçoivent, ils accélèrent le pas sans me dire bonjour. Ça me fait mal, très mal, mais pour rien au monde je ne reviendrais en arrière. J'ai gardé des liens avec ma petite sœur, Maria Del Pilar ; elle m'apporte secrètement des provisions subtilisées au sous-sol de l'habitation familiale. C'est ainsi que je survis. Je gagne ma vie, dans tous les sens du terme ; je suis décidée à l'affronter, à la braver, et pour cela, tous les moyens sont bons. Je construis patiemment ma petite existence : je travaille, j'économise tout ce que je peux, en bon petit écureuil. Peu à peu, je tisse la toile de ma nouvelle vie, la vraie, celle qui débute à l'âge où d'autres trouvent leur vitesse de croisière. Mon rythme de vie se met en place, tout comme les meubles dans mon appartement. Petit à petit, toutes sortes d'objets y trouvent leur emplacement. Tout, sauf un miroir ! Toute petite, j'ai toujours eu peur du miroir, je craignais qu'il ne m'absorbe. Même aujourd'hui, je ne m'attarde jamais devant un miroir, ça me glace les sangs.

Fidèle à ma vocation d'aide, je décide de préparer l'école d'infirmières. Je travaille d'arrache-pied à la bibliothèque municipale pour approfondir mon savoir. Je suis passionnée par la vie, je veux comprendre comment ça marche. Je me surpasse pour réussir le concours d'auxiliaire. Mais ce sera pour rien : mon gabarit devient mon handicap, on refuse de m'embaucher. Je repasse le concours un an plus tard, et je le réussis à nouveau. Mais toujours pas d'engagement. Sur un coup de tête, je décide, avec deux camarades, de m'engager dans la Marine. Dès qu'il me voit, le sergent recruteur m'aboie dessus : « Pas le poids ni la taille ! » Bon, j'ai compris : mon petit gabarit me prive de ma vocation de soigner les gens. C'est terriblement frustrant ! Mais, attends ! Soit, je ne pourrai pas m'occuper d'adultes, mais les bébés, ça devrait aller ! Je suis quand même plus grande et plus lourde que des nourrissons !

J'effectue un stage en pouponnière, à l'Ermitage du Moenchsberg (hôpital de Mulhouse). Les bébés de cette nourricerie sont tous nés de filles-mères et ont le droit d'y rester jusqu'à l'âge de quatre ans. Ce sont des enfants délaissés, pas abandonnés, mais ils ne sont pas adoptables. Ce qui me cause beaucoup de peine et me motive encore plus à les bichonner. Ce travail, au contact de ces enfants, me permet un peu de retrouver la mémoire des premières années de ma vie, la partie manquante, celle qui a été effacée par la maladie.

Je ne sais pas pourquoi, mais la danse, c'est mon rêve. J'investis donc mes premières économies dans des cours de danse. Je comprends très vite – mais sans doute le savais-je déjà – que lorsque je danse il se passe quelque chose en moi. Je sens qu'il y a un monde à l'intérieur de moi, un monde qui bouge. Mais ça ne va pas sans mal. En effet, à mon premier cours de danse, je me mets à suffoquer d'entrée. Mon asthme se rappelle à mon bon souvenir. Il est dit que rien ne serait facile dans ma vie… Mais je m'accroche. Comme je me suis toujours accrochée à la vie, à la sortie des longs tunnels qui jalonnent le parcours de mon existence.

Je me déplace à vélo et en bus. Cette autonomie me permet d'assister aux cours de *jazz dance* deux fois par semaine. C'est là que je fais la connaissance de Nicole. Quand nous nous présentons, c'est comme si je la connaissais depuis toujours. Une sœur retrouvée. Nicole, c'est un cœur immense au service d'un caractère de cochon, ou l'inverse. Avec ses oreilles décollées qu'elle a décidé de ne cacher à personne, ses gros yeux de chouette, elle est entière. « On m'aime comme je suis ! » a-t-elle décrété. Et cela nous relie pour la vie. Nicole est une famille à elle toute seule. Avec elle, j'assiste à des concerts de Barbara, Léo Ferré et autres artistes en vogue à cette époque. En plus de la solidarité, comme mon grand-père, elle m'apprend une chose essentielle : la sororité. D'une sincérité pure comme la neige, Nicole est une personne si chouette qu'elle les collectionne – les chouettes. L'animal des sorcières… Nous y voilà…

Dans la danse, je trouve mon second souffle. Lorsque les autres accusent de sérieux signes de fatigue, moi je commence à me sentir bien dans le rythme. Mais ce décalage m'intrigue. Cela veut-il dire que je ne peux pas être vitale en même temps que les autres ? Que mon rythme de vie est antinomique de celui des autres ? Que je serai toujours un être décalé ? Comme dans ma famille ? Celle qu'on met au ban de la société des « bien dansants » ? Je vis ainsi des années pleines d'amour, mais sans le moindre amoureux. Il faut dire qu'à cette période de ma vie, j'idéalise tellement l'amour, que seul Jésus-Christ remplirait les critères de mon amoureux, et encore ! Tiens, à propos de Jésus, dans mon travail de vendeuse de chaussures, je passe le plus clair de mon temps à genoux, devant les autres, les clients, comme pour prier. Je m'efforce, avec le plus d'honnêteté possible, de trouver chaussure à leur pied. Aujourd'hui, je retrouve cela dans mes séminaires, de manière symbolique, bien sûr. Même avec ceux qui sont à côté de leurs pompes...

LE CANYON

Quinze femmes pétrifiées

Narrateur

Quinze femmes sont pétrifiées. Abattues, désorientées, paumées, on dirait des canetons ayant perdu leur mère. Arrivées de tous les coins de l'Hexagone, une semaine plus tôt, ces femmes ont soigné, cinq jours durant, leurs blessures intérieures sous la direction de Marie Jésus. Des blessures de la vie, reçues comme des balles tirées à bout portant. Des projectiles logés dans leurs tripes, qu'il faut aller extraire du plus profond des entrailles, sans la moindre anesthésie. Des cris de douleur, de désespoir, de colère, de révolte ouvrent le chemin vers le corps étranger à travers le corps inconnu. Au fil des séances, la chamane aide à le ramener à la surface. Elle a toujours le mot juste, le geste adéquat pour mener les femmes vers l'apaisement de leurs tourments. Tempête, brise ou mistral, le vent des souvenirs avive leurs douleurs anciennes ; conscientes ou inconscientes, les mémoires du corps et du cœur se rappellent à elles dans les moments d'insécurité et d'anxiété. Le doute amplifie la peine et trouble la vue de l'esprit. Par son regard, la chamane leur a redonné la vision, une autre vision, un autre regard sur les événements. Les événements traumatisants sont toujours là, mais leur impact change.

Mais, pour l'heure, c'est elle qui vit un événement traumatisant. Le dernier de sa vie ? Les mains levées, Nicole, Carole, Tamara, Manon, Adeline et les autres implorent le Ciel. Pour les quinze femmes du Cercle, cette épreuve sonne comme le tocsin de l'ultime messe de la vie de leur guide. Françoise éclate en sanglots ; avec Marie Jésus se noient ses dernières chances de renouer avec la vie. Incrédule, Corinne se met à hurler :

— Ce n'est pas possible qu'elle meure ! Ce ne serait pas cohérent, ce n'est pas fini, elle a encore tellement de choses à enseigner, à transmettre !

Dressée vers le ciel, Béatrice ne voit pas comment ce petit bout de femme devenu le jouet du cours d'eau déchaîné pourrait en sortir vivante. Elle distille une improbable incantation : « Mon Dieu, Wakan-Tanka, épargne-la ! »

Bravant sa peur, Carole s'élance et traverse le torrent meurtrier à son tour, sous les yeux horrifiés de ses camarades.

— Je pars à sa recherche ! lance-t-elle, le regard sombre comme un ciel d'orage.

Un mari, un fils et, sept ans plus tard, un nouveau bouleversement

Un beau jour, l'amour finit quand même par arriver, dans cet enchaînement logique des événements qui construisent ma vie et me mènent là où je dois aller. À vingt-sept ans, je me marie avec Patrick. C'est le départ de sept années de bonheur sans discontinuer. Avec une force de vie, une détermination et un bon sens à toute épreuve, il soutiendra et accompagnera tous mes élans créateurs. Tout naturellement, je l'accompagnerai dans les siens.

Quatre ans et demi plus tard, le 3 septembre 1986, naît Maxence, notre fils, après une magnifique période de grossesse. Avec Maxence, Patrick m'a fait le plus beau cadeau de ma vie !

Quelque temps plus tard, mon mari décide de monter une affaire de nettoyage automobile. Je sens que ce ne sera pas facile, mais je n'ai pas le cœur à le contrarier. Nous traversons des années difficiles, mais nous tenons le cap. Je reprends le travail, mais plus dans les chaussures. La maternité m'a donné des idées. Je trouve un emploi au Globe, à Mulhouse. Je m'occupe des budgets et de la sélection ainsi que des achats des collections. Je me sens reconnue, épanouie. Quatre ans plus tard, je deviendrai commerciale dans une société d'import-export pour une épicerie fine espagnole. Mais l'épanouissement de ma personnalité sur le plan professionnel cache d'autres problèmes dans notre couple, qui vont bientôt apparaître et bouleverser mon existence, une fois de plus...

Tout va à peu près bien, jusqu'au jour où je reçois un coup de fil qui va changer mon destin. Au bout du fil, la petite voix d'une jeune femme. Elle demande de l'aide, celle de Patrick. La discussion qui s'engage me met mal à l'aise, et, quand je lui demande qui elle est, elle m'explique qu'elle est une ancienne petite amie de Patrick.

— Patricia ne va pas bien, elle pourrait venir passer quelque temps chez nous avec son ami ? me demande mon mari.

Dans mon immense crédulité, je ne me méfie pas le moins du monde. Patrick achève de me convaincre en m'affirmant que tout est fini depuis longtemps entre eux et qu'elle ne vient pas pour casser notre couple. Avec le recul, je pense qu'il se mentait à lui-même. Même s'il m'affirmait vouloir un deuxième enfant ; ce qui ne me semblait guère possible avec nos dettes et notre condition du moment. Maxence était alors âgé d'un peu plus de deux ans.

Je ne tique pas quand Patricia débarque seule, sans le moindre ami. La louve entre dans la bergerie, et moi je l'aide à s'installer. Je suis tellement naïve qu'il m'arrive même d'encourager Patrick à emmener Patricia au cinéma quand elle n'est pas bien.

Cela dure quelque temps, jusqu'au jour où je trouve une des petites culottes de Patricia sous notre lit. Elle qui est si méticuleuse... Je viens enfin de comprendre et je dois me rendre à l'évidence : je suis une femme trompée ! C'est comme si je venais de tirer la sonnette d'alarme en moi. Je décide de soumettre Patrick à un interrogatoire musclé. Je le bombarde de questions, si bien qu'il finit par craquer et tout m'avouer. Je vois enfin plus clair dans son jeu. J'avais remarqué qu'il avait beaucoup changé... À mes yeux, il disjonctait complètement. Ce n'était plus le Patrick que j'avais rencontré et aimé, sept ans auparavant. Sans attendre, je prépare sa valise et je le renvoie *illico presto* avec sa Patricia.

Je tiens ainsi pendant trois mois. Trois mois d'isolement au cours desquels je sens peu à peu l'angoisse de la mort m'étrangler. J'ai la sensation bien palpable d'être enterrée vivante. Je sens les pelletées de terre qui retombent sur moi en résonnant comme un tambour et qui m'ensevelissent graduellement dans mon funeste trou. Pour retrouver le calme en moi, je ne trouve pas mieux que d'entrer… dans l'armoire de la chambre ! Une bien étrange sensation, comme si je regagnais le ventre de ma mère ! Je me trouve à nouveau dans quelque chose qui me contient, qui m'enveloppe. Je m'y sens comme un fœtus. Je ne fais pas tout de suite le rapprochement avec le cercueil… Avant que l'histoire de la mère de mon père ne me traverse l'esprit. Elle était morte, croyait-on. Et ils l'ont veillée. Mais voilà, elle se trouvait simplement dans un état cataleptique. Alors, soudain, elle s'est mise à bouger ! Elle a provoqué une belle panique ! Finalement, elle est morte d'une affection pulmonaire. Comme plus tard son fils Isaï, le jour même de son anniversaire, à vingt et un ans. Tout comme le mari de sa fille. Manifestement, côté respiratoire, on a du mal, dans la famille ! C'est dire qu'avec mon problème pulmonaire, je n'en mène pas large. Serai-je la première à ne pas en mourir ?

À présent, je comprends que cet épisode a contribué à me mener là où je suis et a donc tout son sens dans mon chemin de vie.

LE CANYON

À la merci des flots déchaînés

Narrateur

Rageuses d'avoir été retenues trop longtemps, les eaux écumantes dévalent le canyon avec furie, emportant le corps de Marie Jésus Sandoval comme un prédateur sans pitié entraîne sa proie. Le crâne de la chamane heurte violemment les rochers, puis elle manque de peu d'être empalée sur des pics dressés dans l'étroit passage comme autant de pièges mortels. Bringuebalé par la puissance du torrent, le pauvre corps est à la merci des flots déchaînés du cours d'eau dont le lit n'a rien de douillet.

Marie Jésus se débat pour sa survie. Une fois de plus, la mort rôde et tente de la prendre, de l'arracher à une vie à laquelle elle a su s'accrocher tant de fois. Cette fois, elle n'a rien vu venir. Malgré une sorte de pressentiment, insuffisant cependant pour l'empêcher de se lancer dans la traversée. « Je suis une chamane, je ne peux me dérober aux épreuves », s'était-elle dit, en demandant à son animal totem de veiller sur elle. Avant de traverser, elle avait jeté un regard vers le ciel, puis elle avait fermé les yeux en invoquant les esprits. Après quelques secondes de silence, elle avait lancé un regard circulaire au groupe de femmes qui l'accompagnent. Elle avait incliné lentement la tête, comme pour une sentence. *« Vamos. »*

« Vous n'êtes pas folle »

À trente-trois ans, je décide de reprendre mes études. « C'est maintenant ou jamais ! » me dis-je. Mais je sais que je me prépare des moments difficiles, car je constate avec inquiétude que ma mémoire est en panne et que je ne retiens plus rien ! De plus, avec le père de Maxence, ça ne se passe pas très bien. Tout est prétexte à conflit : les horaires, mon attitude, l'éducation et, surtout, l'argent, car il ne verse plus de pension alimentaire.

Malgré la précarité de ma situation, j'intègre l'Institut de Promotion du Commerce (IPC) de Colmar, à Wintzenheim plus précisément. Si, à trente ans passés, c'est nettement moins facile pour moi de rester concentrée toute la journée et d'apprendre par cœur, les années m'ont tout de même procuré quelques atouts intéressants : de l'expérience, du savoir-faire et de l'énergie. Si bien qu'un jour, moi qui suis si timide, je me surprends à prendre la parole dans l'amphithéâtre pour parler du plaisir que procure le travail. Car, pour moi, le travail peut être synonyme de plaisir. L'intervenant me soutient et, en guise de réponse aux sceptiques, lance un énigmatique : « Reliez-vous à la Genèse. » J'ai une très bonne note, et ça me donne un bel élan de confiance. Je ressens de très bonnes vibrations entre mon professeur, Philibert, et moi. Surtout quand il me dit : « Vous n'êtes pas folle. » Ça me fait un bien fou. Un an plus tard, je passe mon examen. Nous nous revoyons par hasard, puis nous dînons ensemble. À la fin du repas, nous allons chez lui. Nous bavardons, rions, parlons de nous. Puis il me regarde tendrement :

— Et si vous restiez ? Il est tard pour prendre le train…

— Il ne faut pas tenter le diable…

Nous passons une nuit extraordinaire. Une grande histoire d'amour débute avec celui qui a été mon professeur, un homme bien plus âgé que moi. Je devine en Philibert un franc-maçon. Certains signes ne trompent pas. Lui aussi a capté des valeurs maçonniques en moi. Sans doute l'héritage inconscient de mon grand-père Anibal. D'ailleurs, je retrouve dans les yeux de Philibert un peu du regard de mon grand-père, un regard empli d'une profonde humanité. Ce qui fait que mon cœur est touché. Il m'offre des livres dans lesquels je trouve les réponses à mes questions existentielles. Pour la première fois, j'ai la sensation d'être entendue, reconnue. Il m'enseigne en silence et me pousse à rejoindre une loge maçonnique.

On ne se quittera jamais vraiment. Il me reste, de cette relation, ce qu'il y a de plus beau : les magnifiques déclarations épistolaires qu'il m'a dédiées.

LE CANYON

Aujourd'hui, tu meurs !

Marie Jésus

Une voix sort des ténèbres : « Aujourd'hui, tu meurs ! » Quelle est cette voix ? Que représente-t-elle ? Vient-elle du dedans ou du dehors ? Tout se bouscule en moi. Au bout des quelques mètres de cette affolante dérive, je la vois, elle s'approche, improbable mais bien réelle : la chute. Moi qui ai déjà une peur bleue de sauter d'une hauteur d'un mètre… En apercevant le vide, je me crois au cinéma, face aux chutes du Niagara. Un mauvais film… C'est impossible ! Il n'y a rien au bout, le vide absolu, le néant, la fin du monde, le trou noir, l'éternité qui se termine… Et toujours cette voix : « Aujourd'hui, tu meurs ! Et tu acceptes de mourir ! » Je m'enfonce dans ce bouillonnement, je vais me noyer. Ma chute – un vol plané à la fois interminable et bref – se termine par un coup violent porté à mon bassin au moment de mon entrée fracassante dans le bouillon. La voix a raison, je vais mourir.

Le boucher attaque !

Je suis chez moi, dans mon appartement, en train de passer une nuit agitée. Des pensées viennent et reviennent sans cesse dans la nuit, sans que je sache pourquoi ni comment. Que se passe-t-il en moi ? J'entrouvre la porte de mes souvenirs : un jour, je reviens d'une séance au cours de laquelle j'ai reçu des soins particuliers, je suis fatiguée, je me repasse le film de la séance. Après une phase de méditation, je me vois – je me sens – chef indien avec une parure. Et, comme souvent dans ces moments-là, une partie de moi constate et me dit : « C'est n'importe quoi ! À quoi tu penses ? Pour qui tu te prends ? Qu'est-ce que tu crois ? » Et une autre partie de moi, silencieuse, et pourtant bien audible, me dit : « Reste tranquille, observe, et laisse-toi ressentir. » Quand ces deux espaces s'apaisent, un domaine différent devient accessible. Et, ce soir-là, dans cette connexion avec ce chef indien, un langage, une voix qui se laisse entendre me murmure : *« Le boucher attaque ! Le boucher attaque ! Retiens toutes les nations, c'est un piège. Il ne faut pas attaquer. Retiens-les ! »* Et puis la connexion s'interrompt, et c'est comme si rien ne s'était passé, comme si je n'avais rien entendu. Mais ce n'est pas comme si j'avais rêvé. Tout souvenir s'est évaporé, on a tourné un bouton, et voilà, on revient à ce qui était avant. Mais quelque chose de moi sait et se souvient, et, dans les nuits qui suivent, comme ce soir où je n'arrive pas à m'endormir, cette phrase qui tourne à l'intérieur de moi : *« Le boucher attaque ! Le boucher attaque ! »* Au bout de plusieurs nuits, n'en pouvant plus, je quitte mon lit vers trois heures du matin pour me mettre à mon ordinateur. Je tape « Le boucher attaque ». Je tombe sur un site qui parle d'un massacre. « Récits de guerre. Dans la vallée de la Platte du Nord, le 18 août 1854, un convoi de chariots passe tout près du campement Sioux Lakota Brûlé[1] d'Ours Courageux (Mato Yuhi). Grand Front tire une flèche sur un maigre bœuf qui suit le convoi de loin, et le tue. Son propriétaire mormon va se plaindre au Fort Laramie. Le lendemain, le jeune lieutenant John L. Grattan du 6e de Cavalerie, connu pour être une tête brûlée, se rend, avec trente soldats et deux petits canons, au village d'Ours Courageux (Brave Bear). Grand Front refuse de se rendre. Grattan ouvre le feu. Ours Courageux est mortellement blessé. Outrés, les Sioux se jettent sur la petite troupe. Un seul soldat (John Cuddy) peut s'enfuir vers le fort, où il meurt de ses blessures deux jours après. Le 3 septembre 1855, la colonne Harney (600 hommes) massacre 85 (ou 136 ?) personnes et fait prisonniers 70 femmes et enfants du camp de Petit Tonnerre, successeur d'Ours Courageux, près de la Blue Water. Le général y gagne son nom indien : "Le Boucher". Les prisonniers resteront otages au Fort Kearny. »

Des Indiens ont appelé « Le Boucher » celui qui a attaqué et décimé toutes ces femmes et ces enfants. Comme dans les messages que j'ai reçus… Je fonds en larmes, je pleure de me sentir autant guidée, soutenue, prise par la main par un monde invisible qui devient tangible et perceptible. Je ne peux pas le rêver, pas l'inventer, c'est simplement accessible quelque part.

Quelques jours plus tard, je me rendrai compte que le premier homme que j'ai connu, celui qui m'a faite femme, avait pour nom… « Boucher » ! Son nom de famille était « Boucher »… Le sang de mon hymen se mêle soudain à celui de dizaines d'innocents…

Je dois retrouver des espaces tellement éloignés, pourvus de passerelles que j'ai occultées et que je redécouvre en en parlant. Je lis les noms « Ours Courageux », « Petit Tonnerre », et ça résonne en moi. Je continue la lecture et, soudain, je constate que cette bataille,

1. Brûlé : un des sept groupes de Lakotas, avec les Sans-Arcs, les Sihasapas, les Two Kettels, les Minneconjous, les Oglalas et les Hunkpapas.

ce génocide, ces meurtres portent une date que je connais bien : le 3 septembre. C'est celle de la naissance de mon fils. Et celle de mon ami Jean-Charles, à l'origine de la création de l'association Amrita. Depuis peu, j'ai emménagé dans sa maison, à Pfastatt. C'est probablement cela qui a été l'élément déclencheur de ma vision. Je suis bouleversée par cette nouvelle synchronicité naissant (naît-sang !) de ces révélations. Une voix silencieuse au cœur de mon être me suggère que j'ai été une Indienne, un jour. Mais ai-je déjà existé ? Une réincarnation ? Il me faudrait du temps pour comprendre ce qui venait de se passer et l'intégrer dans mon expérience, mais tout va si vite.

LE CANYON

Marie Jésus est fichue !

Béatrice

Je n'ai pas bougé. Impossible. Toujours en surplomb de la scène, je me demande si ce qui vient de se produire est bien réel, s'il ne s'agit pas d'un de ces cauchemars diurnes qui s'insinue dans votre esprit au moindre signe de somnolence. Je suis figée par une sorte d'engourdissement mental, et je me sens à la limite de deux mondes, entre le canyon et le reste du groupe des femmes. Instinctivement, je me mets à prier. En arabe. C'est venu comme ça. Les souvenirs de mes cours de soufisme[1].

Malgré mon immense foi en la vie, je ne peux empêcher l'évidence de s'imposer à mon esprit : « Marie Jésus est fichue ! Elle est morte ! C'est impossible de survivre à un truc pareil ! » La mort vient de frapper, sans prévenir. L'invisible prédatrice vient de nous enlever notre guide. Elle entraîne Marie Jésus dans les profondeurs du canyon de l'enfer. Il n'y a plus rien à faire d'autre que prier. Prier pour elle, prier pour nous, prier pour toutes les femmes.

---

1. Le soufisme est une quête religieuse dans l'islam spirituel, mystique, et ascétique. Il a pour objectif la recherche de l'agrément de Dieu, la promotion du *tawhîd* – « science de l'unicité de Dieu ».

Jean-Pierre, l'ours

À l'IPC, j'avais sympathisé avec Céline, une jeune femme de ce groupe assez éclectique, constitué de diplômés, de moins diplômés, de non diplômés, de jeunes et de moins jeunes. Et puis, un jour, cette jolie rousse aux yeux pétillants me propose une sortie de week-end.

— Écoute, je vais chez un ami pour le week-end. Il vit dans un chouette lieu, à l'indienne, et il y a des chevaux ! Chaque fois que je vais là-bas, je passe de très bons moments ! On pourrait se faire une petite sortie. Ça te dit ?

Je n'ai pas de moyen de locomotion, mais nous nous arrangeons avec deux autres personnes pour nous rendre au Moulin de la Chapelle, à Sélestat. Nous y rencontrons un homme absolument incroyable : Jean-Pierre Stoll. Son Moulin de la Chapelle – ou sa « station biologique », comme il l'appelle – est situé à l'orée de la forêt, derrière une rivière. Dans un premier temps, nous découvrons surtout un homme bourru, à la voix tonitruante, bien campé sur ses jambes, fort et sûr de lui. Cet « ours » est entouré de jeunes et de chevaux. Dans la cour se dresse un grand totem autour duquel les poules évoluent librement, tout comme les chevaux. Le côté sauvage du cadre, de l'homme et des jeunes marginaux qui l'entourent me donne l'impression de me trouver à la fois dans le temps et hors du temps. Ici, tout est simple, rudimentaire, et il est hors de question d'utiliser quelque produit chimique que ce soit ! La tonalité est à l'écologie.

Jean-Pierre dort dans ce qu'il appelle une « chambre », sur une peau d'ours. Pas de doute, je suis bien chez les Indiens ! Et ça déclenche quelque chose en moi. Mais je ne sais pas encore quoi. Une belle complicité entre Jean-Pierre et Maxence, âgé alors de cinq ans, va naître de cette rencontre.

Quelques semaines plus tard, je cherche à faire garder mon fils pendant ses vacances scolaires. J'en parle à Jean-Pierre qui me propose aussitôt de s'en occuper.

— Je pourrais le garder pendant une semaine.

« Pourquoi pas ? » me dis-je alors. Je sens que je peux faire confiance à cet homme, et mon amie m'y encourage. Quelques jours plus tard, je dépose Maxence au moulin.

Une semaine passe, et je retourne au moulin pour le chercher. Je le serre dans mes bras et je goûte à sa chaleur retrouvée. Je vois alors Jean-Pierre faire de gros yeux :

— Arrête de le couvrir d'affection devant tout le monde !

Face à cet accès de colère, je le dévisage, incrédule et perplexe. Pourquoi une mère ne devrait-elle pas montrer son affection à son enfant ? *A fortiori* après une semaine de séparation... Qui est-il pour me reprocher ça ? La réponse m'arrive très vite.

— Tu vois ces jeunes ? Ce sont tous des délinquants !

Je jette un regard circulaire à la bande d'ados qui ont deviné la raison de l'emportement de Jean-Pierre.

— Ils sont hors cadre ! Trop jeunes pour le milieu carcéral ! Certains ont commis des agressions à l'arme blanche, un jeune revient de l'hôpital psychiatrique, où il était sous tranquillisants.

« Mon Dieu ! » me dis-je en comprenant avec qui Maxence venait de passer la semaine. Cet adolescent qui était en psychiatrie aurait pu devenir très dangereux et agresser Maxence en me voyant donner autant d'amour à mon fils. Car c'est exactement ce dont il souffre, du manque d'amour. Il avait été battu, la mère a pris des antidépresseurs, je crois, pendant toute la grossesse. Je ne connais pas encore l'univers des thérapeutes, mais je peux comprendre.

— Nous sommes en train de faire une étude de comportement, afin de voir comment ils réagissent en pleine nature, quand ils cultivent la terre, quand ils sont encadrés différemment, m'explique Jean-Pierre. Ces jeunes se nourrissent du contact avec les chevaux !

Les chevaux en question sont des pottocks, des double-poneys. Il n'y a pas la moindre selle, pas de licol, juste une corde, et les jeunes se tiennent à la crinière en montant. Je trouve ça très beau, et je fais même un peu de cheval avec le groupe. Jean-Pierre m'encourage à revenir, et je sens qu'il aimerait que nous allions plus loin dans notre relation... Mais je n'ai pas l'intention de m'attacher à un nouveau compagnon, c'est trop tôt... Cependant, je le trouve d'une agréable compagnie. Je prends donc le train régulièrement dans les semaines et les mois qui suivent, pour le rejoindre. Je monte à Mulhouse et je descends à Sélestat, où Jean-Pierre vient me chercher, avec son fils et sa fille, Jérémie et Natacha, et quelques jeunes. Je passe de très bons moments en leur compagnie. Je fais la cuisine, j'observe mon fils, heureux d'évoluer en pleine nature et en pleine liberté, un besoin qui deviendra de plus en plus vital pour lui au fil des ans.

Le soir, entre chien et loup, nous allons observer les chevreuils, les biches, à pied ou à cheval, avec le groupe. Un jour, alors que nous descendons la berge pour traverser la rivière, Jean-Pierre m'explique que, quand on descend, il faut basculer le corps en arrière sur le cheval, et ensuite quand il monte, faire l'inverse, c'est-à-dire se pencher en avant. Alors que mon cheval amorce la descente, il change d'avis au dernier moment, et se met à sauter. Comme je monte à cru, je décolle comme une crêpe ! Je me vois déjà, le coccyx brisé, dans la rivière. Miraculeusement, je reste en selle. Mais, à peine arrêtée, je m'éjecte du cheval comme s'il était en flamme. Pas question de remonter sur cet animal ! Mais les ados ne me laissent pas tomber.

— Tant que tu ne remonteras pas, nous, on ne repartira pas !

Cet élan de solidarité, que je sens venu de leurs cœurs, me touche profondément.

Je continue de fréquenter le centre pendant un certain temps. Parfois, j'emmène la fille de Nicole, Anicée, une enfant éthérée et différente. Jumelle rescapée, elle est sortie du ventre de sa mère avec le stérilet. Nicole et moi avons porté nos enfants en même temps. Anicée est née à la date où Maxence aurait dû naître. Cette coïncidence me trouble. D'autant plus que Nicole vient de perdre son père au moment où je perds ma grand-mère maternelle Domitila et mon cousin préféré, Carlo. Que trament donc les esprits dans notre dos ? Les esprits, justement, Anicée les voit, ce qui me fascine. J'ai détecté chez elle très jeune cet état, je n'ai pas de mots à mettre dessus. Elle vit dans un monde différent. Je me reconnais un peu à travers elle, avec cette perception du monde qui était la mienne quand j'étais petite fille. Quand tout me paraissait épuisant : parler, marcher, vivre... À travers elle, je peux voir les difficultés à mémoriser. Comme si c'était volatil, difficile de chercher les souvenirs et de les ramener. C'est de l'ordre de l'épuisement. Alors que mon fils Maxence a une mémoire fulgurante.

Nous dormons dans des cabanes en bois. Parfois, nous descendons la rivière en kayak. Un jour, nous nous rendons dans le Ried à cheval. Car je me suis laissée convaincre de remonter... À un moment donné, pour je ne sais quelle raison, Jean-Pierre me fait changer de cheval pour monter sur le cheval de tête. Si lui est capable de diriger les chevaux à la voix, moi, je ne sais pas me faire obéir, aussi ne suis-je pas vraiment rassurée. Au début, tout se passe bien. Mais, soudain, l'animal fait volte-face et se lance dans un galop. Je tente de le raisonner, mais rien n'y fait. Il poursuit son galop effréné. Je suis ballottée dans tous les sens et je m'accroche désespérément à tout ce qui me tombe sous la main. Tout en me maudissant de m'être laissée baratiner. Je ne sais pas comment je fais pour ne pas tomber ! Un vrai miracle ! Si je m'en sors, c'est promis, je ne monterai plus ! Après quelques centaines de mètres de galop débridé, je sens que l'animal commence à ralentir son allure. Enfin ! Et là, je fais un truc. Je m'accroche à sa crinière, ma jambe s'élève, et le cheval s'arrête. Je descends d'un mouvement parfaitement maîtrisé. Comme une Indienne... Je me demande qui a fait ça ? Mon instinct ? Mon intuition ? Un savoir ancestral d'une autre vie ? Jean-Pierre est plus qu'intrigué.

Tout au long de mes séjours chez Jean-Pierre, je sens la présence de guides. Les jeunes deviennent de moins en moins farouches. Le contact avec le cheval induit chez eux un comportement plus sociable. Peut-être le contact avec la chaleur du corps animal dans une sorte de massage apaisant…

Une autre fois, dans une région où les chevaux paissent en liberté, Jean-Pierre nous emmène voir l'étalon, un superbe cheval noir. Il s'adresse aux jeunes d'un ton autoritaire :

— Faites un cercle autour de l'étalon avec cette corde !

Soudain, le cheval de tête se cabre, et la corde se tend. Je me mets à crier devant le cheval, je hurle – mais est-ce vraiment moi ? – et il reprend gentiment sa place. Je ne ferai le lien que des années plus tard, lorsque je me rendrai en Espagne. À l'aéroport de Bâle-Mulhouse, j'entends soudain une grosse voix derrière moi : Jean-Pierre ! On remonte dans nos souvenirs, et là Jean-Pierre me donne le nom du cheval : « Petit Tonnerre » ! Je suis éberluée. Petit Tonnerre, comme dans ma vision du Boucher !

Jean-Pierre se prépare à une opération spectaculaire : le débourrage du poulain. Il a sa technique bien à lui. Il s'approche, respire avec l'animal, puis le bloque, lui fait des câlins, le hume, le cajole, entre en contact, puis, une fois relaxé, il le relâche. Après son impressionnante démonstration, il s'adresse aux ados, les mains sur les hanches :

— À vous !

Les jeunes estiment la manœuvre largement à leur portée. Mais la vérité du terrain est tout autre. Car non seulement ils n'y parviennent pas, mais en plus ils se prennent des coups de sabots… Je remarque alors dans leurs yeux la lumière du respect. Et je me dis que la Terre aurait besoin de plus de Jean-Pierre…

Au solstice d'été, un matin, au chant du coq, je porte un tee-shirt rayé blanc et bleu. Face à moi, le soleil déverse ses premiers rayons sur la Terre. Je me mets à cligner des yeux. Soudain, je distingue la lumière autour de mes mains, pour la première fois. Un peu comme une radio. Ce don se développe avec le temps, et je commence peu à peu à voir la lumière autour des gens. Je distingue le visage dont les contours perdent de leur intensité, et d'autres visages apparaissent. Des visages féminins, alors que ce sont des hommes. Certaines de ces formes n'ont parfois plus rien d'humain, ni d'animal. La première fois, ça me fait peur, mais je m'y habitue rapidement. Parfois, je vois le noir complet, puis la lumière rejaillit. Je ne tente pas de comprendre, je n'essaie pas de l'intensifier ou de le minimiser, je me contente de l'accueillir. Dès que je cherche à le maîtriser, ça se coupe, ça se ferme.

Une fois, à la fin d'un week-end passé chez lui, il me provoque, sans doute pour me tester. Je le regarde dans les yeux :

— Ne sors pas de ton corps ! me dit-il. Tu as une énergie de fouine ! Elles sont plus petites mais sautent à la gorge et ne lâchent plus !

Ma réaction est violente :

— Tu ne me fais pas peur !

Mais seuls mes yeux et mon énergie l'ont exprimé.

Des années plus tard, je ressens le besoin de revoir Jean-Pierre. En rentrant de la bourse aux minéraux de Sainte-Marie-aux-Mines, je fais un crochet par le Moulin de la Chapelle. Nous évoquons nos souvenirs communs. Je lui raconte l'histoire de la lumière au chant du coq. C'est là que mon ami s'écrie :

— Mais alors, tu es chamane !

« Tu es chamane, tu es chamane… » Moi, petit bout de femme au destin chaotique, je serais une chamane ? Et d'abord, en quoi ça consiste d'être chamane ? Je n'ai rien demandé, moi ! « Ah bon ? Qu'est-ce que tu fais là, alors ? » « Qui parle ? » Pas de réponse. Par contre, des apparitions. Et pas des moindres…

Jean-Pierre se lève et me serre fort contre son cœur. Je ne sais pas quoi penser. D'autant plus qu'il m'annonce dans la foulée qu'il voudrait que je vienne vivre avec lui. Je pourrais le faire… Mais non, car, au fond de moi, je sais que mon avenir est ailleurs. Et pourtant, cet endroit aurait tout pour me plaire : les totems, la peau d'ours, la rivière, tout cet univers dans lequel je souhaiterais tant baigner…

Jean-Pierre me raconte qu'il emmène de temps en temps les jeunes en cours de survie avec Fernand Lamy au Canada. Dans cette épreuve, ils s'entraident énormément. Ils voyagent en canoë, préparent le bivouac, le feu et autres. En même temps, ils craignent et espèrent voir l'ours. Quelque chose se tisse dans l'épreuve de la solidarité. L'existentiel émerge enfin, au-delà de la douleur.

Jean-Pierre démontre ainsi que l'énergie vitale en lien avec une force animale révèle le potentiel de transformation de ces jeunes. Sans camisole ni produit chimique. Je n'ai pas assez de regards pour savoir si c'est juste. Ce que je peux dire, cependant, c'est qu'aucun ne m'a manqué de respect, et mon fils semble très heureux dans cet environnement. Jean-Pierre peut se montrer dur, implacable, mais il se met à pleurer quand un vieux chêne se fait abattre dans le Ried. Un homme si fort ! Un véritable Indien, sans se la jouer. Il a vraiment tout de l'ours.

Jean-Pierre décédera quelques années plus tard, le jour de Pâques. Comme mon grand-père…

La dernière fois que je monte à cheval, c'est avec ma sœur. Elle est passionnée par les chevaux. Je suis en vacances dans le Midi avec mon compagnon. Nous sortons avec un groupe. J'ai toujours aussi peur. Ma monture s'appelle « Geronimo » ! Je ne l'ai pas choisie ! Je monte avec appréhension. Ma sœur tente de me rassurer :

— Rassure-toi, il ne va rien se passer !

Le canasson se révèle rapidement être le plus tordu du lot ! Nous nous trouvons en bord de mer, encadrés par des jeunes plutôt distraits. Ma sœur me lance les dernières recommandations :

— Il faut que tu le tiennes bien ! Serre les rênes à fond, oui, comme ça !

L'animal n'en fait qu'à sa tête et il veut prendre le large ! Je n'ose pas lui donner de coups de talon, par peur de lui faire mal. Mais, à la fin, je suis tellement énervée que je lui donne un coup de poing ! Je ne suis plus jamais montée depuis…

LE CANYON

La boucle sera bouclée

Marie Jésus

Dans ma tête, le grondement du courant et le silence se bousculent, tandis que l'eau emplit ma bouche. Avec mon petit gabarit et ma capacité pulmonaire réduite, je sais que la lutte est inégale. Mon plus grand souci est de respirer. Respirer pour continuer de vivre. Même si je passe plus de temps sous l'eau qu'en surface, miraculeusement, je parviens à assurer un minimum de respiration. Mes exercices d'apnée pendant que ma mère tentait de m'étrangler n'auront pas été inutiles…

Tandis que mon corps poursuit sa mortelle randonnée, mon esprit cogite. Dans les moments où je refais surface, il me semble apercevoir un point noir dans le ciel.

Je tente de lutter de toutes mes forces, comme je l'ai fait toute ma vie, depuis ma plus tendre enfance. Mais ma lutte contre le courant est vaine. Je suis née en Espagne, je m'apprête à mourir en Espagne. La boucle sera bouclée, le cercle fermé, comme celui du vautour qui tournoie au-dessus du canyon, reproduisant à l'infini ce mouvement si cher aux Amérindiens.

Pour eux, tout est circulaire. Le cycle de la vie. La roue de ma vie doit-elle terminer sa course dans ce torrent ?

Un Indien nommé « Swami Ji »

Le temps passe, et je viens encore de changer d'emploi. Mon ascension professionnelle se poursuit : je passe d'un poste d'adjointe à la direction dans une société de communication et d'événementiel à celui de directrice. En plus, je dirige une double association : Maison des jeunes et de la culture et Auberge internationale de la jeunesse. Une responsabilité que j'assume avec fierté, dans un engagement total. Nimbée de l'aura de cette promotion sociale, je suis loin de me douter que cela va m'apporter bien des ennuis…

Les subventions de la municipalité arrivent au compte-gouttes, alors je me débrouille avec les moyens du bord et je ne suis pas mécontente du résultat.

Un jour, je suis amenée à participer à l'organisation d'un stage de massage ayurvédique dirigé par un thérapeute indien. Je prends cette opportunité pour un ersatz de voyage, car à dix-sept ans je rêvais de partir en Inde. Mais les médecins tout-puissants me l'avaient interdit en raison de mes faiblesses respiratoires. À cette époque, je leur obéissais encore…

Pourquoi l'Inde ? Je n'en sais rien, mais je ressens une profonde envie de découvrir ce pays, avec sa culture et ses mystères. Je souris à ce clin d'œil du destin et décide de participer à ce stage de massage. Si je ne vais pas à l'Inde, c'est l'Inde qui viendra à moi… Mais, auparavant, je souhaite en savoir plus sur ce visiteur. J'interroge Olivier et Rosanna Baux, les organisateurs, à ce sujet :

— Qui est ce Swami Yog-Anand Bharati ?

— On l'appelle Swami Ji, c'est plus court… Il est moine et médecin ayurvédiste.

— Ah, et comment est-il devenu moine ?

— Il est né dans un milieu d'affaires, d'une famille indienne profondément spiritualiste. Après de longues études, à la fois de textes philosophiques anciens et de science moderne, il a renoncé à la vie professionnelle et familiale pour entrer dans l'ordre des moines sannyasins.

— Et que fait-il en France ? Du tourisme ?

— Swami Ji est résident français depuis 1982. Il a créé la première association pour la promotion de la médecine et du massage ayurvédique. La mission de sa vie : enseigner et propager partout dans le monde la connaissance ancienne et sa philosophie, en visant à assurer une vie humaine, saine et heureuse.

« Tout ce qui me manque », me dis-je, en me réjouissant pour ce moment qui fait partie de la longue liste des événements programmés pour moi dans cette existence. Un peu comme si mon inconscient me criait : « Enfin ! » Mon enthousiasme est total, du moins jusqu'au moment où la secrétaire, qui s'était occupée des détails de l'organisation, me demande :

— Ça ne vous dérange pas d'être massée nue ?

J'encaisse la question comme un boxeur prend un crochet à la tempe. Le désenchantement est instantané, tout comme ma réaction : me montrer nue, pas question ! Si j'avais su, je ne me serais pas inscrite ! *« Tu aurais sans doute manqué quelque chose d'important »*, me susurre une voix intérieure. Une voix calme, sereine, qui contraste profondément avec mon emportement du moment. Je prends le temps de peser le pour et le contre, en me souvenant que je suis inscrite pour ce stage. Je comprends que, malgré cet obstacle inattendu, j'ai terriblement envie de saisir cette opportunité d'ouverture, car je sens que ma vie a besoin d'évoluer ! Il me faut une énorme dose d'auto-persuasion pour surmonter mes réticences et ma pudeur. Je parviens à la trouver en mettant en balance les bienfaits potentiels de ce stage et le sacrifice demandé à la pudeur de mon éducation judéo-chrétienne. J'entre dans la salle à l'instant même où le cours débute. Le regard que Swami Ji me porte me fait constater qu'il a compris ce qui se passe en moi.

Swami Ji commence le cours de ce premier cycle de massage par quelques explications sur l'ayurveda.

— *Ayurveda traduit par « science de la vie ». Mais ayurveda, pas science ! Ayurveda, conscience ! Chaque expérience unique, individuelle. C'est enseignement thérapeutique, homme considéré dans sa globalité. Ayurveda explique que nous dans microcosme d'un macrocosme, univers dans sa totalité.*

D'emblée, je suis fascinée par le personnage et par son discours. Et je sens une connexion s'établir entre nous, une sorte de lien invisible qui relie nos âmes comme le cordon relie le fœtus à sa mère. Ses paroles, son regard, ses gestes, tout me branche chez cet homme. Serait-ce enfin l'arrivée de la lumière à l'approche de mes quarante ans ?

— *Nous posséder différents corps ou états de conscience. Principaux sont :*

- *Corps physique, véhicule indispensable à vie terrestre.*
- *Corps mental, siège émotions et idées créatrices.*
- *Corps éthérique, en sanscrit* atma, *représenté par « âme ». Lui, défini comme antimatière, donc invisible comme électricité, mais nécessaire à vie.*

Je me tâte pour vérifier si je sens quelque chose autour de moi.

— *Base de cet enseignement sur fondement des cinq éléments : éther, air, feu, eau et terre. Lui permet d'approcher yoga dans profondeurs illimitées : nutrition, santé par herbes, purification du corps, respiration, psychologie et spiritualité. « Esprit sain dans corps sain » est preuve de réussite dans vie, donc rayon de soleil et réconfort.*

Un rayon de soleil, exactement ce que je ressens dans tout mon être à cet instant ! Ça m'aide quand nous entamons les exercices de massage, car, ça y est, nous y sommes, au moment fatidique. Les massés se déshabillent sans trop d'hésitations. Je regarde à gauche et à droite, j'adresse une courte prière à Dieu, je prends une grande inspiration et j'ôte mes vêtements en baissant la tête. Une fois nue, je me sens totalement vulnérable. Ce ne sont pas seulement mes habits qui viennent de tomber, mais également ma carapace – cette protection invisible qui me protège et me sépare des autres. Dans cette vulnérabilité, je devrais me sentir en danger. Mais, curieusement, ce n'est pas le cas. Au contraire, je me sens en sécurité comme je l'avais rarement été. Enveloppée de l'aura protectrice de Swami Ji, je capte son regard sur moi. Il semble diriger son attention sur moi, plus que sur les autres. Que voit-il de moi que je ne me connais pas ? Cette rencontre s'avère très vite fulgurante. À la pause déjeuner, Swami Ji s'installe à une table avec sa disciple américaine, Linda. Il nous fait signe, à Christine et moi, de se joindre à eux. Assise à côté du maître, je scrute le thon dans mon assiette lorsque tout à coup je me mets à trembler. Mon corps est pris de soubresauts et tout se met à bouger autour de moi. Mais qu'est-ce qui m'arrive ? J'ai été piquée par un insecte exotique qui a traversé les mers pour venir m'infecter, ou quoi ?

— Tu ne manges pas ça !

Piquée au vif par cette voix inconnue qui se permet de me donner des ordres, je me rebelle et lui réplique dans cet étrange dialogue intérieur :

— Je fais ce que je veux !

Je regrette aussitôt ma rébellion, car cette voix intérieure, c'est celle de ma sagesse, la seule qui puisse m'aider dans la situation présente. Et, lorsqu'elle m'ordonne d'ôter mes chaussures et de me mettre en lotus, je m'exécute sans moufter. Je me mets également à tapoter sur mon assiette avec ma cuillère, de plus en plus intensément, comme si je pratiquais un puissant mantra. Elle finit par éclater en morceaux. Cette fois, c'est sûr, je ne mangerai pas de thon... Swami Ji me regarde tranquillement, alors que partout autour de nous les gens ont l'air affolés. Mais qu'est-ce que je fabrique ? Quelle folie m'a gagnée ? Le peu de conscience qui m'habite encore m'ordonne de fuir aussi vite et aussi loin que possible ! Et illico presto ! Mais... attends un peu... On dirait que... Mais oui, c'est incroyable : mes soubresauts se calment ! Mon tremblement est stabilisé !

Lorsque je retrouve le contrôle de moi-même, je remarque que les organisateurs sont devenus tout verts. D'un geste d'apaisement, Swami Ji calme tout le monde.

— Que s'est-il passé ? lui demandai-je.

— *Oh, parfois, devas*[1] *s'expriment,* répond-il calmement, comme si de rien n'était.

J'ai besoin d'en savoir plus.

— Les devas ? Qu'est-ce donc ?

— *Divinités.*

Rien que ça…

1. L'hindouisme utilise le mot *deva* comme un terme générique désignant les dieux. Une déesse se nomme *devî*.

LE CANYON

Marie Jésus est déjà morte !

Narrateur

Rachel fait mine de vouloir traverser le torrent, mais Béatrice la sermonne vertement.

— Plus personne ne traverse !

— Mercédès a appelé les secours avec son téléphone portable. Heureusement, elle parle espagnol. Les pompiers vont venir de Malaga, mais il y a une heure de route… Les gendarmes sont prévenus aussi.

Corinne se dit que pour sortir de cette morbide cogitation, il faut entreprendre quelque chose. Elle encourage Nicole :

— Va à la rencontre des secours !

Pendant ce temps, Carole, déjà passée à l'action, s'approche du torrent en contrebas. Mais l'accès au cours d'eau est rendu impossible par la végétation et la pente abrupte. Alors il lui faut aller loin, très loin, pour rejoindre la berge. Après une longue course, elle finit par accéder à la rivière. Elle entre dans l'eau et remonte le courant en direction de la cascade. La sensation de froid qu'elle éprouve est reléguée par l'urgence de la situation. Même le risque est négligé. Heureusement, Carole est une bonne nageuse et une sportive accomplie. Elle avance péniblement contre le courant, le cœur battant comme un tambour. Le tambour de la vie, de la mort, de l'espoir et de la terreur à la fois.

Carole s'attend à tout moment à y apercevoir un corps disloqué flottant ou échoué sur les rochers. Elle scrute la surface des eaux avec une boule de terreur dans le ventre. Rien.

« Mais où est-elle passée ? La rivière ne l'a tout de même pas avalée ? » se demande-t-elle. Au bout d'une longue exploration, elle se rend à l'évidence : Marie Jésus a disparu. Elle l'appelle de toute sa voix, de toutes ses forces. Aucun écho. « Il faut couper l'eau ! s'écrie-t-elle. Il faut couper l'eau, sinon, les autres aussi vont se noyer ! Je vais prévenir les gens du village ! »

Carole revient en arrière, sort de la rivière et se lance aussitôt dans une nouvelle course à travers les rochers, puis sur le sentier escarpé menant au village. Portée par l'énergie du désespoir autant que par ses jambes, elle en oublie sa fatigue. La blonde alsacienne se souvient des premiers jours du séminaire. Elle était arrivée pleine de doutes, de douleurs et d'angoisses. Mais aussi d'espoir, de motivation. Marie Jésus s'est occupée d'elle. Elle lui a pris la main, passé une douce caresse sur son front, lui a souri. « Oui, c'est bien, vas-y, laisse-les sortir, ces fantômes ! » Et, dans son ventre, la boule a commencé à se dissoudre, tel un pain de glace arrosé par une pluie tropicale. « Est-elle encore en vie ? » Carole essuie ses larmes du revers de sa main. Elles brouillent sa vue et la ralentissent. « Je dois arriver au village rapidement, même si Marie Jésus est déjà morte ! Il faut retrouver son corps avant la nuit et couper l'eau pour faire passer les autres. » Le chemin est escarpé et, plusieurs fois, elle doit s'arrêter pour reprendre son souffle. Les paroles de Marie Jésus lui reviennent : « La respiration, avec le regard et la voix, c'est important pour maintenir l'énergie. » Carole a envie de crier, de lâcher sa peur comme un ballon qu'on envoie dans le ciel avec un message accroché à un ruban. Ce cri germe en elle, gonfle ses tripes jusqu'au bord de l'éclatement. Alors elle s'arrête, lève la tête vers le ciel et laisse remonter, des profondeurs de son être, un cri venu d'autres temps, de la première lignée des hommes, un cri qu'aucun humain ou animal n'avait jamais émis. Le canyon tout entier s'en imprègne, et aucun être, animal, végétal ou minéral ne peut l'ignorer. Carole l'adresse comme une injonction à Marie Jésus de ne pas mourir, aux esprits de ne pas l'abandonner, et à la Terre de protéger sa fille. Cette fille dont la vie avait débuté avec un voyage au pays de la mort.

Mon corps fait l'intéressant

Après le déjeuner, les cours de massage reprennent. Swami Ji divise les élèves en deux groupes. Je dois effectuer un exercice avec une prof de yoga, une initiée. Elle a l'apparence d'une déesse mère antique et doit bien faire trois fois mon volume. Pas facile de trouver la bonne posture... Mais je finis par y parvenir, et le massage se déroule plutôt bien.

Puis c'est à mon tour d'être massée. À peine avons-nous commencé que mon corps se remet à vibrer ! Peu à peu monte en moi ce que je reconnais comme un cri de détresse ! Une sorte d'appel au secours, un SOS intime, venu des profondeurs de ma conscience perturbée. Cependant, je suis incapable de savoir si c'est le mien ou celui de ma mère, mais je sens qu'il est lié à la mort. Ce qui provoque en moi un profond bouleversement. D'ailleurs, je ne comprends plus rien à ce qui m'arrive ! D'autant plus qu'aucun cri audible ne sort de ma bouche. Tous ces phénomènes, aussi étranges qu'inquiétants, commencent sérieusement à me ficher la trouille ! Et ce n'est pas fini. En effet, étrangement, je prends soudain conscience que je vais mourir. Un cri me pétrifie de l'intérieur, et des images font leur apparition. Je vois un escalier conduisant dans la Terre ; Ganesh[1] est posté à l'entrée. Mais qu'est-ce qui se passe en moi ? Suis-je en train de devenir dingue ? C'est

1. Dans l'hindouisme, Ganesh est le dieu de la sagesse, de l'intelligence, de l'éducation et de la prudence, le patron des écoles et des travailleurs du savoir. Il est traditionnellement représenté avec un corps de gros enfant de couleur rouge, possédant généralement quatre bras et une tête d'éléphant à une seule défense.

aussi ce que doivent se demander les autres participants, essentiellement des médecins, des kinés, des masseurs. Je perçois leurs murmures autour de moi. C'est l'incompréhension face aux spasmes qui agitent mon corps ballotté dans tous les sens. Ses mouvements incontrôlés pourraient même faire penser à une forme de possession ou à une crise de folie. Sur les visages des autres, je lis stupeur et incompréhension. Inquiets et perturbés, ils se tournent vers Swami Ji. L'Indien ne semble pas plus étonné que cela par cette manifestation.

— *C'est corps qui fait l'intéressant pour qu'on s'occupe de lui*, lâche-t-il, avec un flegme que les Britanniques lui envieraient à coup sûr.

« Encore les devas... » me dis-je, en retrouvant peu à peu le contrôle de mon corps.

Cette expérience me perturbe profondément. De nombreuses questions se bousculent en moi, et mon besoin de comprendre est à la mesure de mon admiration pour Swami Ji. Je pense qu'il m'apporte la lumière qui annonce l'aube de ma nouvelle vie. Je ne sais pas encore où je vais, ni quand ou comment, et encore moins pourquoi, mais je sais que je viens d'entamer un long cheminement intérieur. Cependant, mes réticences, alimentées par mes peurs et mon envie de demeurer dans ma zone de confort, me freinent déjà. Un combat intérieur qui va durer des années débute en moi : Marie Jésus contre Marie Jésus.

Après le dernier cycle de massage, à la fin du stage, Swami Ji nous invite à un moment de partage par la parole. Une fois que chacun a donné ses impressions sur ce stage, il livre son ressenti sur chaque participant. Arrive mon tour.

— *Marie Jésus souffre beaucoup quand elle reçoit, mais quand elle donner, elle puissante ! Elle est faite pour massages, elle a don pour ouvrir chaînes du karma !*

En sentant tous ces regards ébahis se focaliser sur moi, il me prend une furieuse envie de disparaître sous les lames du plancher. D'autant plus que, même si je suis flattée qu'une personne aussi prestigieuse s'intéresse à moi et veuille m'aider, je ne me sens pas vraiment intéressée par le massage.

Je ne sais pas pourquoi, mais j'accepte la proposition de Swami Ji d'une séance spéciale pour moi au cours du prochain stage, prévu dans un mois. Mon besoin de comprendre ce qui m'est arrivé l'emporte sur mes réticences, pour l'instant. « Tu ne risques rien », me dis-je, histoire de me rassurer et de me faire accepter le fait d'avoir cédé...

Un mois plus tard, Swami Ji revient à la MJC. Je les loge, lui et Linda, dans le studio au sous-sol de la MJC. Nous entamons le deuxième cycle d'enseignements, mais, en raison d'un imprévu, je manque un des cours. Au grand étonnement de Rosanna et Olivier, les organisateurs du stage, l'Indien commence le cours suivant un peu plus tôt pour m'enseigner la partie que j'ai manquée. Swami Ji s'installe sur le canapé et demande à Linda de s'allonger au sol, me faisant ainsi comprendre que c'est moi qui vais faire le travail. Nous sommes soufflées toutes les deux. « Qui est-ce qui va me montrer ? » je me demande, non sans inquiétude, car j'ai peur des trous, des blâmes. Mais tout se passe bien, à mon grand étonnement. Je ne comprendrai que plus tard que j'ai été pilotée par télépathie par Swami Ji.

Je suis persuadée que tout cela a un sens, que quelque chose d'inconnu semble chercher à entrer dans mon existence, et je sens de plus en plus nettement que je dois le laisser venir. Dans la soirée, j'apprends que Swami Ji est un ancien homme d'affaires et qu'il n'a plus son poumon droit. Moi, il ne me reste qu'un quart du poumon gauche...

LE CANYON

Esprit du vautour, protège-moi !

Marie Jésus

Venant de tous les côtés, les coups pleuvent sur mon fragile petit corps. Je suis livrée sans merci à l'incroyable puissance de l'eau. Comme si on m'avait jetée dans une immense machine à laver. Une machine à laver les corps et à essorer les âmes, sans le moindre ménagement. Je retrouve cette sensation de maltraitance que je connais si bien… Mais qu'ai-je donc fait pour mériter ça ? Quels esprits ai-je bien pu offenser ?

Malmenée par les flots, je tente de garder la tête hors de l'eau pour respirer, tout en la protégeant des chocs contre les rochers avec mes bras. Mes yeux cherchent le ciel. « Esprit du vautour, protège-moi ! » Déterminée à sortir vivante de ces eaux voraces, je continue de me battre pour ma survie. Comme je l'ai toujours fait depuis mon arrivée sur Terre, pour empêcher la vie de me glisser entre les doigts comme du sable trop fin, puis pour l'apprivoiser, la conquérir. J'ai sonné la révolte lorsque j'ai quitté le nid familial ; moi, le fragile oisillon qui ne savait pas voler, j'ai déployé mes ailes. Et, aujourd'hui, mes espoirs se noient avec moi… Aujourd'hui, je meurs.

Aigle Bleu

Comme chaque année, mon nouveau compagnon, Didier, tient un stand à la Bourse aux minéraux à Sainte-Marie-aux-Mines. À un moment donné, il me demande :

— Marie Jésus, veux-tu m'accompagner et tenir mon stand pendant que je donne des consultations ?

J'accepte volontiers, d'autant plus que l'ambiance de la Bourse aux minéraux me paraît captivante. Depuis quelques années, cette manifestation fait la part belle aux thérapies alternatives, comme la cristallothérapie et autres mystérieuses formes de soins, en plein boom. Ce qui attire un nombreux public issu du courant ésotérique. La cérémonie d'ouverture de cette manifestation a été confiée à un dénommé « Aigle Bleu ». L'homme enseigne la spiritualité amérindienne, l'aromathérapie, la musicothérapie, la cristallothérapie, et donne des cours de méditation.

Je me rends à la cérémonie. Avec ses longs cheveux qui lui tombent au creux des reins, Aigle Bleu ressemble à un Amérindien. L'est-il vraiment ? Ma voisine a l'air d'en savoir long sur lui, si j'en crois sa remarque : « Je repartirais tout de suite en stage avec lui ! » Comme il reste quelques minutes avant l'ouverture, je lui demande qui exactement est cet homme. La femme ne se fait pas prier pour me répondre et, par la même occasion, informer les rangées alentour qu'elle connaît personnellement Aigle Bleu.

— Il est originaire de la province canadienne de la Saskatchewan, mais vit au Québec. Il voyage un peu partout pour transmettre ses connaissances.

— A-t-il vraiment des origines indiennes ?

— Je crois que non. Mais ça fait plus de trente ans qu'il est en formation avec l'enseignante spirituelle de la Nation Cherokee, la vénérable Dhyani Ywahoo, la fondatrice du village de la Paix. Il a également étudié avec des Amérindiens de différentes nations, comme Sun Bear, un Chippewa, Oh Shinnah, un Apache, Tlakaellel, un Aztèque, Slow Turtle, William Commanda, un Algonquin ou Tall Warrior, un Mohawk.

La femme jette un regard circulaire autour d'elle pour s'assurer que tout le monde a bien entendu. Puis elle en remet une couche.

— Aigle Bleu a été reconnu *guérisseur spirituel* par les nations indiennes. Il a obtenu le titre de « Celui qui entend la voix de ceux qui pleurent », après une épreuve qui consiste à produire de la lumière avec son corps dans un lieu sombre.

Je suis impressionnée par les pouvoirs que semble détenir cet homme. S'il n'est pas amérindien dans cette vie, il l'a sûrement été dans des vies précédentes.

La conférence débute. D'emblée, je suis fascinée par le discours de l'homme. Puis carrément bouleversée par une de ses révélations :

— Les anciens offraient une pierre précieuse à celui qui était prêt à recevoir les enseignements. Mais, auparavant, ils la cachaient soigneusement. Si l'élève entendait chanter la pierre et la trouvait, il pouvait recevoir les enseignements.

Ma voix intérieure se manifeste soudain : *« Ça, c'est juste ! »*

— Aujourd'hui, ces pratiques n'ont plus cours, enchaîne l'orateur. Chacun peut se procurer à peu près n'importe quelle pierre.

Le jour même, je participe à un atelier d'Aigle Bleu avec mon amie Christine. Le thème en est les chants harmoniques. Je ressens beaucoup de vibrations, d'énergie. Soudain, ma voix intérieure se manifeste à nouveau, avec une puissante injonction : *« Tu dois lui dire ! »* Je sens que je dois obéir à cette voix. J'attends la fin de la prestation de l'animateur. Lentement, je me dirige vers lui. Une fois que je suis assez proche, je me place devant lui. Il me dévisage, avec un regard à la fois serein et impatient de m'entendre, comme s'il m'avait attendue. « J'ai reçu un message, et on m'a demandé de vous le transmettre. » Sans réfléchir, je lève ma main droite, paume ouverte vers lui, et je place ma main gauche sur ma bouche, comme pour la couvrir. Je n'ai pas la moindre idée de ce que cela veut dire, et je commence à me poser des questions sur le bien-fondé de ma démarche, et même sur ma santé mentale. Mais je n'ai pas le temps de cogiter. Aigle Bleu me dévisage gravement :

— Sais-tu ce que ça veut dire ?

Je secoue la tête.

— Non.

Je m'attends à ce qu'il m'éclaire sur la signification de cet échange, mais il n'en dira rien. Je reste comme ça avec, sur les bras de ma conscience, ce message, comme un encombrant bébé reçu du monde spirituel. Il va falloir que je m'habitue à ce genre de questions sans réponse. Sans réponse immédiate, du moins... L'Indien s'éloigne de sa démarche féline. Le hasard veut que quelques minutes plus tard, mes pas me guident dans les siens. Absorbée par mes pensées, je l'aperçois soudain, marchant devant moi dans la même direction. Brusquement, il s'arrête, se retourne :

— Je peux te prendre dans mes bras ?

Quelques pensées traversent mon esprit à la vitesse de l'éclair, et un dialogue intérieur se met en place comme le quartier général de mon centre de survie.

— C'est un bel homme, et qu'est-ce que je risque ? Il ne va rien m'arriver !

Et il ne m'est rien arrivé. Sinon un bel échange d'énergie.

Adossée à un gros arbre, j'assiste à la cérémonie de clôture. Debout sur la scène, avec sa compagne en tenue d'Indienne, Aigle Bleu s'adresse avec ferveur au public. C'est un nouveau moment très fort pour moi. Indubitablement, quelque chose vient de naître en moi. Ou de renaître. Mais je ne sais pas encore quoi.

Le temps passe. Je ne suis plus avec Didier. Notre relation a vécu, et nous nous séparons le jour de Pâques. Décidément, cette fête devient synonyme de séparation pour moi, après le décès de mon grand-père et la rupture avec Patrick. Je suis en train de prodiguer un massage chez moi à Pfastatt, lorsque je sens soudain la connexion avec Aigle Bleu. Je sais qu'il doit venir donner une conférence prochainement. Je termine mon massage et téléphone aussitôt à la boutique ésotérique Isidora pour me renseigner.

— Oui, madame, il y a bien un concert de musique amérindienne, ce soir, m'explique la dame.

Je comprends instantanément que je dois y aller. Pas le moindre doute ! J'appelle mes amis, mais, l'un après l'autre, ils déclinent l'invitation à m'accompagner au concert. Quand je dis « m'accompagner », c'est aussi m'y emmener... Finalement, je tombe sur Jean-Charles. Il est d'accord pour m'emmener au concert. Mais, bien entendu, avec toutes ces tergiversations, nous sommes en retard...

La salle est pleine de monde quand nous débarquons enfin, mais nous finissons par dénicher deux places sur l'allée extérieure. Le concert commence, et avec lui mon quart d'heure de folie. En effet, c'est un déluge de vibrations, de lumière qui s'abat sur moi. Comme une douche céleste permanente de sons et de douces vibrations, qui ne tomberait que pour moi afin de me régénérer. Puis le calme revient peu à peu et me permet d'écouter « normalement » la musique d'Aigle Bleu. À la pause, Aigle Bleu explique à son public qu'il a besoin de rester seul quelques instants. Il traverse la salle pour aller s'isoler, lorsqu'il s'arrête soudain sur son passage en remontant l'allée. Il vient de me remarquer. Il s'approche aussitôt et ouvre ses bras. Tout le monde nous regarde quand il me prend dans ses bras. Dire qu'il était en route pour s'isoler !

Voilà que le grand Aigle Bleu, admiré par des centaines de personnes, interrompt son chemin pour me saluer, moi l'insignifiante Marie Jésus ! Je sens le poids des regards envieux de tous ces gens sur moi. Cela fait naître en moi une énorme sensation de gêne et une furieuse envie de disparaître sous terre.

Je décide d'aller faire un tour, histoire de me remettre de mes émotions. Je m'arrête devant un stand garni d'encens, de sauge et d'autres produits du genre. Comme par hasard, Aigle Bleu est là… Il vient vers moi :

— Quel est ton nom ?

— Marie Jésus, dis-je, en réalisant aussitôt que ce n'est pas cela qu'il désirait entendre.

— Je te donne rendez-vous à la montagne sacrée pour rencontrer les aînés.

« Bon… » me dis-je, perplexe.

Au retour du concert, je suis bouleversée. Mon rebelle intérieur me rappelle que je suis maîtresse de moi-même. *« J'irai si je veux ! »* Mon économe intérieur s'en mêle : *« De toute manière, tu n'as pas les moyens ! »* Puis mon analyste intérieur, qui entre dans une phase de questionnement : *« Mais qu'est-ce que ce type raconte ? Est-ce qu'il cherche à nourrir mon ego ? Et pourquoi moi ? Pourquoi pas mon amie Christine, qui n'attend que ça ? C'est quand même un peu grâce à elle que je suis là ! »* Toutes ces interrogations mettent à mal l'once de confiance en moi que je venais de glaner.

LE CANYON

Stop ! Maintenant, on prie !

Béatrice

Petit à petit, l'idée de la prière fait son chemin en moi, et ramène un peu de lumière. Un peu d'espoir, aussi. « Non, elle ne peut pas mourir ! » Je décide de passer d'une logique de peur de la mort à une logique de foi en la vie. C'est dit : je ne céderai pas à la panique ! Je constate qu'il se passe également quelque chose au niveau du groupe. Marie-Monique fait taire les plaintes et les jérémiades d'un geste de la main, avec une autorité qu'elle ne se connaissait pas. « Stop ! Maintenant, on prie ! » Abasourdies, les femmes la dévisagent un instant, puis glissent les unes après les autres dans la prière. Rapidement, leurs énergies convergent, et une formidable communion entre les femmes se dessine. Mon instinct de survie reprend le dessus et ne souffre plus aucune dérive. Oui, il se passe quelque chose ! Sans réfléchir, je commence par me reconnecter aux éléments. Ça y est, je suis à l'écoute. Mes antennes s'ouvrent. Je chasse de mes pensées l'image terrible du corps ensanglanté de Marie Jésus. Je la visualise vivante, accrochée à une branche salvatrice, et je me mets à l'appeler mentalement. La pensée créative…

Je lève les mains vers le ciel, en incantation aux dieux, aux ancêtres, aux animaux totems, aux anges, à tous ceux qui pourraient infléchir le destin et épargner la vie de ma chamane. Je lui parle. « Marie Jésus, nous t'accompagnons dans ce que tu traverses, quoi que ce soit ! Nos énergies sont les tiennes ! »

En garde à vue

Mon travail à la MJC de ma ville m'occupe et me permet de rencontrer du monde. Je dois aussi me déplacer. Pour cela, on m'a confié une Renault 4, mon premier carrosse. Sur ses flancs, les armoiries de la ville me rappellent celles de la famille Sandoval.

J'ai beaucoup de mal à m'orienter, mais je parviens à mémoriser la route. Un jour, je roule tranquillement, lorsque soudain la sensation de mon rêve du diable de la veille refait surface. Lorsque je regarde ma main qui me démange, je constate avec effroi une trace de morsure ! Une vague d'angoisse me submerge comme un tsunami. Je me ressaisis et me conjure de ne pas basculer là-dedans. Ouf ! Le précipice de la folie s'éloigne peu à peu.

À la MJC, il se passe de drôles de choses. On veut me faire signer des documents relatifs à des demandes de subventions fictives, ce que je refuse catégoriquement. Des bilans surprenants m'avaient déjà mis la puce à l'oreille, il y a quelque temps. Je décide d'aller fouiller dans les archives du centre, au grenier, à la recherche de preuves. Mes doutes sont validés par des anomalies qui me paraissent plus que suspectes. Je les signale, ce qui me vaut de me retrouver placée en garde à vue, suite à des accusations d'appartenance à une secte, allant même jusqu'à citer le Temple Solaire ! Le délire total ! Tout ça à cause de mon refus de signer ces documents fictifs ! Heureusement, j'avais assuré mes arrières et tout prévu pour prouver ma bonne foi : j'ai conservé des copies de tous les documents. Et je bénéficie de l'appui de syndicalistes. Grâce à eux, je suis innocentée. Mais c'était à prévoir : je suis licenciée. Tel un complot de l'univers, tout semble se mettre en place pour me pousser hors de ma zone de confort, pour que j'aille vers autre chose. Le destin est en route, et je ne le sais pas encore. Un peu plus tard, les hasards de la vie (qui n'en sont pas !) me ramènent vers Swami Ji. Il parle de m'emmener sur la tombe du Christ et de Marie-Madeleine en Inde ! J'ai du mal comprendre…

J'habite toujours à Pfastatt, dans la maison de Jean-Charles. La bâtisse dégage quelque chose d'étrange et de stabilisant, avec sa somptueuse salle de bains, sa douche en mosaïque et ses meubles anciens. J'y ai mon espace.

— Tu es dans l'énergie de Marie-Madeleine, tu es une guérisseuse ! m'annonce Jean-Charles, gravement.

Ce que je sais de Marie-Madeleine, c'est qu'elle est un archétype féminin, une grande prêtresse qui s'était opposée au patriarcat. Moi, dans le sillage de cette femme ? Ben voyons… N'importe quoi ! Enfin, il y a quand même des signes… Et s'il avait raison ? Ça vaut au moins la peine d'essayer…

Forte des derniers enseignements de Swami Ji, je décide de me lancer dans les massages ayurvédiques. À presque quarante ans, je commence une nouvelle vie. Je n'ai rien à perdre : je n'ai plus de compagnon, plus de travail, et je suis en procès. À part ça, tout va bien… Mais l'énergie revient petit à petit. Mon ami Hubert m'envoie des gens sans même savoir ce que je fais, ce qui me prouve la confiance qu'il a en moi.

Les séances de massage ne sont pas toujours très aisées, comme avec cette dame.

— Vous enlevez tout.

— Comment ça, « tout » ?

Devant sa gêne, j'opte pour une touche d'humour qui a le don de la faire rire et de la rassurer, et de nous mettre toutes les deux de bonne humeur.

— Je ne regarderai pas !

Je reçois des personnes provenant de maisons de retraite, des maniaco-dépressifs et autres cas difficiles. Un jour, c'est une femme de cent trente kilos qui ne peut plus se relever après le massage. Je transpire un bon coup pour l'aider. Mais, à la fin de la séance, son genou est guéri !

Je me sens grandir, prendre de l'assurance. C'est comme si j'étais guidée. C'est sûr : je ne suis pas seule... Mes dons de médiumnité se révèlent au fil des massages. Les corps parlent. Celui d'une femme qui ne parvient pas à trouver le sommeil. J'entends le son du piano dans sa main... Je suis troublée, mais, après une courte hésitation, j'ose lui poser la question :

— Vous aimez le piano ?

Elle répond :

— Pas plus que ça.

Je continue de la masser. Tout à coup, elle se redresse.

— Mon gendre vient de mourir, il était pianiste...

Je commence à comprendre que je perçois l'écho de la pensée des autres. Mais ma mémoire est fluctuante, chargée de rêves qui n'en sont pas. Des rêves souvent bien présents au réveil. Trop, même... Tous ces succès me confortent dans ma démarche. Mais Swami Ji pondère mes ardeurs :

— *Ne croyez pas que vous guérir les autres, vous être en train de guérir vous-même !*

Cela me laisse perplexe. De quoi dois-je donc guérir ?

Un jour, la brigade des mœurs et la Sécu me rendent visite, sans doute aiguillés par mes détracteurs. Entre-temps, l'association Amrita est née. Swami Ji connaît bien le nom d'Amrita : c'est l'emblème d'une carte postale qu'il m'avait envoyée d'Inde. J'ai choisi ce nom en raison de sa consonance et de sa signification. L'Amrita serait, selon les religions dharmiques, le nectar des devas, qui leur donne l'immortalité.

Rapidement, l'association tourne à plein régime, et je continue de me perfectionner. Quelques mois plus tard, je pars avec mon amie

Marie-Reine dans le Sud, rejoindre Swami Ji. Je pense y recevoir un enseignement, mais je déchante rapidement. Je dois faire des lavements. Je fais également la cuisine… Et, lorsque se présente enfin l'occasion de travailler, je m'empresse de préparer un espace pour le massage. Un espace magnifiquement décoré et arrangé avec beaucoup d'amour et d'énergie. Mais ce n'est pas du goût de Swami Ji.

— *Vous quoi faire ? Vous enlevez !*

Tranquillement, je range tout. À peine le rangement effectué, voici que Swami Ji réapparaît.

— *Vous raison ! Vous pouvez remettre !*

« Tout est enseignement », me dis-je avec philosophie. Le maître semble me reconnaître un sens de l'organisation qui lui fait défaut. Peu à peu, je prends les choses en main.

— *Vous dire, et moi faire ! Vous directrice de moi !*

Dans la foulée de cette confiance fraîchement gagnée, je lance un atelier de cours de cuisine ayurvédique. Et, nouvelle raison de fierté pour moi, il me confie que je suis la seule qu'il autorise à lui faire la cuisine. Quand je lui demande de m'enseigner, il me rétorque :

— *Parce que vous croire qu'anciens cuisinaient avec bibliothèque ? Vous intuition, alors vous faire !*

Je comprends que je dois simplement me laisser porter par mes intuitions, mes visions et mes réflexions, fruits de toutes ces pratiques ayurvédiques : détoxination, nourriture végétalienne, méditation régulière. Plus tard, je crée également des ateliers pour faire connaître les vertus et les bienfaits des épices. Je développe le lien intime entre la nourriture, la façon de la préparer, de la manger et nos pensées, nos humeurs, notre santé physique et mentale. *Sarvam annam*, « tout est nourriture » !

J'enseigne l'importance de notre essentiel, l'Amour, et me tourne vers la relation mère-enfant à travers le massage de la femme enceinte et du nourrisson. Me voilà partie en quête de sens, car je sais au plus profond de moi que mes voyages entre la vie et la mort ont développé mes cinquième et sixième sens, comme la seule possibilité de communiquer entre ces deux mondes. C'est l'amour qui m'a gardée en vie, ces prières, cette foi, cette espérance. Je me sens touchée par une grâce, et si je ne me souviens pas de grand-chose de cette période, il me reste l'essentiel : ce contact aimant, chaud, léger d'une main pour me garder dans le monde des vivants. C'est par le sens du toucher que la transition de la vie intra-utérine à une vie indépendante permet au bébé de vivre au mieux ce passage, afin de minimiser cette rupture ; qu'elle ne soit pas vécue comme une perte irréparable. Le toucher conduit au plaisir, et la survie de l'espèce lui est peut-être due. C'est le siège du langage amoureux.

LE CANYON

Une présence près de moi

Marie Jésus

Je suis toujours la proie du cours d'eau, ce méchant serpent qui me malaxe dans son estomac affamé. Mon corps lui appartient. « Il faudra que je façonne des objets de culte avec les plumes et les griffes du vautour… » me dis-je soudain. Puis je constate, non sans effroi, le décalage entre mes pensées et les événements : je suis en train de mourir, et je songe à mes objets ! Ça frise le ridicule ! Mais qui suis-je donc ? Suis-je en train de perdre la tête ? La dérive de mon corps entraîne-t-elle celle de mon esprit ? Je ne sais pas, je ne sais plus.

Soudain, je ne suis plus seule. Une présence se manifeste près de moi, autour de moi, en moi. Par moments, c'est comme si une force inconnue me tirait hors de l'eau pour me permettre d'approvisionner mon poumon en oxygène précieux.

Quinze jours de constipation

Swami Ji vient de temps à autre donner des stages à Pfastatt. Nous avons tellement de participants qu'il n'y a plus de place dans la salle. Nous pratiquons les mudras et autres techniques. Mais, au bout de quelque temps, l'engouement se tarit, et il n'y a plus personne. Peut-être est-ce le moment de changer quelque chose…

Nous repartons chez Swami Ji, car je ressens un besoin d'approfondir le massage ayurvédique. Ma fidèle amie Marie-Reine m'y emmène, une fois de plus. Mais elle m'a prévenue : elle vient en simple accompagnatrice, car elle aspire à prendre des vacances, bien méritées. En fait, c'est elle qui va travailler pendant que je la seconderai en suivant les instructions de Swami Ji ! Elle va servir de cobaye au massage. Adieu, la plage tant espérée…

Marie-Reine est constipée, et ça va durer quinze jours ! Et pourtant, elle a tout essayé. Même l'huile de ricin préparée par Swami Ji. Rien à faire, ça ne passe pas !

Le dernier jour, nous nous rendons sur une plage naturiste. J'ai pris goût à vivre nue, mes réticences sont définitivement vaincues, et j'apprécie de plus en plus ce mode de vie naturel. Ma première expérience en la matière date de l'époque du *jazz dance*, où nous allions en groupe nous baigner nus dans une gravière. Mes débuts furent malaisés. Il ne s'agissait pas simplement de s'allonger nue sur une plage, mais de marcher, d'évoluer au milieu des autres, bien en vue. Ce qui me dérangeait bien plus que de rester allongée en position statique. Mais la tranquillité des personnes habituées au naturisme m'a peu à peu gagnée. Entre-temps, je me suis également aguerrie à la nudité avec la pratique des massages en tenue d'Ève. J'ai été gagnée par un sentiment de sécurité et j'ai analysé le phénomène. Et je me suis persuadée que la nudité, c'est se laisser regarder et regarder à la fois. Mais c'est aussi sentir la vie, la caresse du vent sur la peau, la fraîcheur des embruns, la chaleur du soleil, le contact de l'eau. Tout est différent, les sensations ne sont pas les mêmes qu'à travers les vêtements. Aujourd'hui, je me sens tranquille, je ne fixe pas l'entrejambe du regard, je suis naturelle. J'ai dépassé les carcans de l'éducation pudibonde de ma jeunesse espagnole où tout devait être boutonné de haut en bas. Où les hommes et les femmes sont encore séparés dans les églises. Vivre cette liberté me procure un sentiment de sécurité lié à la guérisseuse en moi.

Nous nous promenons sur cette plage, lorsque tout à coup Marie-Reine trébuche. Elle fait une vilaine chute qui lui fait heurter un rocher pointu avec son visage. La douleur est vive, et le sang coule à flots. Commence alors un vrai calvaire, car il nous faut d'abord marcher une demi-heure jusqu'à la voiture. Prévenus, les pompiers emmènent mon amie chez le médecin de garde dans le village le plus proche. Ce dernier envoie Marie-Reine à l'hôpital. Calmement, avec l'assurance d'une vieille baroudeuse, mon amie annonce à l'urgentiste que dans une heure elle prendra la route du retour, soit neuf cents kilomètres !

— Si, si, je vais bien, je vous assure !

Le médecin est abasourdi. Encore plus quand il constate que la plaie est déjà refermée. Comment est-ce possible ? Je souris. Juste après la chute, j'avais pincé la plaie avec mes doigts, en envoyant une bonne dose d'énergie guérisseuse à mon amie. Depuis, elle se sent mieux. Elle plisse les yeux et m'adresse un regard lumineux.

— Pour moi, c'est évident : tu viens de démontrer ton talent de guérisseuse ! La preuve : je suis en pleine forme !

Médusé, l'urgentiste ne cherche plus à comprendre. Il se contente d'appliquer quatre strips et libère mon amie. C'est à ce moment qu'elle ressent un besoin pressant. En quelques instants, elle réussit enfin à vider ses tripes de deux semaines de constipation. Un barrage vient de lâcher en elle. Et pas uniquement dans ses intestins.

Nous rentrons chez Swami Ji. Le maître nous voit arriver de loin et sourit à notre arrivée. Comme s'il savait déjà. Malgré nos réticences, nous acceptons de dîner avec lui et de différer notre départ de quelques heures.

Marie-Reine conduit pratiquement neuf heures d'affilée, à ma grande stupeur. Elle trace sereinement à travers la France endormie. Nous arrivons à Mulhouse vers quatre heures du matin. Avec son bandage sur le front pour couvrir son œil qui enflait, elle ressemble à Björn Borg après un match en cinq sets par 35 °C. Je lui souris.

— Je ne ressens aucune douleur, et j'en suis sûre, c'est grâce à ta présence !

Les effets de mes « soins » semblent perdurer, car, même le lendemain, après ce long voyage, elle n'a plus ni douleur ni saignement.

LE CANYON

Roman, je te demande pardon !

Marie Jésus

Mon grand-père Roman, le père de mon père, est là, je sens sa présence. Il s'était suicidé en se jetant dans un puits. La pierre et l'eau… La coïncidence est frappante.

Je n'ai jamais entendu parler de ses qualités, seulement de toute la souffrance générée autour de lui. Ma mère l'a beaucoup sali, mon père s'est beaucoup tu, son cœur était lourd de la culpabilité de ne pas l'avoir sauvé. Mon grand-père était joueur et, un jour, il a tout perdu. Tout ? Je ne sais pas exactement quoi. Ses amis ont dit à mon père : « Attention, ton père va faire une bêtise. » Mais ce n'était pas la première fois. Mon père l'a cherché, en vain. De toute façon, il était trop tard… J'ai vu pleurer mon père sur sa culpabilité.

Roman Sandoval Rodriguez, je te demande pardon ! Au nom de toute la famille, je te demande de nous pardonner ! Maintenant, je veux te rencontrer, avec ce que tu as de meilleur en toi.

Loup Argenté

La rencontre avec Aigle Bleu a ouvert quelque chose en moi : la quête de moi-même. Et cette quête passe par la culture amérindienne, j'en suis persuadée. Pourquoi ? J'aimerais bien le savoir… Toujours est-il qu'avec Marie-Reine, nous nous inscrivons pour une formation avec un certain « Loup Argenté », qui porte également plusieurs autres noms. Si j'en crois le dépliant, ce n'est pas n'importe qui : « Loup Argenté est le créateur de l'harmoniathérapie, une technique qui consiste à harmoniser les chakras des gens. Il a été reconnu en Chine par des experts et maîtres de qi gong comme étant un authentique maître du chi, et par la tribu des Shoshones comme étant un homme-médecine. Depuis de nombreuses années, il a mis au point et enseigné de nombreuses techniques de développement personnel en animant des groupes en Europe et aux États-Unis. Il a également manifesté son exceptionnelle créativité dans les domaines artistiques, comme musicien, écrivain, poète et peintre. Il compose une musique venue de l'âme et s'adressant à l'âme. »

Bon, ça me paraît un peu présomptueux, mais nous verrons bien. Je ne mesure pas encore combien cette rencontre sera déterminante dans mon évolution spirituelle.

Rapidement, les stages m'apportent de nombreux enseignements, et je grandis à l'intérieur de moi-même. Avec Marie-Reine, je participe assidûment aux ateliers et, lorsque cela se termine, je suis impatiente de retrouver cette ambiance, ce taux vibratoire si propice à l'apprentissage et aux échanges. Au cours des ateliers, je surprends parfois l'œil du maître qui semble s'attarder sur moi. Mais ce n'est sans doute qu'une douce illusion…

Lorsque nous entamons le dernier atelier, des participantes font remarquer leur étonnement que Loup Argenté soit présent à tous les cycles, alors qu'habituellement il n'assiste qu'aux premiers et aux derniers. Ça intrigue le groupe, et Loup Argenté s'en explique, après avoir longuement réfléchi :

— Il y a parmi nous une personne très importante.

Il n'en dira pas plus. Mon amie Marie-Reine me lance un regard très explicite. Mon cœur fait un bond, et le rose monte à mes joues, tandis que je sens les regards des autres sur moi. Je suis troublée, mais je m'efforce de ne rien en laisser paraître.

Au bout de deux ans avec Loup Argenté, Marie-Reine et moi devenons harmoniathérapeutes.

Peu après, je vis ma première initiation tantrique. Mon amie Christine vient me voir :

— Voilà, le maître te propose une initiation tantrique. Es-tu d'accord ?

Le tantrisme, j'en ai vaguement entendu parler, sans toutefois comprendre de quoi il s'agit exactement. L'honneur d'avoir été choisie par Loup Argenté est plus fort que ma méfiance. Car je sais que toutes les femmes du groupe n'espèrent que cela, être reconnues par le maître et être initiées. En tout cas, moi, je ne m'y attendais pas du tout. Je ne ressens donc aucune pression et me sens parfaitement libre de dire « oui » ou « non ». Le fait d'avoir mes lunes me rassure un peu, car je suis en quelque sorte « intouchable ». Néanmoins, je flippe, car je ne sais pas du tout en quoi cela consiste, une initiation tantrique. Cependant, je pense que Loup Argenté a beaucoup à m'apprendre, aussi je dis oui.

Nous commençons par un massage, que Christine et moi devons prodiguer au maître. Nous y mettons beaucoup d'énergie et d'amour, surtout Christine. Je la soupçonne d'être secrètement éprise. À un moment donné, Loup Argenté se lève, s'approche de moi et met sa côte d'Adam en contact avec mon troisième œil. Je me sens aussitôt propulsée dans l'univers, comme si une force aussi puissante qu'irrésistible m'entraînait vers l'ailleurs, l'infini, m'arrachant à ma conscience l'espace d'un instant. Quand je reprends mes esprits, il pose son front contre mon front et me tient les mains en les serrant très fort. Comme s'il voulait me dire : « Je t'ai retrouvée dans cette vie, je me souviens, je te reconnais. » Mais ce moment de partage doit rester caché pour ne pas faire de jalouses. Ce qui ne me pose pas de problème, car en moi il n'y a pas de confusion entre une relation amoureuse et des retrouvailles d'un autre temps. À sa demande, je reste dormir près de lui, sagement. Je comprends alors que je suis sa préférée. Mon amie Christine est donc en souffrance, ce qui me pose un vrai problème. Je fais très attention à la préserver, car je tiens beaucoup à son amitié.

Un peu plus tard, au cours d'une deuxième rencontre, je suis initiée au tantra avec une pratique qui n'a absolument rien de sexuel, mais qui consiste en un puissant échange d'énergie. Cette expérience me prouve qu'il existe d'autres formes d'échange homme-femme que la relation sexuelle physique. Et qu'elles peuvent mener aussi sûrement à l'extase, voire bien plus.

Ce premier contact avec le tantrisme sème en moi une graine qui mettra plusieurs années à germer. Mais ça, c'est une autre histoire...

— Au commencement de votre chemin,
vous trouverez une porte avec une inscription,
dit le maître. Revenez me dire quelle est cette phrase.
Le disciple se livre corps et âme à sa quête.
Et puis, un jour, il voit la porte, et il retourne
consulter son maître.
— Au commencement du chemin, il est écrit :
« CE N'EST PAS POSSIBLE », lui annonce-t-il.
— Où était-ce écrit, sur un mur ou sur une porte ?
demande le maître.
— Sur une porte.
— Eh bien, posez la main sur la poignée et ouvrez-la.
Le disciple obéit. Comme l'inscription est peinte
sur la porte, elle pivote en même temps qu'elle.
Lorsque la porte est entièrement ouverte, le disciple ne
parvient plus à distinguer la phrase, et il avance.

PAULO COELHO, *MAKTUB*[1]

---

1. Paulo COELHO, *Maktub*, J'ai lu, 2004.

LE CANYON

Combien de temps s'est-il écoulé ?

Marie Jésus

L'écho d'un cri de rapace retentit dans ma tête.

Combien de temps s'est-il écoulé ? Trente secondes ? Vingt minutes ? Deux heures ? Je n'en ai pas la moindre idée ! Je me souviens de ma chute de cinq mètres dans le vide et de ma tête qui a heurté des rochers. Je me rappelle soudain mon ressenti à mon arrivée devant le torrent. « Non, on ne passe pas, c'est dangereux ! » avait crié mon corps. Puis Nicole a traversé, avec mon accord. Parvenue sans encombre sur l'autre rive, elle m'a demandé si elle pouvait faire passer les filles. Je ne sais pas pourquoi, mais, contre toute attente, j'ai cédé à son insistance. À cette pensée, une vague de colère monte en moi. Quelle est cette partie de moi qui a désobéi à mon ressenti, qui a nié le danger ? Cette partie de mon être qui s'est dit que si je réussissais à passer, tout le monde réussirait, car j'étais de loin la plus petite et la plus légère. Qui m'a fait monter sur ce frêle tuyau ? Si je posais les pieds dans le courant, je serais balayée comme une vulgaire quille ! Je me souviens m'être engagée prudemment sur le tuyau. Christine me tenait les pieds. J'avançais doucement, en sentant le courant passer sous moi comme une autoroute surchargée. À mi-chemin, j'ai tendu la main vers Nicole. Christine ne pouvait plus tenir mes pieds, j'étais trop loin d'elle. C'est à cet instant que j'ai commencé à sentir l'imminence du danger. Nicole était loin, et ma main touchait tout juste la sienne. Je l'ai sentie se fermer sur la mienne, mais elle était sans force. Ma main a glissé hors de la sienne. Nicole s'est approchée pour tenter de m'agripper, mais le courant était trop fort.

Les images de ma chute se heurtent dans ma tête, tandis que mon corps lutte pour sa survie. Esprit du vautour, aide-moi !

Le roi des gitans

Au cours d'un séminaire avec Loup Argenté, j'ai soudain des visions de gitans. Je me souviens que quand j'avais dix-sept ans, je rêvais de rencontrer les gitans et de danser avec eux. Un rêve partagé par mon amie Doris. Aussi, nous projetions de partir ensemble, un jour. Mais cela ne s'est jamais fait. Je témoigne de ma vision à Loup Argenté. Il s'écrie : « J'aurais apporté ma guitare, si j'avais su ! » Mon amie Christine me propose alors de partir ensemble aux Saintes-Maries-de-la-Mer. Peu après, je fais un rêve étrange : *Quelqu'un a commandé une robe de mariée et je dois lui remettre. Cependant, je dois l'essayer auparavant. La robe se transforme soudain en une magnifique montgolfière, puis en dessin d'enfant.* J'en déduis que ce rêve m'annonce que je vais rencontrer quelqu'un pour lui remettre ou lui annoncer quelque chose.

Avant notre départ, Loup Argenté nous demande de le tenir au courant. Puis il nous fixe du regard et nous annonce solennellement : « Je vous mets sous la protection du roi des gitans. » À cet instant, je ne sais pas encore combien ses paroles seront incroyablement prémonitoires.

Une fois arrivées, Christine et moi nous rendons à la crypte pour prier. L'endroit est plein de monde. Je suis émerveillée par l'atmosphère communautaire qui y règne. Des souvenirs d'enfance remontent aussitôt à ma mémoire. Je me remémore cette ambiance de familles qui se retrouvaient avec les mêmes effusions. Et ces chants désordonnés résonnant de tous les côtés. Par solidarité, mon père ramenait des compatriotes fraîchement installés à Vichy et qui avaient besoin d'assistance. Ma sœur, brillante en classe, les aidait à remplir les formulaires alambiqués de l'administration française. En remerciement, ils apportaient leurs trésors, leurs réserves de chorizo, que nous partagions, et du vin. Mon père se mettait alors à chanter « Aïe, aïe, aïe ! » et autres « Olé ! » Nous dansions sur les tables, et on nous applaudissait. À la maison, c'était toujours la fête.

Alors que nous assistons à une procession, je suis songeuse : qui est la personne de mon rêve à qui je devrais remettre quelque chose ? Et que devrais-je donner ? Dans l'église noire de monde, je me mets soudain à pleurer comme une madeleine, face au tableau représentant Marie-Madeleine. Des paroles me reviennent : « Tu es dans l'énergie de Marie-Madeleine, tu es une guérisseuse ! »

La première nuit, nous ne savons pas où aller, nous ne connaissons personne en ces lieux. Alors nous errons longuement, avant de nous résoudre à passer la nuit dans notre voiture, garée dans une ruelle. Pour éviter qu'on me voie, je coince la serviette-éponge à la fenêtre. Le lendemain, rebelote : nous passons une deuxième nuit dans la voiture.

Quand nous arrivons à la fête de Marie-Jacobé et Marie-Salomé, l'église est à nouveau bondée. Ce qui fait que nous devons rester sur le parvis, à l'extérieur, derrière les barrières que les organisateurs ont posées pour canaliser la foule. Nous sommes pressées et coincées entre les personnes derrière nous et celles devant. Bien malgré nous, nous voilà prisonnières de la foule ! Je me sens oppressée, prise à la gorge. Soudain, il se passe quelque chose d'inexplicable : il n'y a plus personne devant nous ! Depuis le parvis, nous distinguons, parmi les nombreuses personnes dans l'église, des Camarguais avec des chevaux. Soudain, je le reconnais. C'est lui ! Manitas de Plata. Le roi des gitans ! Manitas de Plata : « petites mains d'argent ». Fier et inaccessible dans ses bottes de cavalier, le regard partout et nulle part à la fois. À côté de nous, deux femmes discutent bruyamment. J'entends l'une d'elles haranguer l'autre :

— Tu ne vas pas te laisser avoir comme la dernière fois !

À peine ces paroles prononcées, je vois Manitas se diriger vers nous, le regard pointé sur nos voisines de barrière. Manifestement, il connaît une des deux femmes. Et on dirait même, si je comprends bien, qu'il a entretenu une relation avec elle. C'est alors que Christine s'illustre par une proposition à Manitas qui m'aurait fait rougir :

— Si vous voulez, je peux vous chanter une chanson !

Et la voilà qui entonne « Étranger au paradis » de Gloria Lasso, les yeux brillants et le cœur en chamade :

« Prends ma main
Car je suis étranger ici,
Perdu dans le pays bleu
Étranger au paradis.
Et je sais qu'en chemin
Le danger dans un paradis
C'est de rencontrer un ange,
Et qu'il vous sourie.
Simple mortel,
Je m'émerveille,
Les yeux remplis d'étoiles
Et de fraîcheur,
Comme un enfant
Qui se réveille.
Je te retrouve
Alors je n'ai plus peur.
Ne laisse surtout pas ma main
Ô bel ange qui me conduit.
Déjà je me sens bien moins
Étranger au paradis.
Et si tu veux bien de moi,
L'étranger dans ton paradis,
Alors nous irons je crois
Plus loin que la vie. »

Manitas de Plata lui lance alors un immense sourire, comme s'il venait de rencontrer un ange. Mais il ne sait pas encore lequel… Le gitan déploie tous ses charmes dans son regard langoureux à l'adresse de Christine. Je n'en reviens pas ! Et nos voisines non plus, lorsqu'il lui annonce en souriant :

— Je t'invite à une de mes soirées privées !

Cela ressemble à une sorte d'adoubement et suscite mon admiration la plus totale pour mon amie. Encore plus quand celle-ci lui répond, en lui renvoyant son onde de charme :

— Je viendrai avec ma copine, et elle dansera.

Amusé par nos mines réjouies, Manitas lance :

— Venez toutes les deux au mas, ce soir ! Toutes les quatre, plutôt ! avant de s'éloigner en souriant.

Une connexion spontanée s'établit entre nos deux voisines et nous. Pendant ce temps, la procession se poursuit, et nous la suivons. Nous entrons dans la mer ensemble et lions connaissance. Après tout, nous sommes dans le même bain, dans tous les sens du terme. L'ex-amie de Manitas se nomme « Marie-Sylvie ». Tiens, une Marie de plus… Elle nous invite chez elle. Sa générosité nous touche. En gratitude, Christine et moi avons à cœur de tout faire pour que Marie-Sylvie et Manitas se retrouvent. Nous serons des médiatrices, en quelque sorte, des messagères du Ciel. Marie-Sylvie nous raconte que son mari a été tué à coups de couteau. La date de sa mort coïncide jour pour jour avec celle de mon procès d'inquisition dans ma ville… Deux événements dramatiques qui se sont déroulés le même jour. À la suite de cette rencontre aussi inattendue qu'étonnante, nous devenons des sœurs gitanes. Je comprends que plus on s'évertue à faire des plans, plus les événements prennent un malin plaisir à les déjouer…

L'après-midi passe tranquillement, l'heure de la préparation pour la sortie arrive très vite. Marie-Sylvie ne parvient pas à se décider si elle doit venir ou non. Christine et moi lui rappelons que notre rencontre n'est pas ordinaire et certainement pas due au hasard…

— Nous ne pouvons pas nous lâcher maintenant !

Un peu plus tard, nous prenons toutes les quatre la direction du mas de Manitas. À l'entrée, des hommes armés montent la garde. Nous frappons à la porte. Nous nous dédouanons rapidement face aux regards méfiants :

— Nous venons de la part de Manitas de Plata.

Cette soirée privée réunit des artistes de tous bords, amis du célèbre gitan. Parmi eux, ses neveux de la famille Reyes – les Gipsy Kings –, avec leurs compagnes. Et bien d'autres personnalités.

On nous place dans un coin. Je regarde autour de moi et j'observe les gitans. Je les trouve plus beaux les uns que les autres. On se croirait dans un conte de fées ! C'est sûr, à minuit, tout va disparaître… Lorsque je contemple Manitas, il a l'air d'une star, et je crois voir Dali. Lorsque je confie mon impression à Marie-Sylvie, elle s'écrie :

— Dali était son ami ! Tout comme Pablo Picasso. C'est d'ailleurs Picasso qui l'a fait connaître au monde du show-business. Un soir de 1964, en Provence, il a entendu sa musique gitane et s'est écrié : « Cet homme est encore plus important que moi ! » Il a inclus sa guitare dans une de ses œuvres, et la légende de Manitas de Plata était née.

L'ambiance est flamenco. Admiratives, nous écoutons tous ces artistes jouer de manière spontanée de la contrebasse et d'autres instruments. En milieu de soirée, Manitas s'invite à notre table. Il confie à Marie-Sylvie qu'il est heureux qu'elle soit venue. Il porte la superbe croix qu'elle lui avait offerte. Marie-Sylvie lui sourit et lui annonce :

— Marie Jésus danse.

Le gitan me dévisage un court instant en haussant les sourcils.

— Alors tu danses ? Tu danses ?

— Non, non… Je ne sais pas danser… Mais je… je…

Mon refus semble aussi convaincant qu'un paravent face à un typhon tropical. Manitas perd patience.

— Alors, tu danses ?

De ses yeux qui ont viré au noir émane une force irrésistible.

— Oui.

J'abandonne toute forme de résistance et je vais vers lui, comme aimantée par son regard. Manitas me prend par la main et m'entraîne vers les musiciens. Je suis morte de trouille ! Je ferme les yeux, comme une condamnée, je cherche l'inspiration divine, celle qui va me sauver la mise, mais rien ne vient. Je vais être ridicule ! Puis je me ressaisis : je serai peut-être ridicule, mais je serai authentique ! Une voix intérieure m'ordonne d'ouvrir les yeux. Le roi des gitans me dévisage, et j'ai soudain l'impression de me perdre dans son regard. Libérée par cette sensation d'abandon de moi-même, tout me vient, et le rythme ne tarde pas à m'emporter. Je tourne, en avant, en arrière, je monte, je descends, je danse comme je respire, au rythme des pas de Manitas. Il me guide des yeux. Je trouve même l'audace de tapoter la cadence sur son épaule, tout en caressant ses longs cheveux blancs. Je ne me rends pas compte de mon insolence. À la fin, nous tombons dans les bras l'un de l'autre. Manitas paraît très fier de ce lien, et tout le monde nous applaudit. Mes amies n'en reviennent pas :

— C'était un spectacle ahurissant de ravissement ! s'exclame Marie-Sylvie. C'était d'une puissance et d'une énergie absolument fabuleuses, et d'une beauté sublime !

Nous sommes sous la protection des gitans, avec Manitas de Plata. C'est clairement un nouveau lien pour moi. La fois suivante, je me retrouve au mas de Manitas. Des personnes me reconnaissent et exigent que je monte sur la table pour danser. Flattée, je m'exécute, mais Manitas me demande de descendre immédiatement. Et, à cet instant, je fais quelque chose dont je me serais sentie incapable : je lui baise la main !

Je deviens son égérie. Quand on doit se retrouver, je ne sais pas où il est. Je vais vers la ville et, d'instinct, je le trouve. Je me dirige droit sur lui, comme si j'étais guidée par cette magnifique reliance entre nous. Il m'emmène partout, le plus souvent à des soirées privées. Quatre années de suite, je le côtoierai là où il se passe des choses magnifiques. Il chante pour moi, je danse pour lui. Il a alors 80 ans. Il m'invite même à danser avec lui à l'occasion d'un spectacle prévu à Lyon, mais cela ne se fera pas.

Au cours d'une soirée, Ricao, le neveu de Manitas, m'aborde :

— Mon oncle t'aime profondément, me confie-t-il.

— Moi aussi ! dis-je, spontanément.

LE CANYON

Cette Indienne, c'était moi

Marie Jésus

Je flotte, je n'entends plus le grondement des eaux.

Mes pensées aussi flottent, elles me ramènent une semaine en arrière. Au premier jour du séminaire, lorsque nous avons emprunté ce passage pour la première fois. Je me souviens que le niveau des eaux était bien plus faible qu'aujourd'hui. Il suffisait de se tenir au tuyau pour traverser en toute sécrité. Ce moment avait ouvert le séminaire. Nous sommes toutes passées sans encombre, et nous nous sommes rendues sur le lieu de pratique. Au retour, Nicole, déjà elle, avait provoqué mon ire. Avant de traverser, elle avait lancé ses chaussures de marche en direction de l'autre rive. Mais elles avaient rebondi sur la berge et étaient tombées dans le courant. Les eaux les avaient emportées comme elles m'ont emportée aujourd'hui… Les chaussures emportées par le courant : un mauvais augure ?

Ma dérive se poursuit. Consciente de cet intense défilement d'images et de souvenirs dans ma tête, au cours de ce vagabondage de ma conscience qui n'a duré qu'une fraction de seconde, je m'interroge : comment peut-on penser autant de choses en si peu de temps ? Est-ce ainsi que débute le processus de désincarnation ? Suis-je entrée dans sa première phase ?

Je ne te ferai pas de mal

L'année suivante, en 2001, nous redescendons aux Saintes-Maries-de-la-Mer, avec deux autres personnes.

— Tu es Marie qui a atteint un jour les Saintes-Maries avec Marie-Madeleine, me dit l'une d'elles.

« Elle est grave », me dis-je. Je commence à me poser de sérieuses questions sur mes compagnes de route. Mais, en même temps, je suis interpellée, car les synchronicités et les allusions à Marie-Madeleine ont tendance à se multiplier comme les petits pains de Jésus-Christ...

Lorsque nous nous rendons à la crypte Sainte-Sara aux Saintes-Maries-de-la-Mer, je retrouve cette extraordinaire énergie qui nous enveloppe de sa puissance. Le lieu est toujours aussi magique ! Quelle merveilleuse sensation ! Dans la crypte, illuminée par des centaines de cierges, sainte Sara, patronne des gitans, est somptueusement vêtue de tissus précieux et de bijoux. Les dévots s'approchent de la statue de plâtre peint, caressent doucement son visage et entrouvrent son manteau pour admirer ses bijoux. Après une prière silencieuse, les gens du voyage déposent parfois un petit papier plié, porteur d'un vœu ou d'un remerciement, dans une urne.

Le 20 mai, dans l'église des Saintes-Maries-de-la-Mer, je remarque une image sainte posée sur l'autel, à côté des ex-voto. Que fait là une image de Sarasvatî, la déesse indienne de la connaissance ? Sara, Sarasvatî : les noms sont proches, mais y a-t-il un lien ? Je me renseigne et trouve de nombreuses analogies entre elles. J'apprends que les gitans, ou roms, seraient venus des Indes vers l'an mille et seraient progressivement arrivés en Europe. Leur présence est attestée en France dès le XVe siècle. À la suite d'une longue errance, Sarasvatî serait-elle devenue Sara en Camargue ? Le véhicule de Sarasvatî est un cygne, un cygne devenu barque. Lors de la fête de Sarasvatî, la statue de la déesse est promenée dans les villes indiennes avant d'être immergée dans une rivière ou dans la mer, comme de nombreuses déités hindouistes : Ganesh, Dourga, etc. Cela ressemble étrangement à la procession des trois saintes camarguaises : Marie-Salomé, Marie-Jacobé et Sara, vers la mer...

L'après-midi, dans l'église, a lieu la remontée des châsses. On peut aller toucher les reliques. En m'approchant, j'entends une voix intérieure qui me susurre de revenir les voir chaque année. Je me dis : « Ça ne va pas, non ? » Soudain, comme pour me secouer, un mouvement de foule me place devant les reliques. Je comprends alors que c'est important et je dis « oui » à cette voix. Oui, je reviendrai chaque année.

Ce n'est que bien plus tard que j'apprendrai que Manitas de Plata avait fait la même promesse, mais je ne sais pas qui le lui avait demandé. C'est également plus tard que m'apparaîtra la coïncidence entre Marie-Salomé et Marie-Jacobé – mères des apôtres saint Jean et saint Jacques – et Jean et Jacques, qui m'assistent pendant les séances...

Je retrouve Manitas et je passe l'après-midi avec lui. Nous suivons toute la procession ensemble. Je suis à son bras. Il semble aussi fier que fatigué, je le ressens bien. Aussi, je le soutiens de toute mon énergie. Les caméras de la télévision et les photographes nous mitraillent. Je me sens comme intronisée ; et me voici en train de saluer tout le monde, même l'archevêque et d'autres personnalités, moi la parfaite inconnue... « Regarde à quelle place tu te trouves ! » me crie une petite voix en moi. J'ai une brève pensée pour mes parents et je prie de toute mon âme pour qu'ils voient les images à la télévision.

Soudain, Manitas me dit :

— Ne t'inquiète pas, je ne te ferai pas de mal.

À mon propre étonnement, je lui réponds :

— Moi non plus…

Tout au long de la procession emmenée par une bible au bout d'une perche, il fait le coq, et je le vois grincer des dents lorsque les gitans lui demandent sur son passage :

— C'est ta fille ?

— C'est ma nièce !

— Elle est bien jeune, ta nièce…

— Comment tu la trouves ?

— Fraîche…

Lorsque nous nous quittons, il me donne sa carte : « Manitas de Plata, professeur de flamenco ». Au dos, je lis : « Maître guérisseur ».

Chaque année, je reviens le voir, comme je l'ai promis à la petite voix.

LE CANYON

Je dois toucher à l'au-delà

Marie Jésus

Ma lutte contre les éléments est désespérée.

Impossible de vaincre la Nature. La Nature, c'est Dieu, et sa puissance est infinie. Je commence à me faire à l'idée que c'est mon heure. Et je me résous à l'accepter, si c'est la décision divine. D'autant plus que je me sens accompagnée par une voix encourageante. Une voix qui me demande de cesser de me débattre, de me fluidifier au lieu de me rigidifier, de devenir l'eau. Je me relaxe. Je sens une forme d'acceptation me gagner : si je dois mourir, je mourrai. Et même une certaine sérénité à l'idée de quitter mon corps. « Tu as accompli ta mission », entends-je. Je dois toucher à l'au-delà…

Le rituel des retrouvailles

L'année suivante, en pleine procession, Manitas fend la foule pour me rejoindre dès qu'il m'aperçoit.

— Viens, on part ! m'ordonne-t-il en me prenant la main.

Tels des gamins en pleine école buissonnière, nous partons, ou plutôt fuyons, ensemble. Ce qui fera dire un peu plus tard à Manitas :

— Toute la Camargue me cherche, et je suis avec toi !

Manitas m'emmène dans sa chambre pour me montrer des photos. Il exhibe avec fierté des coupures de journaux qui le montrent en compagnie de Brigitte Bardot, Jeanne Moreau, Charlie Chaplin, Pablo Picasso, la reine d'Angleterre ou en Amérique. Sans signe avant-coureur, il s'allonge sur le lit. Très ambigu... Je lui jette un regard en coin. Il a quatre-vingts ans mais est encore très vert. « Comment vais-je m'en sortir ? » me demandai-je, en proie à une véritable angoisse. Sur une inspiration, je retire ses chaussettes et me mets à lui faire un soin christique. Le célèbre gitan se redresse soudain :

— Tu me fais peur ! Qui es-tu ? Un fantôme ?

Le calme revenu, il cherche l'article qui parle de son grand-père qui lui avait transmis des dons de guérisseur.

La troisième année, lorsque nous arrivons, je le trouve assis près de la porte d'entrée de l'église. Quelqu'un lui demande :

— Tu es déjà là, Manitas ?

— Je ne sais pas pourquoi, mais je suis là, répond le roi des gitans, d'un air fatigué.

Nos regards se croisent. Nous nous reconnaissons. Son regard s'illumine, et nous nous retrouvons.

— Tu es de ma race, de mon sang, ton âme est gitane ! s'écrie-t-il.

Je suis aux anges, et nous passons à nouveau du temps ensemble. Mais j'ai l'impression que les autres gitans ne semblent guère m'apprécier, d'autant plus qu'ils ne me connaissent pas. Manitas donne de l'argent au clan, alors ils ont peut-être peur que cela cesse à cause d'autres personnes. Ils doivent penser que je suis son amante, ce qui n'est pas le cas.

Manitas m'invite avec Christine, Marie-Reine et Marie-Sylvie à boire un verre dans un café. Autour de nous, il n'y a que des hommes. Personne ne comprend qui sont ces quatre femmes ni ce qu'elles font là. Manitas dit à tous que je suis la danse, la joie et l'amour.

Nous avons connu de fabuleux moments ensemble. Comme Swami Ji, cet homme, chanteur et guérisseur, est un peu mon grand-père... Ces deux êtres me restituent une mémoire que j'avais perdue, je l'ai compris avec le recul.

La dernière fois que je vois Manitas de Plata, c'est avec Marie-Sylvie. Il est souffrant. Je lui propose de rencontrer Swami Ji pour l'aider. Swami Ji est un aryen, et les gitans descendent aussi des aryens. Mais je sens qu'il n'ira jamais. Alors je décide de lui prodiguer un massage. Pas une mince affaire ! Pour qu'il descende son pantalon, je dois user de mille subterfuges. Sa fierté d'homme... Marie-Sylvie lui tient la main, le regard plein d'amour. Je ne le sais pas encore, mais ce sera le dernier vrai contact que j'aurai avec lui.

Au retour, je rêve plusieurs fois de sa mort et de son enterrement qui fait pleurer toute la Camargue. Pendant plusieurs jours, je vis ce rêve dans mon corps et je pleure. J'appelle Loup Argenté pour qu'il m'aide à me défaire de ces rêves. Puis, peu à peu, cette tristesse me quitte, et je me reprends.

Quelques années plus tard, je revois Manitas. Il me fait de la peine. C'est un vieil homme, bouffi par les médicaments, sans vie.

D'autant plus qu'il a tout perdu au casino et que ce monstre sacré vit à présent dans le dénuement. Parfois, il joue et reprend vie, mais il redevient rapidement un vieil homme malade, capricieux, presque quelconque. Je n'aurai plus l'occasion de lui parler, mais mon cœur ne l'oubliera jamais.

J'apprendrai sa mort en novembre 2014.

LE CANYON

Nous avons toutes besoin de toi, Marie Jésus !

Marthe

Il est environ 18 heures. Cinq, dix, quinze minutes que Marie Jésus a disparu ? Je ne sais pas. Le choc ne s'est pas dissipé dans mon esprit embrumé. L'image de son corps emporté par les eaux du torrent, puis disparaissant dans la chute, hante ma conscience. Elle est morte, c'est sûr ! Partie dans l'autre monde, sans prévenir, disparue à tout jamais. Des souvenirs défilent, comme si je me rejouais le film de ma vie avec elle. Je revois mes débuts en sa compagnie, puis sa croissance fulgurante, son épanouissement dans le tantra. Je comprends aussi combien j'ai grandi à ses côtés. Mais ce n'est pas une raison pour m'abandonner ! Nous avons toutes besoin de toi, la Terre a besoin de toi, Marie Jésus !

L'homme dit à la femme :
« Donne-moi du sexe, et je te donnerai de l'amour. »
La femme dit à l'homme :
« Donne-moi de l'amour, et je te donnerai du sexe. »

LA révélation

Nous sommes en juin 2002. À cette époque, ma sexualité est en berne, et j'envisage sérieusement de devenir nonne. Ultime démarche, je m'inscris à un cours de tantra. Quand je découvre cette philosophie de vie, je comprends pourquoi je suis sur Terre. C'est une authentique révélation. La révélation de ma vie ! Celle que j'attendais depuis toujours sans le savoir ! Le tantra de Margot Anand vibre en résonance profonde avec mon amour du vivant. Je lui reconnais tout de suite la réconciliation entre la sexualité et la spiritualité. Le tantra, c'est le chemin des courageux. Je touche enfin au but ; c'était ça que je cherchais depuis si longtemps sans le savoir ! Et le destin m'y a menée bien plus sûrement que si je l'avais cherché de toutes mes forces.

« En quelques mots, j'aimerais vous faire découvrir le tantra chamanique, explique Margot. La voie tantrique dévoile à l'homme et à la femme le but suprême de l'existence : chercher la compréhension de la vie à l'intérieur d'eux-mêmes ! Le terme sanskrit *tantra* signifie "tissu", "fil". On le dit dérivé de la racine *tan* ("étirer", "étendre", "prolonger", "amplifier"), le suffixe *tra* pouvant suggérer l'idée de "salut". Le tantra serait "ce par quoi la connaissance est étendue" : *tanyate vistriyate jnanamanena ici tantram*. Cette connaissance ne doit pas être entendue ici au sens analytique et discursif ordinaire ; elle est le fruit d'une intuition directe, pure, transcendantale. Les tantras ont pour fonction de "dérouler", de "tisser" en un processus, à la fois spatial (horizontal) et temporel (vertical), une méthode, une discipline permettant de réaliser le but unique de toutes les traditions spirituelles originaires de l'Inde depuis au moins vingt-cinq siècles : *moksha*, ou *mati*, la "délivrance" à l'égard de la “transmigration” *(samsara)* “courant des renaissances successives”. Cette délivrance, ou cette connaissance absolue, le tantrisme ne prétend pas la fabriquer artificiellement ni l’apporter de l’extérieur. En vérité, aucune technique ne saurait l’étendre ou l’amplifier, puisqu’elle est de toute éternité et que seule une ignorance, une faiblesse de conscience nous empêche d’en jouir à tout moment. L’unique ambition de l’ascèse tantrique *(sâdhana)* est de dévoiler, d’actualiser cette connaissance latente chez tout être humain, d’écarter les nuages qui nous obstruent la pleine vision du soleil. En plus simple, n’oubliez jamais que derrière les nuages, le soleil est toujours là. »

Je suis tout de suite fascinée par le message.

« Le tantra est une quête philosophique qui préconise l’exploration sensorielle pour trouver l’harmonie et illuminer son esprit. Elle permet d’accepter qui on est, avec ses qualités et ses défauts, son histoire, et d’accéder ainsi à une pleine harmonie avec le monde qui nous entoure. »

Ça me parle de plus en plus.

« Cette prise de conscience passe par une meilleure compréhension de nos connexions sensitives, reliées à tous les instants de la vie. Dans le tantrisme, le corps physique, le corps émotionnel et le corps énergétique sont considérés comme le lieu même de l’Éveil. Loin de réprimer nos pulsions, nos besoins, nos désirs, le tantrisme les considère comme des vecteurs émotionnels propres à ouvrir et à élargir le champ de la conscience. L’être humain découvre, grâce au tantra, la localisation des centres d’énergie de transformation : les chakras. »

Nous y voilà ! Les fameux chakras, si chers à Swami Ji !

« L’énergie cosmique, appelée *kundalini-shakti* et représentant la force la plus puissante circulant à l’intérieur de l’organisme humain, permet, par l’ouverture des chakras, la fusion de l’homme avec l’univers. »

« Kundalini », il va falloir que je me renseigne là-dessus !

LE CANYON

Leçon de vie comprise

Marie Jésus

Je commence enfin à comprendre le sens de cette expérience : je dois juste me relaxer ! Je décide de vraiment me laisser aller, de ne plus résister, d'entrer dans une logique d'acceptation. Advienne que pourra. Tiens, je sens que l'intensité du courant diminue. Au passage, je peux distinguer des branchages, des ronces ; la violence s'apaise. C'est le moment de rassembler mes forces. Non pas pour résister, mais pour accompagner le mouvement de ma sortie. Car j'ai compris que le moment était venu pour moi de songer à m'extraire du torrent. Je sens la rage de vivre me reprendre, je dois coûte que coûte sortir de l'eau. La leçon de vie est comprise, inutile de la prolonger. J'en appelle à mes doigts, à mes orteils, et même à mes cheveux pour m'extraire du courant.

Le témoignage de Clarisse me revient comme une voix off émanant d'une sorte de brouillard. Clarisse avait été emportée par une puissante vague à l'île d'Elbe, et le courant l'emmenait dans le ressac, puis la ramenait vers le rivage, comme s'il voulait la fracasser sur les rochers. Son mari et sa famille assistaient au drame, impuissants, terrorisés. Puis quelqu'un a sauté dans l'eau et a réussi à la sauver. Sauvée, elle a été sauvée ! Soudain, une issue me paraît possible. Pourquoi ne pourrais-je pas, moi aussi, en réchapper ?

Dans ma dérive, j'essaie d'accrocher des herbes et des ronces au passage, mais mes doigts glissent sur la végétation.

Le tantrisme (par Marie-Reine)

Un beau jour, en 2002, Marie Jésus débarque chez moi avec un livre sous le bras et un air surexcité.

— On va faire un stage tantrique chez Margot Anand ! m'annonce-t-elle, avec dans le regard cette lueur que je lui connais bien. Regarde le livre ! Margot Anand est connue dans le monde entier, elle a commencé aux États-Unis puis elle a importé sa méthode en France.

Je secoue la tête :

— Je n'ai aucune envie de me masturber les méninges en faisant l'amour !

Mais, une fois de plus, c'est plus fort que moi : je suis Marie Jésus comme les apôtres ont suivi le Christ… Nous partons pour Montpellier. Le stage se déroule sur trois semaines, une en octobre, consacrée au chakra racine ; la deuxième en mars, dédiée au chakra du cœur ; et la troisième en juin, axée sur le chakra coronal. Le moins qu'on puisse dire, c'est que ce stage nous bouge ! Je vis une véritable transformation en une semaine. C'est incroyable ! C'est un vécu magnifique pour toutes les deux. Pendant une séance, je pose une question à Margot. Cette dernière saisit instantanément ma demande et tout ce qu'elle recèle :

— Veux-tu faire le travail tout de suite ? demande-t-elle devant l'assemblée.

Je réponds avec empressement, sans me douter dans quoi je mets les pieds.

— Oui, oui !

Margot me demande de m'avancer devant la quarantaine de personnes du stage et de faire face à elle et ses assistants. Margot est au centre. De mon pas tremblant, je commence à comprendre à quoi je vais m'exposer. Du coup, je me sens comme dans *Star Academy*. Je crois que je vais me liquéfier.

— Tu as besoin d'aide pour ce travail, décrète Margot, depuis son trône.

Il me prend alors une furieuse envie d'être ailleurs, quelque part sur une plage à bronzer au soleil, sans avoir rien à demander à personne.

— Oui, oui, je réponds, sans avoir la moindre idée de ce qu'elle entendait par « travail », mais soulagée par la perspective de ne plus me trouver seule sur le devant de la scène.

Le choix de l'aide me guide sans la moindre hésitation vers Marie Jésus : ce sera elle, et personne d'autre ! Mon amie donne son accord, sans rien savoir de ce qui l'attend. Du moins consciemment, car, au fond d'elle, son savoir ancestral est déjà en marche. Marie Jésus s'avance. Comme je suis incapable de descendre dans mes entrailles, le travail va s'accomplir à travers elle. Maintenant, elle va devoir se découvrir ! Et c'est exactement ce qu'elle fait ! Toute l'assemblée prend soudain conscience de ses capacités. Personne d'autre dans ce groupe n'aurait pu en faire autant, j'en suis persuadée ! Marie Jésus est bien quelqu'un de différent, de particulier, d'unique, j'en ai une nouvelle confirmation. Elle savait qu'elle détenait certains pouvoirs, qu'elle avait des intuitions, mais se savait-elle capable de ça ? En tout cas, cette expérience a contribué à lui faire prendre conscience de l'étendue de ses possibilités. Et moi, j'ai l'impression de m'être allégée de mes angoisses.

L'année suivante, Marie Jésus retournera au stage tantra avec une autre de ses amies. L'an suivant, elle deviendra assistante de Margot. Puis animatrice, les deux années qui suivent. Ses groupes fonctionnent si bien que l'ombre de la rivalité commence à se dessiner sur le tableau de ses relations avec Margot. Un nouveau chapitre de sa vie est en cours d'écriture.

LE CANYON

Une plainte lointaine

Marthe

Je consulte toujours le livre des souvenirs. Il a des milliers de pages. Je les connais toutes par cœur et je les relis avec l'envie de les graver dans le marbre pour les rendre ineffaçables, de les ancrer en moi comme une réserve d'énergie pour le restant de mon existence. Une existence désormais sans celle qui m'a ouvert les yeux. Je me sens abandonnée, c'est comme si on avait pris une partie de mon souffle de vie. Rien ne sera plus comme avant, jamais. Je vais prier pour elle, une fois de plus, mais cette fois pour la paix de son âme.

Je fais mon possible pour entrer en méditation, je tente de me centrer sur ma conscience, en m'adressant à la partie divine en moi. Peu à peu, les sons autour de moi s'atténuent, puis s'effacent doucement comme la nuit qui tombe ; bientôt, il n'y a plus rien d'autre que ma conscience. Mais un sentiment d'égarement et une multitude de questions viennent parasiter ma tentative de recueillement. Que vais-je devenir ? Et son fils, Maxence ? Et la maison ? Et l'association ? En ébullition, ma conscience distille les vapeurs du doute absolu jusqu'à la moindre parcelle de mon être. Entrer en moi-même n'était peut-être pas une très bonne idée… Lorsque je m'apprête à rouvrir les yeux à la réalité extérieure, j'entends en moi, dans mes tripes, un cri. Comme une plainte, lointaine, venue des tréfonds. Je tends l'oreille. Il me semble que le grondement des eaux laisse filtrer un mince filet de voix. Une voix que je connais bien… J'interpelle les autres.

— Il me semble percevoir une voix…

— Tu délires, Marthe ! rétorquent-elles, incrédules.

Elles me prennent pour une folle, me jettent de noirs regards et se mettent à murmurer entre elles. Je suis sûre d'avoir entendu sa voix. Je m'accroche à ce mince espoir et je me penche vers la cascade. Je ne vois rien. La végétation est trop dense. Dans le regard de Béatrice, je devine qu'elle me croit. Je me demande si elle n'a pas perçu quelque chose, elle aussi. Pas forcément un son, mais peut-être une vibration, une intuition.

Puis des appels me parviennent à nouveau, plus distincts. Cette fois, c'est sûr : ils viennent de l'extérieur !

« Arrête, c'est trop fort ! »

Ce n'est pas seulement le tantra que je rencontre, c'est aussi Margot. Au cours du premier stage, cette femme hors du commun effectue un rituel de connexion avec le feu de la Terre. Je me souviens qu'avec Loup Argenté nous avions fait le rituel de connexion avec le feu du ciel et qu'il avait dit : « Seuls quelques-uns vont sentir quelque chose. » Et que lorsqu'il était arrivé au-dessus de ma tête, j'avais hurlé : « Arrête, c'est trop fort ! » Quand Margot appelle le feu des volcans, je me prends une dérouillée au moins aussi puissante ! En effet, je monte en vibration comme une fusée, puis je me mets à blablater, à grogner. Ce qui est surprenant, c'est que tous les hommes suivent ! Ces voix chargées de toute la force masculine décuplent ma transe. Je me sens étroitement connectée avec l'énergie masculine. Je comprends alors que je ne serai jamais nonne. Plus tard, lors d'une danse avec les hommes, je m'envole en transe. Une incroyable transe, au cours de laquelle je sens soudain que j'ai des organes masculins ! Je prends conscience de mes testicules, de mon vajra, comme une réalité, et je sens quelque chose descendre et aller rejoindre la terre. Plus tard, les hommes témoigneront :

— Quand tu as commencé à partir, dans nos corps, nous avons senti quelque chose descendre et aller rejoindre la terre.

Cela restera pour moi une des expériences les plus puissantes que j'ai vécues en tantra. J'ai touché mon homme intérieur, qui est un guerrier. C'est sûr !

LE CANYON

Je pars à sa recherche !

Béatrice

Marthe semble avoir capté quelque chose, et je partage cette sensation, même si mes sens n'ont rien relevé. C'est plus intérieur. C'est décidé : je pars à sa recherche ! De toute manière, vivante ou morte, il faudra bien retrouver son corps. « Qui vient avec moi ? » Sophie acquiesce sans hésiter. Je suis contente qu'elle m'accompagne, car c'est une femme d'action, à la fois lucide et organisée. Alors, suivant son conseil, nous changeons nos paréos pour des shorts, plus adaptés à ce genre d'exercice. Sophie pense également à emporter des flacons de Rescue[1] et d'arnica, que je place dans les poches de mon short. Puis nous nous mettons en quête d'un passage descendant vers le cours d'eau. Le terrain est très accidenté et couvert de ronces. C'est le cœur chargé d'espoir et l'esprit encombré d'angoisses que nous descendons vers la rivière. Les autres nous regardent faire, hébétées. Je crois qu'elles sont toujours en état de choc.

---

1. Fleurs de Bach.

Le village de la Paix

Les mois passent. Une nouvelle séance de thérapie musicale d'Aigle Bleu est annoncée. « Une femme avertie en vaut deux », dit-on. Cela ne m'empêche pas d'arriver à nouveau très en retard... Cette fois, Christine est avec moi. Nous avons été très soutenantes l'une pour l'autre, ces derniers temps, et nous ne manquons pas une occasion de partager des moments enrichissants. Nous prenons place au fond de la salle. Malgré cela, Aigle Bleu me repère rapidement. On dit bien « une vue d'aigle », non ? Aussitôt, je suis reprise par un tourbillon de vibrations qui me secouent comme un prunier dans la tempête. Je me sens gênée et, bientôt, je ne sais plus où me mettre. La lumière arrive sous le trait d'une idée. J'opte pour une stratégie de camouflage : je me mets à danser pour tenter d'absorber tous ces tressaillements qui me font passer pour une agitée du bocal. Quoi de plus naturel que de danser sur ces musiques envoûtantes ? J'ai l'impression que ça marche et je me fonds à nouveau dans l'anonymat de la foule. Je reprends un peu d'assurance. En tournant, je reconnais deux visages familiers dans l'assemblée : Oliver et Rosanna. Ce sont eux qui avaient organisé le stage de Swami Ji, ma toute première révélation. Et les voilà en cet endroit, où de nouvelles révélations me tendent les bras...

À la fin de la conférence, je vais vers Aigle Bleu pour le saluer. Il me reconnaît et m'administre une piqûre de rappel :

— Je te donne rendez-vous à la montagne sacrée pour rencontrer les aînés.

J'ai comme un blanc... Puis il me met en lien avec des personnes qui y sont déjà allées et qui comptent y retourner. Quelques jours plus tard, elles me rendent visite à Pfastatt. Je leur pose une déferlante de questions. « Comment ça se passe ? Combien ça coûte ? » Je sympathise avec ces gens, et ils me parlent de l'éco-village de la Paix, là-bas dans le Vermont.

— Cet endroit reproduit des lieux traditionnels des Cherokees et d'autres nations. Il abrite la société de méditation dirigée par la vénérable Dhyani Ywahoo et d'autres natifs, ainsi que par des bouddhistes tibétains.

— Tibétains ?

— Oui, et c'est une rencontre unique entre les traditions amérindiennes et bouddhistes, qui avait été prophétisée il y a très longtemps par les deux cultures. Au huitième siècle, Padmasambhava[1], fondateur du bouddhisme tibétain, avait fait cette prophétie : « Quand volera l'oiseau de fer et que le cheval courra sur les routes, le peuple tibétain sera dispersé comme des fourmis sur la face de la Terre, et le dharma viendra au pays des hommes rouges. »

« Incroyable ! » me dis-je. Trouver en ce lieu la reliance entre le Népal – pays d'origine de Swami Ji –, l'Inde – sa terre d'adoption – et le Tibet ! Les enseignements du shivaïsme et du bouddhisme tantrique unis à la sagesse amérindienne !

Le Vermont et sa montagne sacrée semblent me réserver de prometteuses révélations. Je ne peux m'empêcher de faire le lien entre le Vert-Mont (Vermont) et la Ville-Verte (Villaverde) de Sandoval, où se trouve le monastère de Santa Maria de Sandoval, sur le tracé du pèlerinage de Compostelle. Localité du *municipio* (municipalité ou canton)

---

1. Padmasambhava est un maître bouddhiste du VIIIe siècle, né dans la vallée de Swat au Pakistan, fondateur du bouddhisme tantrique himalayen. Au Bhoutan et au Tibet actuels, où les membres de l'école Nyingma le considèrent comme le second Bouddha, il est plus connu sous le nom de Guru Rinpoché (« précieux maître »).

de Mansilla Mayor, dans la comarque de Tierra de León, au nord de l'Espagne, Villaverde de Sandoval est une halte du *Camino francés*[1] du pèlerinage de Saint-Jacques-de-Compostelle.

Après ce bref voyage en pensées vers la terre de mes ancêtres, je suis à la fois mystifiée et envoûtée par toutes ces coïncidences. D'après ce que décrivent ces gens, le lieu est magique, la montagne pleine de mystère et l'ambiance familiale, un rien tribale. Ma décision est prise : j'irai ! Me voilà prête pour un nouveau pèlerinage.

Je me mets à économiser chaque centime en vue du voyage, loin de me douter du bouleversement que ce périple va induire dans ma vie…

Le jour du départ, j'ai une boule dans le ventre. Je sens qu'il va se passer quelque chose d'important pour moi, pour ma vie, pour mon destin.

Notre petit groupe de Français arrive sain et sauf à Montréal, où nous louons une voiture. Après avoir traversé le Vermont canadien, nous parvenons à la frontière avec les États-Unis. En bons touristes, nous présentons gentiment nos papiers à la douane. Jusque-là, tout va bien. Mais voici que, soudain, les choses se gâtent. Les douaniers font leur show, en se montrant pointilleux, puis de plus en plus désagréables. Ils vérifient tout. De plus, ils exigent de l'argent ! Cela se passe comme dans un film. Un mauvais film. Nous sommes condamnés…

— Ça ne nous est jamais arrivé ! râlent les autres, avec des regards en coin, oscillant entre les douaniers bedonnants et moi.

Je me sens dans mes petits souliers. Serait-ce à cause de moi ? « C'est un mauvais trip, tu vas te réveiller ! » me dis-je. Mais l'adversité a parfois du bon. En effet, je sens que, face à ces difficultés, un esprit de solidarité se développe dans notre groupe, et ça me remet un peu de baume au

1. Ce monument de style cistercien fut déclaré « bien d'intérêt culturel » et se trouve à proximité de la confluence des rivières Esla et Porma. Il joua un rôle très important pour la région puisqu'il comprenait de vastes domaines et des pouvoirs accordés par le roi.

cœur. C'est déjà ça. Finalement, nous nous en sortons, tout de même allégés de quelques billets verts.

Nous traversons les somptueux paysages du Vermont américain. Je découvre ce petit bout d'Amérique avec émerveillement. Cet État mérite bien son nom, le « vert mont ». L'endroit est vallonné et verdoyant, luxurieux. Mais les coquettes maisons en bois me paraissent bien fragiles face aux éléments. Ça me fait penser aux décors de cinéma. Tout peut s'envoler d'un coup, comme un rêve emporté par la tempête de la réalité. Lorsque nous parvenons enfin au village de la Paix, c'est magique : un arc-en-ciel l'enveloppe comme une bulle. Je pense aussitôt à mon fils, Maxence. Il devait m'accompagner, du moins était-ce ce que je désirais. Mais il avait fait une crise à l'idée de venir en cet endroit. « Il faudrait que tu m'attaches ! » J'ai eu beau tenter de le raisonner, de tout faire pour le convaincre de m'accompagner, il a refusé. Pour avoir quelque chose de lui avec moi, j'ai emporté ce dessin qu'il avait griffonné et collé au dos d'une carte postale. Il représente le symbole de la paix (*peace and love* : « faites l'amour, pas la guerre ») et un arc-en-ciel. Je suis touchée par la synchronicité de ce message de toute beauté : je viens d'arriver au village de la Paix sous un arc-en-ciel. C'est de bon augure, me dis-je, histoire d'atténuer l'amertume de son absence. J'en parle à Aigle Bleu, mais il n'a pas l'air étonné par la coïncidence. Comme une impression peut parfois s'avérer trompeuse…

Maxence est bien là, près de moi, en ce lieu.

Nous garons la voiture dans un décor de rêve. À l'entrée, je découvre avec stupéfaction un stupa[1]. « Ah oui, c'est vrai, les traditions bouddhiques et amérindiennes se rencontrent ici. » Ses yeux semblent me dévisager. « Que fais-tu ici ? » Je secoue la tête et poursuis mon chemin.

---

1. Le stupa est une structure architecturale bouddhiste et jaïna que l'on trouve dans le sous-continent indien, dont il est originaire, mais aussi dans le reste de l'Asie, où il a suivi l'expansion du bouddhisme. C'est à la fois une représentation aniconique du Bouddha et un monument commémorant sa mort.

En face d'une baraque, un temple octogonal. Plus loin, dans la forêt, le cercle magique. Je sens déjà ses vibrations m'assaillir. Un de mes compagnons de voyage m'en parle avec, dans les yeux, une lueur de joie.

— Le cercle a quatre portes, une pour chaque direction. Avant d'y entrer, on effectue une purification avec de la sauge. Une fois dans le cercle, on tourne dans le sens des aiguilles d'une montre. Puis on salue les quatre directions et leurs gardiens, les mondes d'en bas, d'au-dessus, du milieu et, au centre : le feu sacré.

Des gens sont en train de poser des branchages au-dessus des perches disposées tout autour du cercle pour former une sorte d'auvent circulaire. La première personne que je rencontre, en dehors du groupe de Français, c'est José. Espagnol comme moi, il est venu avec son chien, Dogor, qui ressemble comme deux gouttes d'eau à Thésée, ma beauceronne adorée. Je ne parle pas très bien l'anglais, je ne comprends donc pas les Américains, mais lui, je le comprends. Outre José, un autre jeune Espagnol est présent : Julian, un jeune homme dont les mains et une partie du visage portent des traces de brûlures.

On nous montre nos tentes, et nous nous installons. Nous commençons par creuser des tranchées autour des tentes pour drainer les eaux de pluie. Peu à peu, le campement prend vie sur cet immense territoire. Les hôtes viennent de plusieurs nationalités différentes. Malgré nos différences culturelles, chacun trouve sa place. Nous nous sentons tous liés, et chacun apporte ses compétences d'une façon ou d'une autre pour la bonne marche de ce village en train de naître. Certains font de la peinture, d'autres coupent du bois ou cuisinent. C'est un incessant va-et-vient. Tout le monde n'est pas en quête de vision, certains viennent ou reviennent uniquement pour partager avec le groupe, pour être bien. J'espère que moi aussi je serai bien, que je trouverai ma place dans la communauté…

Je me suis tressé des nattes indiennes, histoire de me mettre au diapason. Je fais la cuisine pour le groupe, du bio. Dans ma cuisine, je suis entourée de jeunes. Sans le vouloir, je fais partie du clan des ados. Je me sens bien avec eux. Notamment avec Carine, une fragile jeune femme. Rapidement, des liens forts naissent entre nous et nous unissent. Les jeunes cherchent l'échange. Leurs discussions préférées tournent autour de l'amour, de la spiritualité, de la nature, des esprits, sans oublier la sexualité, la maternité, les massages…

Les jours passent. Le matin, nous pratiquons la méditation des quatre directions. J'adore ces mouvements harmonieux qui honorent les quatre portes du cercle magique. Je participe à plusieurs sessions de méditation avec Aigle Bleu. Dans le camp, les personnalités s'accordent peu à peu ; une certaine harmonie s'installe. Elle ne laisse en rien présager des troubles à venir. Troubles dont je serai l'épicentre…

LE CANYON

Un crocodile m'invite sur son dos

Marie Jésus

Je suis désorientée. J'ai conscience que je dois faire attention à moi. Mais, pour l'heure, je dois me sortir de là. Je cherche, des yeux, un morceau de bois pour me soutenir. Je le trouve, là, à quelques mètres, il ressemble à un crocodile qui m'inviterait sur son dos. J'ai une folle envie de l'embrasser !

Ce que j'entends alors au plus profond de moi, c'est que je remercie la mort de ne pas m'avoir prise et de m'avoir enseigné la valeur de chaque instant, de m'avoir enseigné le souffle, l'inspire et l'expire, de m'avoir enseigné la joie de me sentir pleinement vivante. Je la remercie pour tous ces enseignements qui trouvent leurs fondations dans ce passage où elle m'a approchée au plus près de moi, où elle m'a regardée au plus profond de mes yeux. D'une certaine manière, la mort m'a donné le souffle pour revenir.

Puis je m'adresse aux forces qui m'ont protégée de la mort. C'est à la fois un remerciement, une détresse, un défi à ces forces qui voulaient prendre ma vie. « Vous ne m'avez pas eue ! » Sûre de cette protection, je l'ai remerciée par la puissance de ces cris. Puissance, détermination, courage. Moi qui ne me trouve pas courageuse, je suis allée bien au-delà de moi-même !

La paix du village troublée

« Mieux vaut prévenir que guérir », dit-on. Aussi, en proie à la crainte de faire peur à certains avec mes échappées vibratoires, je décide de leur parler. Je leur livre pêle-mêle.

— Ma mémoire est volatile, je suis parfois prise de violentes vibrations, ma grand-mère était une guérisseuse. N'ayez pas peur ! Si je n'avais pas été équilibrée, j'aurais pu devenir dingue.

On me regarde bizarrement, comme si j'avais voulu faire l'intéressante. « Attendez que ça me prenne, vous comprendrez de quoi je parle... », me dis-je.

J'ai apporté une pierre, un magnifique quartz fumé du mont Sinaï qui m'avait été offert par un homme que ma présence bouleversait. Je l'ai prise pour faire le travail sur la pierre de feu de ma grand-mère. Je vais donc à la rivière pour la purifier. L'eau y est cristalline. Dans le dédale du courant entre les cailloux, je distingue des formes étranges façonnées à la fois par la couleur et la forme des pierres, par le courant et la lumière du ciel. Je découvre, dans l'une d'entre elles, le visage de la gardienne de la source. Je lui offre ma pierre de feu du mont Sinaï pour la purifier. Je sais, depuis le premier jour, que mon chemin, c'est la rivière. J'espère entendre chanter ma pierre, comme dans l'histoire contée par Aigle Bleu. Mais, j'ai beau tendre l'oreille, je n'entends pas le moindre son. Je ne dois pas encore être prête... Alors que je m'apprête à retourner au camp, je perçois une sorte de murmure. C'est ma pierre ! Non, je ne rêve pas, elle chantonne ! Je comprends même ce qu'elle fredonne. « Tu es pierre, et sur toi je construirai mon église. » Le même message que quand j'étais enceinte, quand je portais

Maxence. Elle me parle de fondation… et du père de Maxence, mais bon, ce n'est pas vraiment ce que j'espérais entendre… Néanmoins, je suis émerveillée par cette expérience. Les pierres chantent vraiment ! Et je les ai entendues !

Dès la première nuit, je fais beaucoup de rêves. Que puis-je y voir comme présage ? Je ne sais pas trop, mais je sens une certaine confusion dans les divagations nocturnes de mon subconscient.

Au bout du troisième jour, les cérémonies démarrent. Au cours du premier rituel, je suis invitée à fumer la pipe sacrée avec les femmes à la porte de l'Ouest. C'est la première fois pour moi. Je ressens une certaine inquiétude à l'occasion de cette cérémonie silencieuse. Je crains de ne pas respecter le protocole, de faire des erreurs dans la façon de recevoir ou de transmettre le calumet, de ne pas envoyer la fumée dans les bonnes directions, de prendre trop de temps, de laisser tomber la pipe… Bref, je me fais un film. Après ce qui s'est passé avec les douaniers, il y a de quoi…

Finalement, je m'en sors plutôt bien et je prends ma place dans le cercle des femmes, ce qui ramène un semblant de sérénité en moi. Mais cela ne va pas durer…

La deuxième cérémonie tourne autour de l'enseignement du sang par deux femmes chamanes. La plus âgée des deux prend la parole :

— Le temps est venu d'enseigner aux femmes le sens du sang sacré. Le sang des lunes, les menstruations des femmes, est un sang sacré. Entendez cela du plus profond de vos âmes : c'est le seul sang sur Terre qui soit versé comme sang de la paix ! Le temps est venu de faire renaître ces offrandes à la Terre-Mère, de la nourrir de cette conscience et de réveiller les femmes à travers ces rituels du sang. De leur rappeler – voire, pour certaines, de leur révéler – leurs liens intimes avec la Terre-Mère : ses cycles, ses saisons, et leurs cycles menstruels, les saisons de la vie et leurs enseignements de sagesse.

Je suis bouleversée par ces paroles. Cette révélation contient une vérité si évidente ! Comment ai-je pu ne pas y penser ?

La chamane poursuit :

— Le sang des lunes est à recueillir et à offrir en conscience à la Terre. Il nous connecte avec les gardiennes de la paix.

Le hasard veut que j'aie mes lunes au début du séjour. Ça m'embête, mais en même temps ça me permet de mettre en pratique l'enseignement (en-saignement) du sang sacré. Le lendemain matin, je recueille mon sang dans une petite écuelle de bois et je me rends à la rivière. En arrivant sur la berge, je sens la présence des esprits. Elle est encore plus forte que dans le village.

Lorsque j'offre mon sang à la Terre, il se passe quelque chose d'étrange en moi. C'est comme si je sortais de moi-même. Je me vois faire, et en même temps naît une vision de massacre, avec du sang partout, un charnier avec des femmes et des enfants. Je m'effondre en larmes, comme frappée soudainement par un immense malheur. Un autre souvenir resurgit en moi, il se faufile et se superpose sur les deux autres visions. C'est celui de l'adolescente de dix-sept ans et demi que j'étais lorsque sont apparues mes premières règles. Ma mère m'assurait que ce retard était normal, contrairement à une infirmière qui était passée à la maison. Nous sommes allées consulter un iridologue. L'homme a été formel dans son diagnostic : « Tout est d'origine sexuelle. » Il m'a donné des cachets. Un matin, je me suis réveillée baignant dans mon sang. Il y en avait partout autour de moi, sur mon corps, sur mes mains ! Une vision effrayante. C'était comme si tout le sang retenu pendant des années au cours de ma puberté au ralenti était sorti d'un seul coup.

Assise au bord de la rivière, je vois les trois plans en même temps : moi, en train de verser mon sang, le massacre (comme si je voyais ma mort) et mon corps de jeune fille plein de sang. C'est en pleine conscience que je prends alors une part active à ces visions, et il m'est donc plus difficile de tracer la frontière entre le rêve et la réalité. Qu'est-ce qui est vrai et qu'est-ce qui ne l'est pas ? Je ne sais plus. Ce qui est sûr, c'est que j'entends en moi l'appel de la Terre-Mère. Dans les profondeurs de ses entrailles, elle appelle à la renaissance de la conscience du Féminin sacré.

Plus tard dans la matinée, je relate ces visions à Aigle Bleu. Il pose ses mains sur mes épaules et m'annonce :

— Ta quête de vision a débuté.

Je n'ai pas le droit de pénétrer dans le cercle magique, à cause de mes lunes. C'est la règle : les femmes dans cette situation doivent se placer dans un cercle spécifique, attenant au cercle magique, où elles sont vénérées comme la déesse mère. Car les « lunatiques » sont considérées comme sensibles et versatiles, et de ce fait elles sont connectées par le rêve et l'offrande qu'elles font à la Terre. De cet endroit, je contemple la cérémonie. La nuit est tombée, le ciel est constellé d'étoiles, tout cela confère à cette soirée une touche de magie. Je suis subjuguée par la beauté de la scène en observant les gens entrer dans le grand cercle et faire leur offrande de maïs au feu. Mon cœur s'émerveille de toute cette harmonie, mais mon mental cogite : « Qu'est-ce que je fais, ici ? Est-ce que je mérite vraiment toute cette beauté ? »

À un moment donné, Auntie Mahi Poe Poe, une chamane hawaïenne, entre dans le cercle avec sa petite-fille. Avec ses yeux plissés et son visage hermétique, la vieille femme diffuse une aura de mystère autour d'elle. J'apprendrai plus tard qu'elle est une conférencière très demandée sur les questions de paix, qui a notamment pris la parole à l'Organisation des Nations unies, et qu'elle organise régulièrement des séances de maintien de la paix avec la technique ancestrale hawaïenne Ho'oponopono[1]. Je sens au fond de moi une sourde aspiration à rencontrer cette chamane.

Lentement, Auntie Mahi Poe Poe fait le tour du cercle magique. Soudain, mon corps se met à vibrer. Quelques vibrations au début, qui se transforment peu à peu en frissonnements. Rapidement, les tremblements qui agitent mon corps prennent une ampleur délirante, et je pars en transe. Et voilà que je me mets à parler une langue

1. Le Ho'oponopono, originaire d'Hawaï, est une méthode ancestrale qui permet de se relier à l'énergie d'Amour universel pour transmuter tous les égrégores sombres en Lumière.

inconnue ! Mes gesticulations et élucubrations attirent des regards lourds de reproches qui fondent sur moi comme l'aigle sur sa proie. Mon comportement trouble sérieusement la cérémonie, au point qu'il faut l'interrompre. Cette fois, ce sont les foudres de l'ensemble des participants qui s'abattent sur moi. J'ai envie de leur crier : « Je n'y peux rien ! » Mais rien ne sort de ma bouche.

Deux femmes viennent me soutenir, car je ne tiens plus sur mes jambes. Dans une sorte de détresse vitale, mon âme appelle celle d'Auntie Mahi Poe Poe. Je ne comprends pas pourquoi j'appelle cette femme avec autant de force et d'insistance, mais je sens que c'est important. Mon état est indescriptible. J'entends des murmures réprobateurs autour de moi :

— Les chamans devraient s'occuper d'elle !

Puis une autre voix me parvient, celle de Carine :

— Marie Jésus, va, cours te cacher dans la forêt ! Ils veulent t'enfermer dans un hôpital psychiatrique !

Je ne comprends pas ce qui m'arrive. Et encore moins qu'on veuille m'enfermer ! Je suis abasourdie. Je cherche Aigle Bleu des yeux. Il a l'air dépassé. J'attends avec anxiété qu'on statue sur mon sort. Je me sais condamnée d'avance et je n'attends plus que la sentence. Tout le décalage de cette situation ubuesque m'apparaît. Mais que fais-je ici ? Quelle folie m'a prise de faire ce voyage ? Et pourquoi dois-je donc vivre tout ça ? Je suis en pleine cogitation. Aucun chaman n'est venu me voir. J'aurais souhaité parler à l'un d'eux, expliquer ce que je vis. Un vrai chaman doit pouvoir me comprendre ! Soudain, j'ai comme une apparition. Je distingue le rayonnement du sceau de Salomon à une certaine distance. Sa représentation lumineuse brille comme un guide inespéré dans une nuit d'errance. Qu'est-ce que cela signifie ? Que veut me dire cette étoile juive vert fluo ? En creusant, je me souviens d'avoir aperçu le sceau de Salomon porté en collier par une chamane du clan des ours. Une femme dont le physique rappelle celui de son animal totem. Je ne sais pas si cette vision y est pour quelque chose, mais je retrouve mon calme.

On m'installe de force dans une tente à l'entrée du village. Comme si on me mettait en marge du groupe. Jamais l'adjectif « marginale » ne m'est allé aussi bien… José m'apporte à manger et il me traduit ce qui a été décidé en ce qui me concerne : je suis mise sous surveillance pour quarante-huit heures. En surveillance ! Me voilà classée « délinquante cérémoniale » pour un simple moment de transe ! Une fois de plus dans ma vie, je me sens le vilain petit canard, celle qui est différente, l'incomprise…

Heureusement, je remarque que des gens du groupe viennent prendre de mes nouvelles auprès de José. Ça réchauffe un peu mon petit cœur en grand désespoir. Encore plus lorsque Robert, respectable dentiste, s'approche de moi. « Sens-tu la souffrance de la Terre ? » Il semble me comprendre. Mon estime pour moi-même remonte sur le baromètre de ma confiance. « Non, je ne suis pas folle ! » Le regard de Robert m'inspire le respect et m'insuffle la confiance. Je commence à revivre. D'autant plus que, pour me parler, les gens sont obligés de s'agenouiller. Ce qui me donne peu à peu l'impression que les rôles sont inversés ! Que je me suis soudain transformée en grand chef que tout le monde vient consulter pour sa sagesse et ses bons conseils. On a le droit de rêver, non ?

Ça me redonne l'élan et la foi en la vie. Je décide d'aller parler à la chamane du clan des ours. Lorsque je m'approche d'elle, une onde de méfiance se propage autour de moi. Les gens du groupe se placent autour de la femme, comme pour la protéger de moi. Si elle ne provoquait pas tant de douleur en moi, l'image aurait pu me faire sourire. Moi, insignifiant bout de femme d'un mètre quarante-huit, je ferais peur à une puissante chamane dotée d'un gabarit de grizzly ? Ils doivent penser que je suis une sorcière et que je fais de la magie noire ! Ou alors que je suis le diable en personne ! Ça frise le ridicule. Je parviens néanmoins à approcher la femme et à lui parler de ma vision du sceau de Salomon. Elle m'écoute attentivement, puis de sa voix profonde elle me répond.

— Oui, j'ai demandé l'aide de tes ancêtres.

Non seulement cela confirme ce que j'ai vu, mais cela signifie aussi que je ne suis pas dingue ! L'assemblée, qui a suivi la conversation, commence à me regarder différemment. Les regards outrés et anxieux font place à des mines interrogatives. Mais les organisateurs ne me libèrent pas pour autant. Après tout, je viens de saboter leur cérémonie, et ils vont devoir tout reprendre à zéro. Et ça, ça ne passe pas ! J'ai donc droit à un interrogatoire en règle. C'est un maître de reiki qui s'y colle, flanqué de plusieurs autres personnes.

— As-tu déjà fait des tentatives de suicide ?

Hébétée, je réponds par la négative en dévisageant les inquisiteurs. Étrangement, Aigle Bleu reste en retrait. Je suis déçue, je me sens abandonnée, car j'attendais qu'il me soutienne. Après tout, c'est lui qui m'a poussée à venir ! Et s'il est le grand homme qu'il prétend, s'il voit et comprend tant de choses, il devrait pouvoir lire en moi et leur dire qui je suis ! Que je suis incapable de faire le moindre mal, que je monte facilement en vibrations, que je capte beaucoup de choses…

— T'es-tu fait des mutilations ? Des flagellations ?

Et quoi encore ? Tu veux savoir si je nourris des pensées impures ? Si je jette des sorts ? Pour qui me prends-tu ? Face à toutes ces inepties accusatrices, je m'efforce de garder mes réflexions pour moi. Il vaut mieux que je conserve mon calme, si je veux réussir à rassurer tous ces inquiets. Je confirme ne jamais avoir tenté de me couper un bras ni autre chose, pas plus que de m'être fouettée des nuits entières.

— Comment gagnes-tu ta vie ?

Bon, voilà une question bien américaine ! Au pays de l'oncle Sam, l'argent est toujours aux premières loges. Du calme, prenons cela pour de la simple curiosité… Je relève mes manches pour montrer qu'il n'y a aucune trace de mutilation sur mes avant-bras, je leur explique que je fais des séances de thérapie pour gagner ma vie. Je leur raconte que j'ai dû économiser pour ce voyage et je leur cite tout ce que j'ai sacrifié pour venir. Peu à peu, les visages s'éclairent, et la confiance mutuelle renaît des cendres de mon bûcher.

Après quarante-huit heures de quarantaine et un interrogatoire digne de l'Inquisition, je suis innocentée. Mieux : je passe même petit à petit du statut de diable à celui de sainte ! Les mêmes gens qui étaient prêts à me bannir, deux jours plus tôt, viennent me parler, me poser des questions, m'embrasser. Cette versatilité devrait me révolter, mais mon soulagement d'avoir regagné l'estime des autres l'emporte sur ma rancœur. Je veux trouver ma vraie place, apprendre qui je suis vraiment et, pour cela, j'ai besoin du soutien des autres.

À propos d'estime, je me souviens que lorsque j'ai fumé la pipe sacrée avec les chamanes au cours de l'enseignement des lunes, l'une d'elles, Nanastasis Bluot-Delvental, du clan de la Tortue, mère et grand-mère abénaquis, avait raconté que, pour détruire les nations indiennes, les Blancs avaient envoyé mille sorcières blanches. J'ai soudain un doute : est-ce que la chamane abénaquis projette tout cela sur moi ? Sent-elle en moi la puissance de l'héritage de mes aïeules guérisseuses pour m'avoir agressée ainsi devant tout le monde ? *A priori*, forte de toute sa puissance face à moi, misérable femme blanche qui doit peser moins de la moitié de son poids, Nanastasis n'avait aucune raison de s'en prendre à moi de cette manière. Quelle est la vraie raison de cette animosité à mon égard ?

Heureusement, la chamane mexicaine Abuela Margarita Nunez-Garcia se montre plus amène à mon égard et me permet d'explorer avec elle le lien d'amour et de profondeur. Elle appartient au Conseil national des autochtones des Aînés de l'Amérique et a participé à de nombreux rassemblements au Mexique, au Brésil, au Pérou, aux États-Unis, au Canada et en Europe.

— Mon travail consiste à planter des graines de la connaissance afin qu'elles puissent grandir et donner des fruits. Je viens pour vous rappeler ce qui est déjà à l'intérieur de vous. La femme doit prendre sa place en tant que professeur de l'humanité, et c'est par elle que le changement viendra.

« La femme doit prendre sa place », voilà une bonne graine semée en moi.

Quand les menstruations débutent, on ne sait jamais exactement quand cela va se terminer. J'attends donc d'être sûre qu'elles soient passées pour retourner dans le cercle. À peine ai-je posé un pied dans le cercle que la chamane Nanastasis revient à la charge.

— Respecte les traditions !

Je me sens à nouveau agressée. La trêve n'aura pas duré... Un véritable acharnement ! Je sonne le rassemblement de mes forces et je les mets au service de... mon calme. Tranquillement, sans la moindre animosité, je lui explique que c'est justement par respect de ces traditions que je n'y suis pas allée tant que je n'étais pas absolument certaine que mes règles soient passées. Et que maintenant j'en suis sûre. La femme me jette un regard méfiant et s'en retourne sans mot dire. J'en déduis que je l'ai convaincue de ma bonne foi. Mais, une fois de plus, on m'a fait sentir que je n'étais pas à ma place ici.

Les jours passent. Un peu plus tard, je m'adresse à la chamane Nanastasis et je lui demande pardon, car j'ai reçu un message me demandant de le faire :

— Je ne sais pas pourquoi, mais je dois te demander pardon.

La chamane me regarde d'un air sévère et me répond :

— Moi, je le sais !

J'attends des explications complémentaires, je la supplie même du regard, mais je n'en saurai pas plus ; et de nombreuses hypothèses fusent dans mes pensées.

Je suis sur place depuis environ une dizaine de jours, lorsque tout à coup je sens les énergies remonter en moi. Vite, il me faut une prise à la terre ! Je fais signe à José, et il comprend instantanément le problème. Il accourt et me prend par les bras. Ce charmant jeune homme est devenu mon chaperon. Je le sens respirer avec moi pour m'aider à me relier à la terre afin de ne pas laisser ces énergies venues de je ne sais où m'emporter dans une nouvelle transe incontrôlable. Le regard des autres pèse à nouveau sur moi, lourd et désapprobateur. Mon éphémère sainteté s'est dissoute dans ce moment de délire. Je me sens à nouveau blessée. Et je me demande ce qui va encore m'arriver. Car je sens que je ne suis pas au bout des leçons que la vie veut me donner en ces lieux...

LE CANYON

L'espoir ne meurt jamais !

Béatrice

Nous arpentons le terrain accidenté, en quête d'un hypothétique accès au torrent. Tout en avançant péniblement à travers les broussailles, je continue de prier, en m'efforçant de conserver un équilibre rendu précaire par la forte pente et le terrain accidenté. À travers le feuillage, j'aperçois des petits pans de cours d'eau. Mais pas de Marie Jésus. De temps en temps, je m'arrête pour tendre l'oreille, avec le fol espoir de percevoir sa voix. Sophie marche juste derrière moi. Nous errons dans les ronces et sommes sans cesse obligées de contourner, remonter, revenir en arrière. Quand nous trouvons enfin un semblant de passage vers les eaux, la berge s'avère inaccessible. Il faut remonter. Finalement, Sophie découvre un passage un peu plus praticable. Enfin ! Nous redescendons. Dans mes pensées, espoir et crainte se mêlent. Mon mental m'affirme que Marie Jésus est morte et que c'est un corps sans vie que nous allons trouver. Mon intuition de femme, celle sur laquelle j'ai tant travaillé, me dit que l'espoir n'est pas mort, qu'il ne meurt jamais. Mon sens pratique, lui, se contente de me rappeler que, d'une manière ou d'une autre, il faut qu'on retrouve Marie Jésus. À un certain moment, le chemin forme une fourche. Comme celle du diable. Afin d'augmenter nos chances de retrouver notre chamane, nous décidons de prendre des directions différentes. Je pars à droite, Sophie prend à gauche.

L'endroit de pouvoir

La quête de vision se prépare doucement. Les organisateurs nous donnent quelques consignes.

— Ce temps n'est pas sans danger, et il vaut mieux savoir ce qu'il faut faire dans certaines situations. Comme en cas de rencontre d'un ours !

J'avale ma salive.

— Surtout, ne le regardez jamais en face !

Rien que d'y penser, je suis terrorisée ! Si je sentais la présence d'un de ces plantigrades, je me ferais pipi dessus, je me couvrirais de terre et je ferais tout pour disparaître. Et bien sûr avec ces histoires d'ours, ça ne loupe pas : je rêve d'un grizzly. La gigantesque bestiole se tient debout face à moi et gueule toute sa puissance aux éléments. Son poil est poivre et sel, un peu comme certaines chevelures. C'est étrange et certainement évocateur de quelque chose. Cependant je ne tire aucun enseignement conscient de ce rêve. Les autres rient des ours, prennent tout cela à la légère et je les envie, tout en leur souhaitant de faire l'expérience de cette rencontre...

Aigle Bleu croit bon d'en remettre une couche :

— L'énergie de l'ours est déjà là !

Je m'entends lui confier :

— J'en ai rêvé, cette nuit !

— Je le sais...

Nous partons en repérage. Nous entrons dans la forêt en passant par la porte de l'Est, en direction de la montagne sacrée – le mont

Abraham. Puis une deuxième fois, cette fois avec des guides pisteurs. La consigne est donnée :

— Repérez votre endroit de pouvoir ! Il faut que vous vous y sentiez bien quand vous vous y posez !

Au fil de la marche, je me sens attirée par plusieurs endroits susceptibles de m'accueillir pour ma quête de vision. Mais, à chaque proposition, Aigle Bleu me fait savoir que l'endroit a déjà servi à d'autres quêteurs et que je dois trouver un lieu « vierge ». Le lendemain, chacun indique son choix, reste à l'endroit, puis doit retrouver seul son chemin jusqu'au camp. Une sorte de répétition. Lorsque nous y allons, je n'ai toujours pas la moindre idée du choix de mon endroit de pouvoir. Je me contente de suivre le groupe, emplie de doutes et de différences. Nous traversons la rivière vers l'est. Une sorte de champ de force me retient, je suis comme freinée par un vent invisible qui m'empêche d'avancer. « Non, pas par là ! » Cette impression revient plusieurs fois. Et me ramène au point de départ. Au bout de la troisième fois, je m'assieds sur une pierre sur la berge et je me mets à pleurer. Je ne vais tout de même pas faire ma quête de vision dans la rivière ! Mais où dois-je donc aller ? Quel endroit aurait l'obligeance, l'amabilité, la générosité de bien vouloir m'accueillir ? Je me sens désespérée. Punie par le Grand Esprit ! Je suis la seule à ne pas avoir trouvé mon endroit de pouvoir ! Une fois de plus, je suis mise au ban. Et cela doit en amuser certaines… Je n'en peux plus, j'ai envie de tout plaquer, de prendre mon sac et de filer à l'aéroport pour prendre le prochain avion qui me ramènerait chez moi. Dans ma vue troublée par les eaux de mes larmes apparaît la silhouette de Robert. Il me dit un mot gentil et m'encourage à persévérer. Je me redresse, sors de la rivière et rebrousse chemin. J'arrive à la porte de l'Ouest. Je m'assieds à l'endroit où la chamane officiait, le premier soir. Consciente du sacrilège, ma gêne se manifeste par de vilaines pensées. « C'est n'importe quoi ! C'est ton ego ! Tu n'as rien à faire à cet endroit ! » Et je me remets à pleurer comme une madeleine, seule avec ma honte. « Tous les autres ont trouvé leur voie ; et moi, non ! Et tout ce que je réussis à faire, c'est de prendre une place qui n'est pas la mienne ! Je suis une usurpatrice ! » Un immense sentiment de honte m'accapare, et je me remets à errer.

LE CANYON

Des silhouettes familières

Marie Jésus

Bien accrochée à mon « crocodile », je me laisse dériver. Je commence enfin à me relâcher. Pas pour longtemps, cependant. Car le cours d'eau se divise en deux bras devant moi. De quel côté aller ? À gauche ? À droite ? J'aimerais que mon crocodile prenne une décision, je me sens trop épuisée pour réfléchir. Finalement, sans vraiment l'avoir décidé, je prends la direction du bras gauche, la partie la plus broussailleuse. Je continue de progresser dans les eaux, lorsque soudain j'entrevois deux silhouettes sur la berge. Des silhouettes qui me semblent familières, malgré le flou dans ma vision. J'entreprends aussitôt de me rassembler. Rapidement, mes forces resurgissent en moi. Et une décision s'impose à moi : maintenant, je sors ! Je lâche mon tronc salvateur et je m'approche de la berge. Je me mets à crier pour que les femmes m'entendent : « Je suis vivante, ne me lâchez pas ! » J'ai enfin pied. Vitale, vivante, je trouve l'énergie pour grimper.

La sweat lodge

Avant la quête de vision, nous devons passer par la sweat lodge. C'est la vénérable Dhyani Ywahoo, elle-même, qui nous y prépare à distance. Devant la lodge, une grande tortue en relief sur le sol semble porter la sagesse du monde. Si elle pouvait m'en transmettre un peu… Après le rituel des sachets de prière et des offrandes de sauge et de tabac, Aigle Bleu confie à chacun de nous un mot secret sans lequel nous n'aurons pas le droit de quitter la tente de sudation. Une fois sorti, on ne peut plus y retourner. C'est la toute première fois pour moi dans une sweat lodge. J'ai une peur bleue d'oublier le mot secret, et ça m'angoisse. Ça devient même un monumental moment de stress !

Devant la hutte, le feu sacré, alimenté par de grosses bûches, se prépare à recevoir les pierres. De son centre, un chemin mène droit à l'entrée de la hutte. Je prends place à côté de Carine, dans le noir total. Nous sommes serrés comme des sardines. Et nus comme des vers fraîchement sortis de terre. Le sol est recouvert de fougères, c'est très doux. L'odeur de la terre est très prenante, sans doute à cause des pluies récentes. Dans la sweat lodge, c'est un peu la Terre qui transpire, elle aussi. Rapidement, une terrible anxiété noue ma gorge. J'ai peur de mourir étouffée dans cette suffocante atmosphère saturée de chaleur et d'humidité. Aigle Bleu remercie la terre d'accueillir le feu, le vent de le nourrir de sa force. Puis il demande au gardien du feu de poser des pierres dans la lodge. Après quoi il invoque l'esprit des aïeux et exprime sa vénération de la Terre-Mère. Il est vrai qu'en entrant j'ai eu le sentiment de pénétrer dans un espace féminin. Il faut passer par une petite ouverture, en se mettant à genoux puis à quatre pattes, en signe d'humilité et de gratitude. La forme ovoïde de la sweat lodge, avec ses branches de saule arquées recouvertes de toiles, me fait penser au ventre d'une femme enceinte. C'est d'ailleurs le sens de ce rite : donner la vie. Une sensation exacerbée par cet espace enveloppant, contenant, dans lequel j'adopte peu à peu la position fœtale. Un retour vers l'enfantement de l'humanité... Si la hutte incarne le féminin, les pierres, elles, représentent le masculin. Elles sont l'équivalent de notre structure osseuse, notre colonne vertébrale. Au-delà du dégagement de vapeur et de chaleur, les pierres libèrent leurs mémoires, dans une dimension moins tangible mais tout aussi réelle. Car elles sont les témoins de l'origine de la vie et contiennent toutes les strates de la vie terrestre. Cette dilatation par la chaleur, qui leur fait lâcher leurs mémoires, agit de même sur les corps humains. Nos structures osseuses, qui entrent en résonance avec la structure de la pierre, vont également libérer des mémoires, celles que le corps a enregistrées au cours de son existence, parfois même avant la naissance. En créant le rituel de la sweat lodge, les anciens l'avaient bien compris.

— Les pierres représentent les mémoires de la Terre, la médecine est le Grand-Père, explique Aigle Bleu, en inspirant.

Il se saisit de petits morceaux d'écorce et les trempe dans l'eau, avant de les poser sur les pierres brûlantes. L'air devient aussitôt encore plus insupportable, plus irrespirable. Heureusement que je ne suis pas au milieu de la tente ! Je n'ose même pas imaginer comment je me sentirais si je me trouvais au centre, près des pierres brûlantes. Ça ne m'empêche pas de suffoquer ! Dans cette chaleur et cette humidité oppressantes, je me mets à dessiner sur la terre. Une spirale naît au bout de mes doigts, puis je me couvre les cheveux, le visage et le corps de la terre, que je gratte comme un prisonnier creusant un tunnel dans sa cellule. Je cherche le frais par tous les moyens, comme si j'étais prisonnière d'une maison en feu. Je m'affale sur le sol et me mets à humer la terre pour tenter d'en extraire la moindre once de fraîcheur. Je respire la terre, je deviens la terre...

Il fait noir, chaud, nous sommes nus, livrés au feu, à l'eau, à la terre et à l'air. Les consciences se lâchent, le mental abandonne la partie, et nos instincts se réveillent. Alors nous nous mettons peu à peu à lâcher des paroles, à échanger, mais pas sur un plan conscient. J'observe le feu avec l'impression qu'il cherche à entrer en moi, à devenir mon feu sacré intérieur, à réchauffer mon âme. Je contacte les raisons profondes de ma peur, comme celle de rencontrer des esprits ou les fantômes de mon grand-père suicidé, du chef indien Ours Courageux, moi qui ne me sens surtout pas courageuse. Mais je n'en parle à personne.

Qui parle en nous ? Et pourquoi ne puis-je garder aucun souvenir de ce que je dis ou entends ? Tout ce qui reste dans ma mémoire, c'est quelque chose qui se passe pour Carine, quelque chose qui me fait bondir. Un homme que j'ai reconnu l'a frôlée dans une attitude équivoque. Je me souviens qu'elle avait l'habitude de se purifier dans la rivière, quelle que soit la température de l'eau. J'avais compris et je lui avais dit :

— Tu éteins le feu de tes ardeurs, n'est-ce pas ?

Elle m'avait jeté un sombre regard.

Finalement, nous sortons de la tente. Le chemin mène droit au feu. Miracle, je me souviens du nom secret ! Après la chaleur, il faut aller dans la rivière. « Il faut au minimum se mouiller la nuque », nous a-t-on recommandé. Dans la rivière, je me place entre Carine et l'homme qui l'a touchée. Carine se met soudain à crier, et ma fureur envers cet homme est décuplée. Mon regard le transperce. Dans une autre vie, je lui aurais lancé une pierre à la tête. Je suis celle qui protège de l'abus. Je ne sais pas encore que je vais être confrontée très souvent à l'abus, aussi bien physique que psychologique ou énergétique. Ai-je connu cela dans une autre vie pour que cela devienne mon combat ?

La nuit suivante, je fais un nouveau rêve. *Nous sommes tous partis en même temps vers nos lieux de pouvoir. Pour certains, c'était celui qu'ils avaient trouvé la première fois. Certains se sont perdus et ont mis des heures à revenir.*

LE CANYON

Pourvu que ce soit elle !

Béatrice

Je continue à me frayer un chemin à travers le maquis hostile, repoussant les branches et les ronces qui me griffent au passage. Je ne pense plus, je cours ! Plus d'une fois, mes pieds dérapent, et je m'accroche à des arbustes pour ne pas chuter. Je galère autant physiquement qu'émotionnellement. Et je me surprends à espérer me réveiller de ce qui ne doit être qu'un cauchemar. Ça ne peut pas être arrivé ! C'est tellement absurde que ça ne peut être qu'irréel !

Soudain, habituées à capter le moindre son dans les bois, mes oreilles frémissent : elles perçoivent l'écho d'une voix dans une sorte de brouillard ! Je me mets à prier encore plus fort dans ma tête. Pourvu que ce soit elle ! Je sais que les autres prient aussi. Toute cette énergie de protection est positive, je le sens ! Je perçois des vibrations dans mes mains. L'impossible serait-il en train de se concrétiser ?

La quête de vision

Le lendemain, c'est le grand jour : celui de la quête de vision. Comme je n'ai pas d'endroit de pouvoir, je m'adresse à Aigle Bleu, désespérée, pour lui confier mon désarroi.

— Je n'ai pas trouvé mon endroit de pouvoir...

— Tu as entendu trop de choses dans la rivière...

Ça ne m'aide pas beaucoup... Que dois-je faire ? J'hésite, je cogite. Finalement, je retourne à la porte de l'Ouest, là où j'étais sans cesse ramenée par une mystérieuse force, l'autre jour. À nouveau, je m'invective : « Ce n'est pas ta place ! » Je pousse un peu plus loin dans la forêt. Jusqu'à une grosse pierre devant laquelle je m'immobilise. Je n'en crois pas mes yeux : je distingue un visage d'Indien sur la pierre ! Je me dis aussitôt : c'est là ! Enfin ! Quel soulagement ! Alors que je n'y croyais plus, voilà que ce lieu, devant lequel j'ai dû passer plusieurs fois, m'appelle ! « Approche, Marie Jésus, je suis ton endroit de pouvoir ! »

J'installe mes sachets de prière rouges, jaunes, bleus et verts, avec les offrandes de tabac et de maïs. Puis je mets en place des pierres pour le feu. Mon corps et mon mental s'occupent, mais je suis loin d'être sereine. En effet, j'éprouve une crainte constante d'être agressée dans mon dos par un ours. En balayant les environs des yeux, mon regard accroche un arbre tombé. Ses branches forment comme des piques de défense, et cela me procure un éphémère sentiment de protection. Je m'installe entre le feu et l'arbre à piques. Aigle Bleu m'apporte quatre allumettes, pas une de plus, et un peu de bois sec. J'ai aussi de l'écorce de bouleau, la seule chose qui prend feu, car le reste du bois est détrempé. Nous tendons une bâche dans les branches qui surplombent mon endroit. Je ne pourrais pas imaginer passer trois jours sous la pluie ; pour mes bronches, ce serait la mort…

— Les guides sont là, me dit-il, avant de repartir.

J'ai une pensée pour mon grand-père Roman, qui avait choisi de mettre fin à ses jours à cette période de l'année.

Mon endroit se trouve sur un petit promontoire rocheux au milieu des sapins, guère loin du campement. Le sol est de couleur uniforme brune. La couleur du pelage des ours… J'entends tous les bruits du village, et cela me rassure. Je me pose, puis je place mes sachets de prière dans les arbres alentour. Ensuite, j'honore les gardiens de toutes les directions. Puis j'allume le feu, en pleine conscience. Tout se passe pour le mieux, à mon grand étonnement. Néanmoins, la perspective de rester quatre jours sans manger, ni boire, ni dormir, en réussissant à garder mon feu allumé, me semble relever de l'impossible. Comment ferai-je pour ne pas m'endormir ? J'ai tendance à m'assoupir si facilement ! Je réfléchis, puis je me décide à parler à mon feu : « S'il te plaît, feu, aide-moi ! Si je m'endors, réveille-moi avant que tu ne t'éteignes ! » Par précaution, je monte un muret de pierre suffisamment haut pour pouvoir contenir beaucoup de bois, afin que le feu tienne le plus longtemps possible.

J'observe les animaux de la forêt qui vivent ici. Deux écureuils qui jouent à se poursuivre dans un parcours à travers les branches. Des chipmunks[1], avec leur joyeuse frimousse, en quête de nourriture. J'ai l'impression de me trouver en plein dessin animé de Walt Disney. Où est donc Blanche-Neige ? Une multitude de libellules fendent les airs de leurs ailes transparentes, lançant au passage des éclairs multicolores. Je prends cela comme un bon signe : la libellule est le symbole de l'esprit des gardiens des lieux.

Les heures passent. La lumière du soleil s'infiltre entre les arbres pour dessiner des mosaïques de lumière sur les rochers. Les flammes

1. Sorte de petits écureuils à rayures qu'on trouve sur le continent nord-américain.

de mon feu montent vers le ciel au-dessus de la forêt. L'odeur de la fumée se répand aux alentours comme la messagère de ma présence en ces lieux. « C'est moi, Marie Jésus, fille de la Terre. Je viens passer quelque temps parmi vous. Merci de m'accueillir comme l'une des vôtres. » À peine prononcées, ces paroles me procurent une agréable sensation de bien-être. J'ai chaud et je me sens plutôt bien, après toutes ces turbulences et ces errements. Je me mets à chanter et à danser, toute nue dans la forêt, pour honorer les quatre portes et leurs gardiens. Mes craintes sont reléguées, pour l'instant. La première journée passe assez facilement. Lorsque j'ai soif, je mastique, et ça me fait saliver.

Je perçois plusieurs messages, avec clarté, comme si j'étais branchée sur une ligne à la fois visuelle et auditive, une sorte de Skype télépathique bénéficiant d'un réseau illimité. J'entends résonner mon nom de famille : « Sandoval », en espagnol. Moi qui ne rêve qu'en français…

Je souhaiterais un calepin pour noter mes impressions. Je m'occupe comme je peux, mais le temps qui passe a raison de mes résistances, et je m'assoupis. Soudain, un craquement me réveille. J'ouvre les yeux, avec en tête les pires scénarios : un ours affamé, un loup mangeur d'hommes ou une bestiole sanguinaire sortie tout droit de mon imagination. Mais je comprends rapidement que le craquement provient de mon feu, prêt à s'éteindre. Il m'a écoutée lorsque je lui ai demandé de m'avertir quand il aurait besoin d'être ravitaillé, et il m'a obéi ! Je n'en reviens pas ! Je me sens alors ravie d'être là, enchantée de cette communion avec les éléments. Je ne suis plus seule, quelqu'un m'accompagne ; cela me fait un bien fou ! Après toutes mes hésitations, mes doutes et mes mises à l'épreuve, je me dis que je suis peut-être, enfin, sur la bonne voie ! Mais, une fois de plus, je sous-estime la perfidie du destin.

LE CANYON

Je suis bien vivante !

Marie Jésus

C'est absurde, mais l'idée de mettre mes pieds dans les ronces et dans la boue me fait frémir. Je me secoue. « Mais, Marie Jésus, tu ne vas pas renoncer à te sauver juste parce que tu ne sais pas où tu mets les pieds ? » C'est dingue, mais plus je m'enfonce, plus mes phobies remontent… La peur des serpents et toutes les autres. Les sensations dans mes pieds devenus hypersensibles sont extrêmes. Je m'invective de plus belle. « C'est n'importe quoi ! Tu as vu d'où tu viens ? Tu ne vas pas rebrousser chemin parce que ça pique, que c'est gluant, visqueux, inquiétant ! » Je hurle au secours ! J'appelle les femmes, les esprits, les ancêtres, les gardiens, tous ceux qui peuvent m'entendre ! Avec la force dont j'aurais tant souhaité faire preuve face à ma mère. Alors, je m'adresse à elle : « Maintenant, tu ne me touches plus ! » Dans un affrontement que je n'ai jamais osé provoquer, car elle était si puissante.

Je progresse vers la berge comme une sirène qui aurait abandonné sa queue de poisson dans la rivière. Un esprit de l'eau qui marche, que je perçois comme mes pensées. Lorsque mes jambes émergent enfin, je remarque le sang qui coule sur mon corps et je réalise que je n'ai plus de chaussures, plus de lunettes, que mes vêtements sont arrachés. Mais, même si je pisse le sang, si je suis à poil, sans chaussures, si je dois avancer dans la boue et dans les ronces, je suis vivante ! Et même pas trop abîmée ! Miraculeusement, je suis indemne ! Comme s'il ne m'était rien arrivé. Ou presque.

Indemne, mais transformée. Définitivement transformée ! J'ai accompli ma mission !

Une image me vient de je ne sais où : celle d'une naïade, sortant de l'eau. Quelle idée…

Je rassemble toutes les parcelles de mon corps. Je me mets à réciter une sorte de mantra. Merci, mon Dieu ! Mais pourquoi cette épreuve ? Pourquoi cette confrontation avec la mort, que je ne souhaite à personne ? J'en ai fait des prières, des offrandes ! J'ai fait de mon mieux pour honorer et respecter la vie sous toutes ses formes ! Alors pourquoi tout ça ? Mes cris s'adressent à toutes les forces invisibles. Mais sans la moindre colère.

Il me revient alors un truc pas sympa, entendu quelque part : « Toi qui te prends pour une chamane ! » Une simple moquerie ? Pas sûr…

Retour précoce

Comme la forêt autour de moi est jonchée d'arbres morts, je n'ai aucun mal à me procurer du bois pour mon feu, même s'il est un peu humide. Une véritable abondance, comme je n'en ai jamais connu dans ma vie. Dans mon imagination, tous ces bois morts sont des êtres humains disparus, ces êtres qui peuplent la région de la porte de l'Ouest. Ils nourrissent mon feu, et je les en remercie. Comme nous sommes en été, les moustiques prolifèrent. La fumée de mon feu les éloigne et me donne une autre raison de remercier les ancêtres. Feu, je t'aime ! La portée de ces flammes va bien plus loin que celle d'un simple brasier. C'est mon feu intérieur qui se reflète dans ces flammes, le feu de l'espoir de devenir qui je suis vraiment, de trouver ma vraie place, de comprendre les messages de ces voix intérieures, de ne pas sombrer dans la folie. Tout naturellement, je me mets à prier. Pour mon fils, tout d'abord, puis pour mes parents, ma fratrie, ma famille, le père de mon fils.

Peu à peu, l'inquiétude, l'angoisse, la peur grandissent à nouveau en moi. Heureusement, ma pierre du mont Sinaï est avec moi. Pour me rassurer, je remercie la forêt de m'accueillir, de me faire une place en elle. Je remercie également les ancêtres de m'accepter dans leur territoire et de me protéger.

Prise par une intuition soudaine, je me mets à chercher une cascade. Je sais qu'elle existe, je la sens, je la perçois, même. Mais je ne la trouve pas. J'aurais tant besoin de la présence de l'eau, de sa musique, de sa force…

La lumière commence à décliner, et un manteau de fraîcheur se pose délicatement sur mes épaules. La nuit s'annonce. Ma première nuit en ce lieu que j'ai fait mien. Le soleil se couche entre deux arbres, telle la pupille d'un œil cosmique. Dans sa descente, il forme une sorte de porte dans le ciel. Ça y est, je commence à délirer ! Dans la foulée de mon déraillement, je sens la présence de l'ours dans mon dos. Il s'est hissé sur pattes pour m'effrayer encore plus. Autour de moi, tous mes vaillants ancêtres me disent qu'ils sont fiers de moi, car moi aussi je me montre courageuse, à ma façon. Puis j'ai une vision de mon chien Thésée et de Dogor, le chien de José, comme s'ils ne faisaient qu'un. Fin du délire, retour à la réalité. Pas d'ours en vue, ni de chien, encore moins d'ancêtres. J'ajoute du bois à mon feu, beaucoup de bois. Les flammes reprennent de la vigueur, comme un guerrier qui se relève pour retourner au combat. La forêt s'illumine autour de moi. La scène a quelque chose d'irréel, de magique, et, à nouveau, je m'attends à tout moment à voir apparaître mes ancêtres amérindiens entre les arbres.

Tout à coup, de stridents crépitements parviennent à mes oreilles. Des crépitements qui n'ont rien de naturel. Je lève les yeux et découvre la bâche en feu ! Je constate avec effroi que les flammes sont montées si haut qu'elles ont mis le feu à la toile ! Cette bâche qui devait m'abriter de la pluie ! Un vent de panique balaie la sérénité que je venais de m'octroyer à grands coups de positivisme. Je vais mettre le feu à la forêt ! Je ne peux m'empêcher de hurler et de tourner en rond autour du feu, comme si mes circonvolutions pouvaient agir sur l'incendie naissant. Décidément, le sort s'acharne contre moi, je fais tout pour me faire rejeter ! Après avoir anéanti la cérémonie, voilà que je détruis la forêt ! Mais les bois du Vermont ne sont pas ceux du Midi méditerranéen ou de la Californie, et il en faudrait bien plus pour que l'incendie se propage. Surtout après les pluies de ces derniers jours. Mon feu s'arrête soudain, et, quand la fumée se dissipe, j'examine les dégâts. Je suis stupéfaite : les flammes ont dessiné un joli trou, parfaitement circulaire, dans la bâche, juste au-dessus du foyer. Un truc de dingue ! Je capte un message aussi clairement que si le feu lui-même venait de me le confier : il ne supporte pas de ne pas être connecté avec le ciel ! Je comprends et j'approuve. Tant pis pour la pluie ! À cet instant, je me sens non seulement reliée aux éléments, mais je fais partie d'eux, je suis la sœur du feu, la fille de la terre, l'amante du vent, la compagne de l'eau. La nuit s'annonce calme, maintenant que j'ai été définitivement acceptée par la forêt. Mes oreilles perçoivent des bruits émanant du camp non loin d'ici, et cela achève de me rassurer. Je suis dans la nature, mais les hommes ne sont pas loin.

Je m'endors paisiblement en me disant que, pour moi, il y aura désormais un « avant » et un « après quête de vision ». À propos de vision, des rêves arrivent rapidement dans mon sommeil. *Je vois tout d'abord un ours, puis je m'aperçois en Amérindienne habillée en femme blanche, sur le quai d'une gare. On me susurre : « Fais attention à ne pas te faire voir. » Je fais donc tout ce que je peux pour qu'on ne découvre pas que je suis indienne. Je monte dans le train. « Tu vas découvrir ta vraie mère », entends-je...* L'histoire est décousue, et le sens de ce rêve m'échappe complètement. Tout comme celui d'un autre rêve où des gens transparents vivent dans une cité subaquatique. Je rêve également d'Aigle Bleu. *Il me montre la forêt lorsque nous apercevons une mère phacochère. Aigle Bleu me dit : « Fais attention, c'est une mère ! Elle va charger ! » Il a à peine terminé sa phrase que la mère en question pointe son groin. Et elle n'a pas l'air de chercher des caresses. Je la sens prête à me foncer dessus. Je demande à Aigle Bleu : « Qu'est-ce que c'est ? » Il me répond : « Un cochon français ! » Je ne réagis pas à l'absurdité de ma question ni de sa réponse et je fixe du regard cette mère, forte de toute la puissance de sa maternité et de sa détermination à défendre son petit. Et elle me donne l'envie de foncer dans le tas, même dans plus fort que moi, comme je l'ai fait au sortir de la sweat lodge pour défendre Carine.*

Plusieurs fois, je me réveille dans la nuit. Curieusement, je ne ressens aucune peur. Mais, lorsque je perçois les bruits du campement à proximité et que je pense aux autres, disséminés en pleine nature, je ne peux m'empêcher de penser que je suis une planquée. Car tout va bien pour moi, l'épreuve me semble facile. Trop facile. Alors je me remets à prier. Je m'adresse à ma grand-mère. Mais c'est ma mère qui m'apparaît : « Que fais-tu là ? » Je lui réponds pour tenter de la rassurer : « Je prie pour la famille, pour lever les mémoires, pour la paix. » Soudain, tout se met à tourner autour de moi. De violents tremblements me prennent et me secouent de haut en bas. Ma mère se met à crier : « Arrête ! » Je ne suis plus connectée, puis, tout à coup, je ressens l'appel du père de mon père : Roman. La visite inattendue de cet homme qui s'était suicidé me déstabilise et provoque une énorme émotion en moi. C'est la première fois dans ma vie que j'ai un contact avec cet aïeul inconnu. L'effet de surprise passé, je m'adresse à lui avec les mots que je dois prononcer. Car je sais ce qu'il veut entendre, ce qu'il a besoin d'entendre pour quitter son errance d'âme en peine. « Je te demande pardon, grand-père Roman. Au nom de toute la famille, pour tout le mal qui a été dit sur toi. Que tu avais un comportement infantile et irresponsable. Que, pendant que les enfants trimaient, tu jouais aux cartes. Et que tu as ruiné ta famille. Mais, pour moi, toi qui es né un 9 août, à la Saint-Amour, tu dois aussi être amour. » Ma mère avait dit tant de mal de lui, qu'il ne travaillait pas, qu'il avait dilapidé les biens familiaux, que c'était un égoïste… Elle est toujours « en ligne » avec moi et elle a capté l'appel du grand-père. Elle revient à la charge : « Tu arrêtes tout de suite ! » Je ne peux m'y opposer, j'abandonne, je me rends. Ma mère a gagné, une fois de plus… Je me rapproche du feu, je contemple tous ces morceaux de bois qui se consument et qui pourraient être les tibias, les péronés, les crânes des morts de la porte de l'Ouest. Je regarde mon feu perdre de son intensité. Faisant fi de l'échec qui pointe, je le laisse s'éteindre en conscience, sans m'énerver. Je sais que ma quête de vision s'arrêtera avec la mort de mon feu, mais je suis résignée, incapable de la moindre résistance. Je capitule, comme les derniers Apaches vaincus par la faim et la misère. Je me rends au tipi, car c'est là que ceux qui échouent dans leur quête doivent se rendre. C'est la règle. Je dois y rester ou n'en sortir que voilée. De plus, je ne dois pas être vue, pas plus que je ne peux regarder. Je ne suis pas seule dans le tipi. D'autres femmes que j'avais aperçues dans la rivière sont assises là, le regard vide. Leur feu s'est éteint, m'informent-elles. Lorsqu'Aigle Bleu passe, je lui raconte ce qui m'est arrivé. Je me sens mortifiée, une peine immense m'habite. Aigle Bleu m'écoute, puis me propose un soin. Après quoi, il s'adresse à moi avec un ton paternel : « Retourne faire ta quête. » Mais, pour moi, c'est terminé, je sais que je n'irai plus. Quelque chose s'est brisé. J'arrête. Je parle comme ma mère. A-t-elle raison ? Ai-je bien fait de venir ? Je ne sais pas, je ne sais plus. Je reste dans le tipi. Parmi les autres femmes présentes, j'en remarque une que je n'avais pas vue en arrivant au tipi. Elle est reliée à la médecine du corbeau. Son regard est absent, et ses mains sont occupées à sculpter un morceau de bois à l'aide d'un canif. Je suis fascinée par les copeaux de bois qui glissent le long du morceau de bois et tombent sur le sol pour y former un petit tas, tandis que le morceau de bois se transforme peu à peu en un objet. Un objet porteur des pensées de la femme. Cela m'inspire, et je l'imite. Sauf que je n'ai pas de couteau. Aussi, je ramasse une pierre qui me paraît assez tranchante et je me mets à tailler un morceau de bois. Je frotte, je taille, je façonne, en m'appliquant à donner une forme au bout de bois, sans toutefois imaginer le résultat. Je fabrique quelque chose, mais je ne sais pas quoi. Je ne vais pas tarder à le savoir.

La pierre dans une main, le morceau de bois dans l'autre, je les confronte en les juxtaposant. Puis je les rapproche l'un de l'autre en les faisant pivoter. C'est là que je remarque qu'ils s'emboîtent ! Sans me poser de question, je les maintiens emboîtés et les attache avec de la ficelle. Lorsque je contemple mon œuvre, je découvre que je viens tout simplement de confectionner un tomahawk ! Je suis abasourdie par les gestes mécaniques, presque routiniers, qui ont conduit à la fabrication de l'objet. Fière de moi, je le montre à Aigle Bleu. « Ça te ressemble ! » me lâche-t-il avec un sourire crispé. M'en veut-il d'avoir interrompu ma quête ? Je ne le saurai pas.

Je n'ai pas le droit de manger tant que le temps de la quête de vision n'est pas terminé. Aussi ces journées me semblent-elles interminables. De plus, la faim se manifeste par de sonores grondements d'estomac. Peu à peu, je sens Marie Jésus la rebelle monter au créneau pour tenter de reprendre les rênes de ma vie. Je me surprends à chaparder quelques victuailles. Et je sors aussi sans voile. Tout dit « non » en moi ! Fini la mascarade, je redeviens moi-même ! Marie Jésus est de retour ! « Géronimette » est sur le sentier de la rébellion, qu'on se le dise !

Le lendemain, je me rends à la rivière, sans raison particulière. Et pourtant, il devait y en avoir une, car je m'aperçois que ma vision des lieux a changé. Comme si mes yeux pouvaient voir autrement. Un arbre mort devient un sage en pleine méditation, les papillons, les libellules, les abeilles, les écureuils semblent tous aller par deux. Merci, mes yeux, de me montrer tout cela ! Je m'asperge le visage, comme pour le nettoyer de mon ancien regard et faire place nette au nouveau. Soudain, telle une évidence jaillissant à la lumière, je constate que nous sommes le 9 août. Le jour où mon grand-père Roman a choisi l'eau pour effectuer son passage vers l'(e)au-delà, là-bas, en Espagne, dans un canyon du Pielago. Après s'être enivré pour se donner du courage. Mon père l'avait cherché pendant des heures, en vain. À ce jour, il porte encore en lui la culpabilité de ne pas l'avoir trouvé à temps. Que d'épreuves face à la mort pour mon père et toute notre famille. Sans oublier le glissement de terrain, au cours duquel il s'était débattu pendant des heures pour sortir de la boue dans la mine. Un choc de croissance qui fera de lui à la fois un petit homme et un grand courageux. Un essor de son humanité qui m'inspire le respect et l'espoir.

À nouveau, je m'asperge d'eau, je me coiffe, je me regarde dans ce miroir de fortune. Je perçois comme une onde joyeuse et rayonnante en moi, comme un présage qui saute aux yeux : je me sens initiatrice des femmes, préparatrice de je ne sais quelle cérémonie ou rite. Tout semble clair et bon, comme ces framboises à fleur d'eau, à portée de main. Alors résonnent en moi les paroles du chaman Silver Fox : « Bientôt, tu pourras te laisser porter par l'eau. » Je ressens une irrépressible envie d'honorer la Femme en moi en me plongeant dans l'eau, à l'abri des regards. J'entends l'appel de ma femme intérieure, qui souhaite trouver sa place et la tenir parmi les autres, qui désire entrer dans le cercle initiatique des femmes, faire la paix et vivre en paix avec elles, sans pour autant oublier les hommes.

Au fil des jours, de nouvelles personnes ayant terminé ou interrompu leur quête de vision nous rejoignent dans le tipi. Finalement, au terme des quatre jours, tout le monde est de retour. Après un deuxième passage par la sweat loge, celui qui clôture le rituel de la quête de vision, c'est le retour au monde. Avec des souvenirs sous forme d'une mosaïque sensorielle et émotionnelle sans précédent pour moi. Je ressens le besoin de mettre des mots sur mon vécu. Où est-ce que tout cela va me mener ? Dois-je poursuivre cette voie ? Est-ce vraiment la mienne ? Et si ma mère avait raison en me criant : « Arrête tout ça ! » ? Je ne sais pas. Je ne sais plus. J'ai besoin de temps pour comprendre. Je suis sous la tente, il pleut à verse, le tonnerre gronde, les éclairs transpercent le ciel, je me mets à écrire. Je crois que j'ai moins peur de la nuit, de cette dernière nuit à l'hôpital, de tous ces fantômes, de toutes ces peurs de mourir qu'ont vécues mes proches : la noyade, l'étouffement, le diable...

Le lendemain matin, en passant devant ce trou qui a contenu le feu de la sweat lodge, je retrouve la vision du feu. Je me vois au bord du cratère d'un volcan, pour être sacrifiée. Espérons que ce ne soit pas prémonitoire...

Comme il a beaucoup plu, les animateurs ont monté un chapiteau pour abriter les participants aux cérémonies. Un immense tambour trône là, et à chacune des portes des quatre directions se tiennent des hommes. Ils se mettent à jouer du tambour. Un des hommes danse, un Amérindien vêtu d'un costume à franges. Son pas de danse est d'une incroyable légèreté, c'est à peine si ses pieds touchent le sol lorsqu'il se déplace. Je me sens à nouveau partir en transe, comme la première fois, submergée par l'émotion. Des pleurs jaillissent de mon être, réveillés comme une rivière trop longtemps retenue par un barrage. Les personnes autour de moi m'entourent de leur présence bienveillante, me prennent dans leurs bras. « Tu te souviens ? » Je ne suis plus l'étrangère bizarre dont on se demandait si elle était folle, je suis devenue celle dont la mémoire se rappelle. Car je sens que quelque chose pleure en moi, justement parce que je me souviens. La puissance du tambour fait vibrer ces souvenirs pour les ramener à la surface de ma conscience, et les chants des chamanes appellent les forces de l'invisible pour me soutenir. Ces attentions et cette reconnaissance me font le plus grand bien. Cette fois, je me sens l'une des leurs. Pour combien de temps encore ?

Je vais voir l'Indien dont la danse m'a à la fois émerveillée et envoûtée. Je lui demande le nom de la danse et de quelle nation il est originaire. Il me sourit.

— J'ai servi comme pisteur au cours de la guerre du Vietnam, cette légèreté m'a sauvé la vie plus d'une fois.

Je ne peux pas en tirer plus ; le mystère du danseur au pas de plume reste entier.

LE CANYON

L'apparition d'une naïade

Béatrice

Soudain, une incroyable vision s'offre à mes yeux : une naïade apparaît entre le feuillage ! De l'eau jusqu'aux hanches, elle semble prendre son bain. Je n'en crois pas mes yeux ! D'autant moins que la naïade en question n'est autre que Marie Jésus ! Nous l'appelons.

— Marie Jésus !

La chamane répond et fait un signe de la main. « C'est bien sa voix », me dis-je, abasourdie. Je lance un regard incrédule à Sophie qui vient de me rejoindre. « Est-ce un rêve ? » Nous nous regardons. Dans nos yeux, des larmes de joie jaillissent comme un nouveau torrent.

— C'est un miracle ! nous écrions-nous, en voyant Marie Jésus sortir lentement de l'eau.

— Elle a l'air normal, murmure Sophie, médusée.

Nous parvenons à nous frayer un passage et la rejoignons. Elle s'approche de la berge, mais reste inaccessible à cause d'une barrière de bois flotté entre elle et nous. J'escalade tant bien que mal l'obstacle et me penche vers elle. Mais ma position est très instable, aussi, je demande à Sophie de me tenir par la taille. Je réussis enfin à saisir sa main et à la tirer hors de l'eau. Lorsqu'elle a enfin regagné la terre ferme, je tombe dans ses bras et je la serre fort contre moi. Ses vêtements ont été arrachés, ses lunettes ont disparu, mais, à part ça, elle a l'air d'être entière, bien que choquée. En sentant ce corps miraculeusement indemne, l'émotion me submerge. Je suis prise de tremblements.

Heureusement, Sophie a la tête bien vissée sur les épaules et demeure calme et lucide. Elle dévêt Marie Jésus, lui applique de l'arnica sur ses contusions et lui fait boire du Rescue, puis la rhabille avec nos vêtements.

— Je suis contente de vous voir, susurre Marie Jésus.

Un doux euphémisme… Manifestement, elle ne sait pas très bien où elle est, mais elle semble parfaitement comprendre qu'elle est sauvée. Elle nous parle de cette toute petite voix que j'avais perçue comme l'écho d'un miracle.

— Posez vos mains sur mes organes génitaux ! implore-t-elle, comme si elle craignait que son fragile souffle de vie s'échappe par son chakra racine.

Silver Fox

À l'issue de la quête, nous nous réunissons pour un temps de partage avec le groupe. Les visions restent secrètes, sauf pour Aigle Bleu. Certains reçoivent un nom, mais pas ceux dont la quête a été interrompue. Pas de nouveau nom pour moi, donc... Je me mets à douter de cette histoire de noms indiens : flatterie de l'ego ? Folklore ? Dans mon esprit, ma quête de vision doit être l'équivalent féminin de ce rituel de passage qui, autrefois, s'adressait aux garçons, futurs guerriers, dans cette mission de protéger la vie. Cette épreuve développe les qualités de courage, d'observation, de présence, de centrage, d'intuition, d'écoute intérieure, de révélations...

Si autrefois j'ai été un guerrier courageux, aujourd'hui, cette qualité me fait cruellement défaut, moi si petite, sans défense, si angoissée. Mon courage est ailleurs, plus féminin et moins physique, même si je ressens cette force en moi parfois, comme surgie de nulle part, m'aidant à faire face à plus grand et plus fort que moi. Elle m'encourage à ne pas perdre mes valeurs ni mes convictions profondes, celles qui m'animent et me gardent debout. Je prends place dans cette communauté des femmes, dans cette conscience du féminin à un niveau planétaire, à un niveau « univers-celles »...

Durant l'atelier qui suit, plusieurs personnes me conseillent vivement de rencontrer Silver Fox. Le contact a lieu le lendemain, autour de la table du dîner. Le « Renard Argenté », flanqué de Danuta, sa compagne polonaise, y parle de sa médecine. Je remarque les plumes d'aigle suspendues à son costume et j'ai envie de les caresser du bout du doigt. Le vieil Indien agite ses membres dans des mouvements circulaires devant lui. « Il fait un travail d'ouverture des énergies », m'explique-t-on. Malheureusement, personne ne me traduit ses paroles. Lorsqu'arrive mon tour de recevoir l'ouverture, l'homme aux longs cheveux blancs effectue une sorte de mouvement bizarre avec le bras. Je me sens aussitôt attirée comme un aimant. Je me redresse et vais me blottir contre lui. J'éprouve la même sensation que dans les bras de mon père. Je me sens bien, collée contre lui. Avec la soudaineté de l'éclair, Silver Fox me tord la tête en tournant. Je n'ai rien vu venir. J'entends d'horribles craquements dans ma nuque, et tout devient violet autour de moi.

— Si tes yeux veulent sortir de leurs orbites, alors il va falloir les remettre en place.

Il s'interrompt brusquement. Comme il l'avait fait pour la personne précédente, le jeune Espagnol au visage et aux mains brûlés. Silver Fox m'explique que j'ai un passé de victime et il ne veut pas aller plus loin. Quand c'est terminé, je discute avec l'Espagnol. Pris par l'émotion du moment, il me révèle le drame de sa vie :

— Je dormais sous la tente avec ma compagne, lorsque soudain le feu a éclaté. Ma compagne est morte, et moi, je m'en suis sorti, avec des brûlures. J'aurais préféré que ce soit l'inverse…

Je lui prends sa main brûlée et j'y dépose un baiser plein de réconfort. Il m'adresse un sourire dans lequel se mêlent peine et gratitude.

Au cours d'un autre atelier avec Silver Fox, nous confectionnons des masques avec des bandes plâtrées. Nous nous trouvons dans un tipi, et j'ai devant moi le cadeau de ma marraine : un tapis de jute sur laine, avec des motifs amérindiens. Je suis assise en lotus. Lorsqu'il lève les yeux vers moi, Silver Fox secoue la tête.

— Change de position, tes jambes ne doivent pas être ouvertes.

Je me sens rosir un peu. Soudain, le miroir placé au fond du tipi tombe au sol !

— Les esprits sont là ! s'écrie Danuta, la compagne de Silver Fox.

Et c'est moi qu'ils regardent ! C'est dans ma direction. Silver Fox me dévisage bizarrement. Puis il s'adresse à moi, les yeux plissés :

— Mon cadeau pour toi, c'est que ton chemin, tu le feras seule !

Ces mots résonnent comme un coup de canon dans mon petit cœur. Seule ! Je suis condamnée à vivre seule ! Jusqu'à la fin de mes jours, je vivrai dans la solitude ? Sans compagnon pour soulager mes peines, partager mes joies et mes peurs ? Sans âme sœur, sans l'alter ego que je cherche depuis que je suis née ? Non, je ne peux pas accepter cette idée ! Je refuse d'abandonner ma quête de l'autre ! Ce n'est pas un vieil Indien, même argenté, qui va me résigner à la solitude à perpétuité ! De colère, je lui tire la langue ! Autour de nous, tout le monde éclate de rire ! C'est alors que Silver Fox a ce geste incroyable. Lentement, il pivote sur lui-même, et me présente son dos. Puis il se baisse et descend son pantalon pour me montrer son postérieur ! Nouvelle hilarité générale. Je m'approche et fais mine de lui donner une claque sur les fesses. La réaction de Silver Fox est un conseil qui restera à jamais gravé dans ma mémoire :

— Si tu fais quelque chose, fais-le vraiment !

Comme quoi, c'est parfois dans les situations les plus futiles que l'on trouve les enseignements les plus utiles !

Plus tard, le groupe de la quête de vision part en ville avec Aigle Bleu pour acheter des objets décoratifs en vue de la cérémonie de fin de stage. Il s'agit d'exprimer le message de notre quête de manière visuelle pour le restituer devant tous. Ce message sous forme d'hallucinations, de rêves ou d'animaux aperçus, la somme de tout notre vécu, nous relie à la Voie. Chacun achète ce qui l'inspire. Je me confectionne une sorte de grand châle en crépon orné de plumes et de pétales de couleur. Puis une magnifique cérémonie débute. Chacun son tour, nous entrons dans le cercle magique par la porte de l'Est pour affirmer le message de notre quête de vision. Je porte mon châle un peu comme une jupe, mais il a tendance à glisser. Aussi, je le pose sur ma tête. C'est alors que je m'aperçois avec stupeur qu'il a pris l'apparence d'une coiffe de chef. Oui, c'est bien une coiffe de chef que j'avais confectionnée sans le savoir…

Je me sens bien en Indienne. Sans doute l'ai-je déjà été, un jour, une vie, plusieurs vies… Chacun passe pour parler de ses sensations. Lorsqu'arrive mon tour, j'offre aux quatre directions le message suivant : « Je suis fille de la Terre, étincelle de lumière. Je marche sur les chemins des Anciens, mémoire de tous les temps, de tous les continents. Gardiens de la Terre, j'allume le feu pour que vos voix s'entendent sur la planète entière et au plus haut des cieux. » Je suis surprise par ma manière de danser, à tout petits pas, comme une Indienne, marquant le rythme. C'est quelque chose de contenu, de mesuré, par rapport à l'énergie habituelle que je mets dans la danse. Peu à peu, je me sens portée par cette cérémonie, une sorte de consécration qui confirme que ma place est bien ici, avec ces gens, à vivre ces événements.

Le lendemain, à l'aube, la chamane joue déjà du tambour avec son compagnon. Puis elle dispense ses enseignements, dont le thème du jour est l'essence féminine de la Terre. Juste à côté, la scène des hommes fumant la pipe sacrée est d'une grâce extraordinaire. D'autant plus que certains ont apporté de très anciens calumets. Le spectacle de ces hommes offrant la fumée dans les quatre directions en est magnifié. Différents clans sont représentés dans l'assistance. Il y a celui de l'ours, du taureau, de l'anguille et d'autres encore. Les échanges verbaux vont bon train, mais mon anglais est trop rudimentaire pour me permettre de tout comprendre, et toujours cet accent américain… Plus tard, Aigle Bleu prend le temps de me parler des femmes chamanes d'antan :

— Certaines femmes avaient une énergie si puissante qu'elles étaient intégrées dans le cercle des hommes. C'était le cas de la chamane. On la consultait avant de partir en guerre. C'était la femme porteuse de grande sagesse, tous savaient qu'elle n'enverrait jamais son fils mourir pour une cause inutile. Pour cette raison, elle était écoutée de tous.

Je repense à Maxence, mon fils, resté en France. Il devrait être avec moi ici. Un nuage gris passe dans mon ciel intérieur. Aigle Bleu reprend :

— Dans ta façon de marcher, tu ressembles à une chamane. C'est comme si tu battais le tambour avec tes pieds, et tes battements de cœur sont ceux de la Terre.

Ses mots me vont droit au cœur. Même si je n'ai pas la moindre idée de ce que je vais en faire… À la fin du séminaire, je retrouve Silver Fox. Le vieil homme me prend les mains et me regarde droit dans les yeux :

— Fais-moi la promesse de revenir l'an prochain.

Dans ma tête, mes pensées forment des barricades. Ça ne va pas, non ? Car même si j'ai vécu des moments forts au cours de la quinzaine passée ici, d'autres épisodes moins agréables ont marqué mon séjour, et je ne suis pas sûre du tout d'être à ma place ici. Je ne trouve pas en moi de raison pour revenir et, de toute manière, je ne vois pas où je trouverais de quoi payer le voyage. Malgré tout ça, une force invisible en moi me fait promettre à Silver Fox de revenir. Contre ma propre volonté, j'accepte ce que mon mental rejette de toutes ses forces. Je suis abasourdie, je n'en crois pas mes oreilles. Traîtresse !

Je fais mes adieux à José. Le jeune Espagnol m'offre sa tête de mort qui sourit. Je l'embrasse comme un frère. Le retour nous fait repasser par Montréal. Comme il nous reste un peu de temps avant l'embarquement, nous partons faire un tour en ville. Je décide d'acheter quelques souvenirs à des natifs issus des réserves fédérales. Mon amie Monique m'accompagne. J'aperçois un stand de capteurs de rêves. Je m'approche et je constate que c'est un natif. Il nous sourit, se lève et se saisit d'un de ses attrape-rêves et le tend vers nous.

— Pour qui, celui-là ?

— Pour elle, dis-je, en désignant Monique.

— Non, c'est pour toi ! ordonne le vendeur.

Je suis surprise, mais bien plus encore lorsqu'il s'approche de moi, les bras ouverts.

— Promets-moi de revenir. Tu es belle d'une beauté dont tu n'as pas conscience.

Sans que je n'aie la moindre chance de m'y opposer, mais de toute façon je ne l'aurais pas fait, il me serre fort contre lui. Quelques minutes plus tard, lorsque nous sommes en route pour l'aéroport, je demande à Monique si la scène a bien eu lieu. Elle me confirme que je n'ai pas rêvé…

Plusieurs personnes m'ont fait promettre de revenir l'année suivante. Alors je décide de tout faire pour les revoir l'été prochain… Je suis loin de me douter qu'aucune de ces personnes ne sera présente l'année suivante…

Lorsque je pose le pied sur le sol français, je n'ai plus ma mala[1] en cornaline ni mon pic à cheveux avec les deux « tikis » des îles Marquises, mais j'ai un capteur de rêves et une tête de mort qui sourit…

1. La *mala* (*tengwa*, en tibétain) est le chapelet bouddhiste, fidèle compagnon du pratiquant qui le tient souvent à la main, enroulé autour du poignet ou autour de son cou comme un collier. La signification du mot *mala* en sanskrit est « collier de fleurs » ou « guirlande de perles ». Le nombre des perles est en rapport avec le bouddhisme, les 108 épreuves qu'a subies le Bouddha pour atteindre l'illumination et les 108 noms du Bouddha, et le yoga, les 108 positions corporelles. Mais il existe de nombreuses autres raisons à ce chiffre 108.

LE CANYON

Dites-leur de ne pas passer !

Marie Jésus

Quand je sors de l'eau, d'un côté mon corps est bien là, meurtri mais vivant, par contre, ma conscience, mon âme, est prête à partir. Je sens combien je suis en paix, libre de tout tourment. Avec cette voix en moi qui me souffle : « J'ai accompli ma mission, je peux donc quitter ce monde en paix. » Mais, soudain, la réalité me rattrape : si une femme meurt, je n'aurai pas accompli ma mission ! Je me sens à nouveau Marie Jésus la guide, je suis toujours le leader, le chef, je n'ai rien perdu dans cette chute. Je suis toujours moi-même, responsable du groupe, celle qui montre le chemin. Je suis la chamane responsable. Personne ne passe !

Les regards admiratifs des deux femmes me nourrissent. Je me pose. Aussitôt, le froid arrive. Je l'avais presque oublié, celui-là. Ce n'est pas le froid de la mort, mais il ranime mes peurs. La peur qu'aucune femme ne réussisse à passer le torrent. Cela pèse sur ma conscience, car je me sens responsable d'elles. Ce serait insoutenable pour moi s'il leur arrivait quelque chose ! Je suis prête à me donner la mort, si c'était le cas. Je me mets à hurler : « Dites-leur de ne pas passer ! Dites-leur ! »

Dès qu'elles me rassurent sur ce sujet, je m'autorise à redevenir Marie Jésus la petite fille, celle qui a besoin de soins et de chaleur.

Ayant médité la douceur
et la compassion,
j'ai oublié la différence
entre moi et les autres.

MILAREPA

L'Inde, enfin !

En octobre 2004, je réalise mon rêve d'adolescente : partir en Inde. Je pressens que ce voyage va me permettre de retrouver une partie de moi : cette partie féminine, sensible, étouffée par les aléas de mon existence tourmentée. L'Inde me fascine depuis toujours. Jeune adulte, je sortais beaucoup en discothèque, drapée dans des vêtements de style hindou que je confectionnais moi-même. De l'hindou en un peu plus provoquant... Avec un buste doré, un voile noir, un cordon noir et or, un turban en satin noir, et je me faisais même un troisième œil. Le maquillage était adapté au style vestimentaire, et je portais un bracelet en forme de serpent au bras, mon tout premier bijou, qui complétait la touche du mystérieux exotisme dont je cherchais à m'entourer. Quand je dansais, j'étais décalée du contexte avec mon style, mais le dancing, c'était le seul endroit où je pouvais vivre cette partie de moi que l'on pouvait qualifier d'« excentrique » mais que, moi, je trouvais authentique. L'avantage de cette tenue était que ça faisait peur aux hommes et que ça me permettait de les tenir à distance, sans toutefois les terroriser. Cette énergie m'a protégée.

Dès que j'ai rencontré Swami Ji, j'avais secrètement fomenté l'espoir de partir un jour en Inde avec lui. Plusieurs années ont passé avant ce beau jour où il vient vers moi en souriant :

— *Voilà, Marie Jésus, je viens avec projet : aller en Inde.*

— Vous lisez dans mes prières !

Swami Ji souhaite former un petit groupe pour partir. Ce qui est formidable avec lui, c'est que, comme c'était un homme d'affaires très organisé dans sa première vie, et un Swami dans sa deuxième, notre voyage est préparé avec méticulosité, en plus de sa dimension spirituelle. Cette préparation nous donne confiance ; nous sommes convaincus que nous recevrons les enseignements dont nous avons besoin sans même avoir à les chercher. Swami Ji nous persuade également qu'on peut avoir foi en l'ayurveda, qu'il n'est pas nécessaire d'emporter d'antibiotiques, que nous pourrons manger tout ce qui va nous être présenté, que nous devrons faire confiance à notre corps, lui parler tous les jours au cours des prières.

Le groupe souhaite apporter son soutien à l'ashram qui nous accueillera à Bénarès. Notre but est d'aider à la création d'une clinique ayurvédique et d'une sorte d'ashram pour les veuves qui se retrouvent souvent complètement démunies dans la rue. Nous désirons aussi apporter quelque chose de personnel pour soutenir le projet. Dans nos valises, le moins d'effets personnels possible, afin de pouvoir emporter des choses à offrir : des jouets, des vêtements d'enfants et des tableaux, dont vingt et une toiles de Doris Deguille, peintre alsacienne. Nous espérons vendre ces œuvres en Inde, au profit de l'association locale qui soutient la future clinique. Nous avons trois semaines et beaucoup d'espoir pour le faire.

Fort de sept personnes, notre groupe prend la direction de la terre de Gandhi sous la houlette d'un guide hors pair : Swami Ji. Mon compagnon, Séraphin, est avec nous. Arrivés à New Dehli, nous nous rendons sur le mausolée de Gandhi, que nous avons tous envie de visiter. Nous croisons beaucoup de Sikhs, ces Indiens très enturbannés, portant de longues barbes. Au bout d'un moment, nous remarquons qu'on nous regarde bizarrement. Cependant, les regards braqués sur notre groupe n'ont rien d'agressif. Au contraire, j'y décèle même une certaine lueur d'étonnement admiratif. « Qu'avons-nous de si étrange, en dehors du fait de ne pas être indiens ? » L'explication jaillit de la bouche d'un des Indiens qui s'arrêtent en croisant notre chemin : Philippe, un des membres du groupe, avec son crâne rasé, ressemblerait à Gandhi. Réincarnation, quand tu nous tiens…

Nous arrivons à Bénarès, la ville sacrée. Le long de l'axe central de la ville, j'aperçois de grandes portes ornées de peintures représentant Shiva. Et je remarque une effervescence qui semble dépasser celle qui règne à New Dehli.

— *Nous en pleine fête de Dourga*, commente Swami Ji, avant de nous éclairer sur l'importance pour les hindous de cet événement et en même temps sur le choix de la date de notre voyage.

— *Plus grand festival consacré à Maa Dourga. Dure neuf jours et neuf nuits, en mémoire de légendaire bataille.*

La déesse, une des divinités principales du panthéon hindou, est représentée par une femme à huit bras chevauchant un tigre. Drapée dans une superbe tenue brodée d'or, elle tient différents objets dans ses mains, dont des armes. Je suis fascinée par la symbolique qui émane de cette représentation et je demande à Swami Ji de me l'expliquer.

— *Dourga, c'est énergie masculine dans véhicule féminin. Son véhicule, c'est lion ou tigre. Ses bras représenter ses potentialités. Multiples armes montrent que pour vaincre pulsions du mal, homme doit développer différentes qualités, selon circonstances : détachement contre égoïsme, connaissance de soi contre colère, générosité contre avidité ou rancune, discernement contre préjudice... Et amour, c'est arme universelle.*

Lorsque nous parvenons à destination, nous avons déjà la tête pleine d'images et les sens chargés de perceptions. Situé sur l'axe principal, au cœur de la ville, l'ashram est géré par des moines sannyasins dont Swami Ji fait partie. Nous sommes les seuls étrangers à y séjourner. Et j'apprends même que c'est la première fois que des étrangers pénètrent en ce lieu. C'est aussi la première fois que des femmes en franchissent le seuil. Une onde de grâce traverse mon cœur.

Avec Séraphin, nous nous regardons bizarrement lorsque les moines nous montrent notre chambre : les deux lits sont placés dans des directions opposées. Sans doute un sens caché, une subtilité qui nous échappe...

Dans la nuit, j'entends la porte qui s'ouvre. Mais il ne se passe rien. De toute manière, je me sens en confiance en cet endroit. J'en parle à Swami Ji, le lendemain matin.

— *Oui, quelqu'un venu*, me confirme-t-il. *Un moine, lui demander qui vous êtes.*

— Ah ! Et que lui avez-vous dit ?

— *J'ai dit que vous yoginî.*

— Ah bon.

Une *yoginî* ? Je me demande ce qu'est exactement une *yoginî*. Sans doute tout simplement une femme qui fait du yoga... Au retour, je vérifierai sur Internet et découvrirai que ce n'est pas du tout ce que je pensais. Yogi : « Hindouiste qui a atteint un haut niveau de sagesse, en particulier par la méditation et le yoga... » Je sens comme une vague de gêne qui monte en moi *a posteriori*. Encore plus lorsque je lirai que la définition « classique » de *yoginî* considère ces divinités féminines comme des assistantes de la déesse Dourga. Dans un langage plus hindou, on dira que ce sont des shakti, des énergies de manifestation de la déesse, chargées de l'aider dans ses luttes contre les démons *(Asura)*. Je comprendrai aussi, mais bien plus tard, pourquoi il était si important pour Swami Ji de venir en Inde à l'époque de cette période de la célébration du Féminin sacré, qui, de plus, coïncide avec la date de mon anniversaire.

Le lendemain, après une journée bien remplie à l'ashram, Swami Ji nous encourage à découvrir Bénarès, la ville sainte et ses *gâtes*, ces grandes marches donnant sur le Gange, telles des portes, des passages, où les hindous viennent faire leurs ablutions. Pour eux, le Gange est une grande déesse, la « Mère Gange », « Ma Ganga » ou « Ganga-Ji ». Il se fait tard, la nuit est tombée, et il ne nous accompagnera pas, pour lui, c'est l'heure de ses prières. Nous voilà livrés à nous-mêmes dans cette ville qui ressemble à une fourmilière, pour une visite non guidée. La cité est en pleine effervescence, et nous avons toutes les peines du monde à nous frayer un chemin. L'ambiance est à la fête, c'est la «Duja Pudja». En approchant du Gange, nous apercevons des moines enturbannés sur plusieurs embarcations. De leurs voix profondes et vibrantes, ils chantent de puissants mantras. Puis, plus loin, un autre groupe promène à travers les rues une statue représentant la déesse Dourga. Ces rencontres doivent remuer quelque chose en moi, car voilà que je me mets aussitôt à vibrer. Comme lors du premier stage avec Swami Ji. J'ai beau essayer, je ne peux pas résister, mon corps m'échappe et se met à tourner comme une tornade d'énergie. De lourds souvenirs du village de la Paix reviennent à la surface de ma conscience.

Lorsque les moines m'aperçoivent, ils s'écartent spontanément. Je crains le pire, mais c'est le meilleur : ils me font une place et m'invitent à rejoindre leur cercle. Je me sens l'une des leurs, comme si je venais de retrouver un univers, des amis, une famille. Le village de la Paix disparaît de mes pensées. Plus tard, lorsque je passe dans les rues, les jeunes de la ville me reconnaissant m'affublent du surnom «la danseuse».

Les jours suivants, grâce aux relations de Swami Ji, nous sommes invités à une cérémonie par un groupe de femmes. Elle a lieu sur la terrasse d'une maison à plusieurs étages. Des femmes en sari rouge feu, parées de magnifiques bijoux, un voile sur la tête, sont regroupées au centre de la terrasse. Autour, des dessins de déesses à la craie sur les pierres et des offrandes. De leur chant doux et profond, elles accompagnent le coucher du soleil, et le lever de la lune. Une fois l'astre de la nuit bien visible, elles se livrent à une étrange scène : observer la lune à travers une passoire ! Je suis épatée par la grâce de leurs extraordinaires mouvements.

— *C'est cérémonie lune,* nous explique Swami Ji. *Rituel destiné à apporter paix, amour et prospérité dans maison.*

Ce matin de pleine lune, après le magnifique partage entre femmes de la veille, je n'ai aucune envie de quitter l'ashram. Alors, je me repose pendant que les autres vont faire des courses. Je somnole encore lorsque quelqu'un toque à la porte. J'ouvre prudemment. Je reconnais un des moines de l'ashram. Il s'approche de moi en faisant mine de vouloir me donner quelque chose. Je lui souris. Il me tend une *prasāda* – une offrande. J'accueille son cadeau avec beaucoup d'émotion. Je suis profondément touchée par cette marque de gentillesse. Au moment où je le salue en le remerciant, je distingue une lumière verte brillante autour de cette offrande. L'instant a vraiment quelque chose de surnaturel.

Un peu plus tard, nous sommes invités aux cérémonies des moines, ce qui est un grand honneur pour nous et une autre grande première pour eux. D'avoir le droit d'être là me rend très fière, car jamais je ne l'aurais imaginé. Je sens que, peu à peu, ma conscience s'élargit, et mon chemin de vie trace son sillon dans le vaste champ de ma quête de moi-même.

Ce matin, nous allons visiter une clinique ayurvédique, une sorte de fabrique de médicaments. Nous traversons un dédale de couloirs flanqués de nombreuses pièces, avant de déboucher sur un vaste atelier. Plusieurs grands chaudrons en cuivre y sont alignés. Des décoctions de plantes y réduisent doucement, en libérant de la fumée blanche comme de la neige.

— Pour le feu, nous utilisons de la bouse de vache comme combustible, explique la femme qui nous guide. Ainsi, nous pouvons garantir une température constante.

Un peu plus loin, un autre atelier, plus petit celui-là. La pièce est meublée d'armoires dont les tiroirs débordent de plantes, gélules, flacons et autres étiquettes. Plusieurs femmes sont occupées à confectionner de petites pilules, assises à même le sol, en position de lotus. Ce qui me frappe, c'est que, tout en travaillant, elles récitent des mantras.

— *Ça vraiment médecine ayurvédique, avec présence et prière !* commente Swami Ji en acquiesçant.

C'est très beau de voir et de sentir cette atmosphère si particulière dans laquelle naissent des remèdes chargés de tendresse humaine.

La visite se poursuit, et nous découvrons un espace dédié au maître, un défunt qu'on honore toujours. « Peut-être qu'à travers ces mantras elles invoquaient la sagesse de ce maître ? » me dis-je. Le contraste avec la vie moderne de ce pays où on s'habille à l'européenne et où on consomme des fast-foods m'apparaît alors dans son immensité. Je me sens heureuse d'avoir découvert ce lieu, car, si nous sommes venus de si loin, c'est bien pour nous mettre en lien avec cette sagesse ancestrale, cette tradition rescapée de la vie moderne qui, même ici, va bien trop vite.

Un autre moment fort est la visite du fils de Swami Ji. Cet homme d'affaires d'une quarantaine d'années occupe un poste très important à Bombay. Il arrive dans l'après-midi alors que nous nous trouvons avec Swami Ji dans le salon de l'ashram. Sa seule présence est déjà un enseignement ! Parfois, son instruction est transmise dans le silence, surtout quand on est avec lui et qu'on n'attend rien.

Lorsque son fils nous rejoint, Swami Ji discute avec lui en hindi, mais il prend la peine de traduire pour nous. À un moment, le maître s'adresse à son fils en nous désignant de sa main ouverte :

— *Te présente ma descendance.*

Nous sommes scotchés. Pourquoi a-t-il dit ça ? Et, pour ce fils, que doit-il penser en entendant une telle affirmation ? Qu'est-ce que ça veut dire ? N'est-il pas un bon fils parce qu'il n'est pas dans l'ayurveda ? Ou bien n'a-t-il aucune once de spiritualité ? Ou pas autant que son père aurait voulu ? Nos questions resteront sans réponse après ce bouleversant moment. Et je ne sais pas ce qui s'est passé entre eux après ça.

Aujourd'hui, Swami Ji se fait un malin plaisir de nous emmener au palais royal. En tant que brahmane, il occupe le rang le plus élevé dans les castes de la communauté hindouiste et connaît personnellement le maharaja. De ce fait, nous pourrons avoir accès aux écuries royales et même monter sur un éléphant ! Je me sens comme une gamine ! Arrivés au palais, c'est la douche froide : pas de roi, pas d'écurie, pas d'éléphant… Quelle déception ! C'est aussi ça, l'Inde ! Finalement, nous allons au zoo.

— *Là-bas, il y a éléphants*, affirme Swami Ji, dans ses petits souliers.

Mais ses babouches vont encore rétrécir, car, lorsque nous parvenons au zoo, les portes sont fermées ! Je dois me faire une raison : je ne monterai pas sur un éléphant.

Le lendemain, Swami Ji nous emmène visiter un temple népalais. Construit en briques et en bois, dans le pur style népalais, cet édifice est décoré de nombreuses fresques en bois. Même les poutres sont sculptées. Nous sentons Swami Ji dans son élément. Et je me souviens qu'il est d'origine népalaise. Avant d'être swami, c'était un important homme d'affaires. Jusqu'à ce qu'il tombe malade. Un cancer. « Si tu ne te laisses pas opérer, tu vas mourir », lui annonça son médecin. En désespoir de cause, Swami Ji alla voir un gourou. Ce dernier ne put pas lui promettre qu'il n'allait pas mourir. « Règle tes affaires, afin que personne autour de toi ne se retrouve dans le besoin, et renonce à tout ! » lui recommanda le gourou. « Tout », cela représentait, entre autres, sa fortune, mais également sa sexualité et son autorité sociale. Swami Ji l'écouta et décida d'appliquer ses recommandations. Renoncer à tout, sans aucune garantie d'en ressortir vivant, il fallait le faire ! D'autant plus que sa fortune représentait des millions de roupies, car il émane d'une famille plus riche que le roi du Népal, qui venait lui demander de l'aide ! Et que dire de sa position sociale…

Swami Ji jeûna pendant quarante jours, il but son urine, il pria, pria et pria encore. Et il survécut. Quelques années plus tard, il put enfin se lâcher : « Je suis encore là, moi, mais mon médecin est mort ! » Ce miracle généra en lui un inébranlable capital d'optimisme et une joie de vivre à toute épreuve. Quand il arriva en France, il dit : « Je n'ai pas la Sécurité sociale, mais j'ai la sécurité morale ! » Je suis remplie d'admiration pour cet homme qui a autant d'humour que de connaissance.

Nous passons dix jours à l'ashram, non loin des vaches sacrées. La principale occupation des moines semble être l'étude des textes de tantra. Nous participons aux offrandes pour les différents rituels.

Un soir, nous sommes invités par France, dont le mari vient d'être muté à New Dehli. Cette épouse de diplomate avait participé à mes cours de massage pour bébés à Pfastatt. Lorsque nous lui expliquons le but de notre visite, France organise aussitôt une exposition de peinture à l'orphelinat de Ghaziabad. C'est l'une des villes les plus industrialisées de l'Uttar Pradesh, produisant, entre autres, des trains, des moteurs diesel, des bicyclettes, des tubes cathodiques, des tapisseries, de la verrerie, des poteries, de l'huile végétale, des peintures, des vernis, des pièces automobiles, de l'alcool... Chaque jour, pas moins d'une centaine de trains transitent par la gare de Ghaziabad. Nous avons donc de bonnes raisons d'espérer que les tableaux de Doris trouveront preneurs et rapporteront ainsi quelques fonds à l'association. Mais le baba de l'orphelinat est consterné par les toiles. L'abstrait, ça ne doit pas être son truc... Et le moins qu'on puisse dire, c'est que le succès n'est pas au bout, puisque nous ne vendons pas la moindre œuvre. Swami Ji décide alors de sortir le grand jeu : il ameute la télé, la presse, la radio. Il contacte même une Américaine de sa connaissance qui tient une galerie. Rien à faire : nous ne vendrons rien et laisserons les vingt et un tableaux sur place, en espérant qu'il s'en vende un jour...

Le jour suivant, nous nous rendons à « l'ashram du Français », à Ghaziabad. Une fois de plus, les aléas de la conduite à l'indienne me font frémir tout au long du chemin qui y mène... Je distille intérieurement une prière de tous les instants pour nous protéger des mille et un dangers de la route. Je me demande à quelle divinité m'adresser, ce qui n'échappe pas à Swami Ji.

— *Inde est supermarché des divinités ! Tu prends celle que tu veux, personne fâché, parce que tu as pris une autre...*

Je ne suis pas rassurée pour autant... Miraculeusement, nous parvenons indemnes à l'ashram ; les dieux ont bien fait leur boulot. Un vieil homme nous accueille, mais ce n'est pas le baba. Un autre vient à notre rencontre.

— *C'est baba*, murmure Swami Ji, comme un père qui rappellerait à ses enfants de dire bonjour.

Nous le saluons respectueusement. Puis Swami Ji lui relate la raison de notre présence. L'homme nous souhaite la bienvenue, puis il nous explique pourquoi cet endroit s'appelle « l'ashram du Français ».

— En d'autres temps, un Français qui vivait ici s'est retrouvé, par le plus grand des hasards, à la tête de cette communauté quand le Swami qui la dirigeait est décédé. Et puis le Français est mort à son tour. Depuis, on appelle cet endroit « l'ashram du Français ».

Quand on nous propose à boire, un frisson parcourt mon échine. Exactement ce que je craignais… J'ai peur d'être malade et de ne plus pouvoir travailler en rentrant… Et je ne suis pas la seule. En effet, une des participantes est infirmière et a emporté ce qu'il faut en médicaments et produits pour purifier l'eau. J'ai également apporté de l'extrait de pépins de pamplemousse, un puissant désinfectant, pour mettre dans l'eau en cachette. Sans le dire à Swami Ji, bien entendu. Car il nous a donné comme consigne de faire confiance, d'appeler l'énergie, de ne pas nourrir la peur ni le doute. Mais, présentement, tous ces artifices s'avèrent inutiles, car nous nous trouvons face à nos hôtes, bien en vue. Pas question, donc, de sortir mon flacon… Nous sommes pris dans un cruel dilemme : boire, c'est risquer l'infection ; et ne pas boire serait une offense… Le groupe se regarde et rit jaune. Finalement, nous buvons tous, en priant intérieurement. Il ne le montre pas, mais Swami Ji jubile. Heureusement, les gobelets sont en aluminium, et nous ne pouvons pas distinguer la couleur de l'eau à travers. Il vaut sans doute mieux…

Je pars à la découverte des lieux. À un certain moment, je mets mon mental au placard et me laisse errer. Soudain, une magnifique perception inonde mon cœur, tout près d'un grand hibiscus. Je confie cette perception à Swami Ji.

— *Fleur hibiscus, c'est esprit,* dit-il.

— Ah !

— *Mais aussi ici que Français enterré, avec son chien. Chien a hérité ashram quand Français mort.*

Je comprends mieux mon ressenti en cet endroit.

— *Vous très intelligente!* me félicite Swami Ji, en acquiesçant de plusieurs mouvements de tête.

— Ah bon ? Moi je trouve que je ne retiens rien !

— *Vous pouvez pas être totalité manifestations!*

Nous effectuons de nombreuses visites avec Swami Ji. Il se révèle un guide extraordinaire qui nous permet de découvrir des lieux loin des sentiers battus, souvent inaccessibles aux touristes ordinaires.

Après deux semaines passées à Bénarès, nous prenons la direction du temple tantrique de Khajurâho, un lieu que Swami Ji tient absolument à nous montrer. Nous prenons place dans deux voitures assez confortables. La route, bordée de nombreux temples, l'est nettement moins ; elle est parsemée de trous, et nous sommes secoués comme des pruniers. Dire qu'il y a quatre cents kilomètres à faire, ce qui devrait nous prendre près de sept heures ! C'est surtout problématique pour une des femmes du groupe, car elle souffre de problèmes rénaux. À un moment, elle a une alerte. Comme la pauvre femme est prise de tremblements, nous nous arrêtons. Swami Ji lui prodigue des soins énergétiques, mais elle n'est pas rassurée pour autant. Nous avons également prévu de nous rendre à Bodh-Gayâ, à l'endroit où Bouddha a connu l'illumination. Un lieu distant de six cent trente kilomètres, soit près de dix heures de route. Comme notre compagne de voyage est très inquiète pour sa santé, nous décidons de renoncer à cet exténuant déplacement.

À un moment donné, nous nous arrêtons dans un village qui, de prime abord, ne semble peuplé que de femmes. Les maisons sont construites en bouse de vache, un matériau qui isole du froid, de la chaleur et qui protège des moustiques. J'aperçois un vieil homme qui tient une corde entre ses orteils, des enfants qui jouent, et de nombreuses femmes affairées à des tâches domestiques. Les habitants de ce village ont l'air de vivre dans une grande pauvreté. Aussitôt, je ressens le besoin de donner quelque chose aux femmes. J'effectue une collecte spontanée dans le groupe. Une fois la quête terminée, je me dirige sans réfléchir vers une femme âgée qui a capté mon attention. La tête qu'elle fait devant tout cet argent que je lui remets ! Et celle des autres habitants quand ils prennent connaissance de ce don tombé du ciel ! Avec en plus la présence d'un Swami ! Ça leur paraît incroyable de voir ces touristes entourant un Swami visiblement à leur service ! Une profonde interrogation consterne leurs regards éberlués. Normalement c'est le contraire, ce sont les gens du peuple qui sont au service du Swami. D'autant plus que Swami Ji s'adresse à eux dans leur dialecte.

Alors que nous partons, un vieil homme boiteux s'approche en nous injuriant et en faisant mine de vouloir nous frapper avec sa canne ! Nous sommes sidérés. Swami Ji nous éclaire en faisant la moue :

— *Faux Swami déguisé ! Lui voulait recevoir argent !*

Décidément, les voies des Indes sont impénétrables…

Finalement, nous parvenons à Khajurâho. Swami Ji nous explique qu'en son temps ce lieu mythique comptait quatre-vingt-cinq temples, tous consacrés aux cultes hindouiste et jaïn. Ils ont été abandonnés, puis envahis par la jungle, avant d'être redécouverts en 1840. Seuls vingt-deux subsistent aujourd'hui. Parmi eux, nous découvrons le temple de Lakshmana, fameux pour ses scènes érotiques explicites situées sur le côté sud du bâtiment. Il s'agit d'un des temples les plus anciens et des plus finement décorés du site de Khajurâho. Je suis captivée par la multitude de représentations des six cents dieux du panthéon indien qui recouvrent ses murs. Un peu plus loin, le somptueux temple de Kandariya Mahadeva, construit au XIe siècle. Il se dresse majestueusement au milieu de vastes jardins très verts et bien soignés.

— *Nom vient de* kandarîya, *grotte, et* mahadeo, *une des formes* mahadeva, *le grand dieu, un des noms Shiva,* commente Swami Ji. *Temple dédié à lui.*

Je suis impressionnée par les neuf cents statues de grès jaune sculptées qui ornent cet édifice de trente mètres de haut. D'autant plus qu'elles illustrent toutes les postures du *Kama-sutra*. Ce foisonnement de sculptures contraste vivement avec l'intérieur du temple, très dépouillé, comme c'est d'usage. On y trouve Shiva, dans une espèce de pénombre, de silence. En ce lieu chargé de vibrations, j'ai vraiment le sentiment d'entrer en contact avec les divinités. Swami Ji nous éclaire sur la symbolique :

— *Quand tu laisses sexe à l'extérieur, à l'intérieur tout est calme, divinité est là.*

L'entrée du temple est gardée par deux magnifiques statues d'éléphant. Quelques irresponsables prennent des photos en grimpant sur leur dos. Je les fustige du regard, avant de retourner en moi-même, de me recentrer sur ma rencontre avec ces éléphants, gardiens de la porte. Je pose mon front sur le leur, en les remerciant de me permettre de franchir la porte du temple.

Plus loin, mon attention est captée par les regards de nombreux mendiants ; en majorité, des hommes. Dans leurs yeux, je lis l'apaisement, la tranquillité, presque la sérénité. On sent qu'ils sont venus là pour mourir, effectuer leur passage en silence, en paix. Cette vision provoque en moi une profonde émotion. Et je me dis que j'aurais pu faire ce voyage uniquement pour cet instant de grâce. Mais cette visite me permet surtout de faire évoluer ma compréhension du massage ayurvédique de manière spectaculaire.

Au retour, Swami Ji me confie :

— *Vous avez don pour ouvrir chaînes karma !*

D'après lui, il y aurait une relation de cause à effet entre nos « dettes karmiques » et nos « crédits karmiques » – en d'autres termes, ce qui serait au passif ou à l'actif dans cette balance comptable de nos vies antérieures. Car, selon Swami Ji, le karma refléterait l'état d'un compte en banque lors de notre incarnation. J'expérimenterai tout cela à mon retour.

LE CANYON

Pas de piqûres !

Béatrice

Avec notre soutien, Marie Jésus remonte tant bien que mal le sentier. Elle semble en pilote automatique. Au bout de nos efforts, nous parvenons en haut. Le groupe nous attend. Tout le monde est sidéré. Nous installons Marie Jésus aussi confortablement que possible sur l'étroit chemin.

— J'ai froid, grelotte-t-elle.

Aussitôt, le groupe l'encercle et se presse contre elle pour la réchauffer. Marie-Jeanne, médecin, lui pose des questions.

— J'ai mal à la hanche, à la tête, aux doigts, au petit doigt de pied, déclare la chamane, avec une grimace qui ressemble à un sourire. Ou l'inverse.

Marie-Jeanne surveille son état général. Pendant ce temps, Marie-Monique effectue un travail avec les énergies. Soudain, Marie Jésus semble avoir des révélations, des flashs. Son enfance fait son retour.

— Je ne veux pas de piqûres ! se met-elle à hurler en gesticulant. Pas de piqûres !

Dans le cercle, les femmes hésitent entre stupéfaction et compassion.

— Il faut simplement faire quelque chose pour la rassurer, propose Marie-Monique.

Chacune participe, pendant que Delphine soutient Marie Jésus. Nos regards, nos paroles, nos caresses convergent vers notre chamane. Le calme revient peu à peu dans son esprit tourmenté. Au bout d'un moment, la joie est de retour chez les femmes. Une joie inespérée, à laquelle elles ne sont pas encore sûres de pouvoir croire, une joie portée par un incommensurable sentiment de soulagement. À l'écart du groupe, Corinne semble perdue. Elle dit que les émotions se croisent en elle dans une espèce de trafic inextricable. Marthe va vers elle et la prend par la main. Elle a bien senti sa dérive et pense que le fait de voir Marie Jésus la remettrait un peu d'aplomb. Mais Corinne n'ose pas l'approcher, elle lui fait l'effet d'une miraculée, d'une femme pas humaine. Ses émotions lui donnent le vertige. Marie-Renée lui pratique un soin énergétique qui la recentre.

Il faut que tu ailles à Bali !

Je garde un merveilleux souvenir de nos voyages en Polynésie et de nos projets avec mon compagnon, Éric. Présentement, il organise un périple initiatique avec Margot Anand à Bali, *l'île des dieux*, qui inclut une attrayante partie touristique. Il m'envoie la proposition de voyage. C'est tentant, mais les tarifs sont rédhibitoires. « Ce ne serait vraiment pas raisonnable… » me dis-je, en décidant d'abandonner cette idée. J'en informe Éric, mais il me relance au téléphone pour m'encourager à venir quand même. Je réitère mon refus.

— Financièrement, ce n'est hélas pas possible pour moi, même si ce que tu proposes a l'air extraordinaire. Pourtant, j'aurais plaisir à te revoir, d'évoquer avec toi le bon temps que nous avons passé ensemble et de partager ces moments avec nos conjoints.

Margot en remet une couche en affirmant que c'est une occasion unique et qu'il ne faut surtout pas la louper. La nuit suivante, je fais un rêve au cours duquel un chaman me fait une révélation. Le genre de songe qui reste très présent au réveil et pour lequel je n'ai pas besoin de gratter ma mémoire pour en retrouver la trame. Du temps s'écoule, et, peu à peu, vaincue par la réalité de la situation financière, je me résigne à renoncer définitivement à ce voyage de rêve qui devient donc un rêve de voyage. Quelque temps plus tard, je masse une femme qui vient faire du yoga dans mon groupe. Elle est venue après avoir entendu parler de mon travail. Pendant le massage, je perçois des choses assez surprenantes. J'en discute avec elle à la fin de la séance. Je lui parle également de mon songe et de ce qui me relie à Bali avec ce projet avorté.

— Eh bien oui, ce que tu as senti, c'est mon périple dans ce lieu magique, à Tirta Gangga, à Bali, m'annonce-t-elle. J'y suis allée plusieurs fois.

Je suis perplexe.

— Marie Jésus, c'est important ! Il faut que tu y ailles ! me supplie-t-elle.

Je la dévisage gravement. Soudain, son visage s'éclaire.

— Je t'avance l'argent !

Je suis sidérée. Cette personne que je connais à peine me propose de me prêter de l'argent ! Reconnaître mon travail, voire m'idéaliser, c'est une chose, mais me prêter de l'argent, cela relève d'un autre registre ! Je suis bouleversée. Cette jeune femme me fait confiance alors que moi-même je ne le fais pas ! Elle me consulte pour la première fois, ne me connaît qu'à travers le massage que je viens de lui prodiguer, et serait prête à m'avancer les fonds que je n'ose pas m'avancer moi-même ! Cet événement me touche profondément et va déclencher une crise de larmes qui va durer plusieurs jours. Je comprends enfin que je DOIS faire ce voyage qui semble si important pour l'accomplissement de ma destinée. J'encourage Séraphin à m'y accompagner, coûte que coûte ! Finalement, je trouve le moyen de réunir la somme d'argent nécessaire, et nous sommes prêts à partir avec le groupe de Margot. La préparation des bagages prend un aspect cérémoniel pour Séraphin et moi lorsque nous préparons nos tambours, que nous nous réjouissons tellement d'emporter. Avec les nombreux rituels chamaniques que nous avons partagés, nos instruments sont devenus l'expression d'une partie de nous-mêmes. Précieux comme un trésor de notre âme, ils sont le prolongement de ce qui vit dans nos cœurs, le meilleur comme le pire (la «rend-cœur»). Soudain, une voix résonne en moi, comme une sentinelle lançant un avertissement.

Une drôle de voix, caverneuse, venue du fond de mon être ou peut-être même de plus loin. Elle me dit que je ne dois pas emporter mon tambour ! Je suis un peu sonnée, mais j'obtempère. Malgré ma déception, je sens en moi un grand calme qui accepte et accueille cette injonction avec une certaine gratitude.

Après un vol sans histoire, nous arrivons à Bali. Au moment même où je pose le pied sur le sol de cette terre si riche de mystère, de beauté et de magie, je sens que le « travail » a déjà commencé. Et j'en ai rapidement la confirmation. Car, au moment de récupérer nos bagages, la valise de Séraphin manque à l'appel. Avec, à l'intérieur, son précieux tambour. Dans sa détresse, il ne se doute pas que lorsqu'il quittera cette ville, il sera un autre homme.

Un bus climatisé nous emmène vers le lieu du séminaire. À notre arrivée, nous sommes accueillis avec une gentillesse toute balinaise. Mais, pour moi, cette arrivée prend une dimension supplémentaire. Quand je dis que le travail a commencé… Cela se confirme par une belle surprise en découvrant la dénomination du lieu sur une pancarte de bois : « Sacred Mountain Sanctuary ». Encore la montagne sacrée ! Jamais deux sans trois…

Nous entamons notre circuit par une balade au milieu d'innombrables pierres peintes, un moment purement chamanique. Je prends de nombreuses photos, tout en restant vigilante, car j'imagine tous les rituels dont ces pierres doivent être imprégnées. D'ailleurs, je sens la présence des esprits qui rôdent autour du lieu. Cependant, je ne ressens pas la moindre peur. Il n'y a pas à dire, j'ai fait du chemin ! Je me sens désormais capable de prendre par la main la petite fille terrorisée en moi…

Le soir, nous partons en petit groupe pour dîner au Good karma – un pittoresque restaurant traditionnel du bourg d'Amed. Un établissement que l'on nous a chaudement recommandé et qui serait dirigé par une sorte de sorcier, un homme qui fait beaucoup pour la communauté, notamment pour les enfants. Nous longeons la plage de sable noir, puis traversons la ville d'Amed à la recherche de ce restaurant, alors que la nuit tombe. Assis devant leur porche, les autochtones nous regardent passer en émettant des commentaires incompréhensibles pour nous. Nous avançons dans une semi-obscurité en errant dans la campagne balinaise peu prolifique en panneaux indicateurs. Comme nous ne savons pas exactement quelle direction prendre, mes compagnons de voyage proposent de faire demi-tour. Je leur dis : « Non, non », avec une force qui vient de mes tripes. Histoire de les faire patienter, je me mets à fredonner des mantras et invite tout le monde à chanter avec moi, tout en continuant d'avancer. Rapidement, nous nous sentons portés par ces chants dévotionnels sous forme d'invocations, de prières. Je ne sais pas si c'est grâce à cela, mais toujours est-il que nous finissons par trouver le fameux restaurant. C'est presque miraculeux ! Lorsque nous entrons dans le local, nous découvrons un endroit charmant, décoré dans le plus pur style balinais. Un lieu baignant dans une atmosphère vaguement familière. Dans cette ambiance si particulière, nous prenons place sur des coussins autour d'une immense table basse, et passons commande. Au moment où l'on nous sert le repas, un baba apparaît, l'air aussi imposant qu'hermétique. Une personne du groupe va à la rencontre de l'homme. Ce dernier lui demande la raison de notre venue. Après une courte discussion, la personne revient à table. Dans un coin, deux musiciens accordent leurs guitares. Soudain, je sens mon énergie se mettre à bouillonner au fond de moi. L'ambiance est entrée en résonance avec de remuants souvenirs, à fleur de peau. Je sens que je vais décoller ! Comme l'an dernier en Inde. Comme au village de la Paix. Comme tant de fois déjà ! Je tente de me maîtriser en m'invectivant. « Je tiens mon énergie, je tiens mon énergie ! » À un moment, les deux guitaristes se mettent à chanter, et aussitôt je pense à Manitas et aux gitans. Et là, c'en est trop pour moi. Mes yeux se révulsent, et je pars en arrière, emportée par une transe d'enfer ! Je m'appuie sur Séraphin pour tenter de rester ancrée. La tête sur son épaule, je me mets à vibrer, trembler, trépider, sauter, soubresauter, sursauter, tressauter, enclenchant des mouvements aussi incontrôlés que déroutants. Séraphin me connaît, alors il ne prend pas peur. Ce n'est pas le cas des autres membres du groupe, qui commencent à flipper. Certains pensent que je suis prise d'un malaise. Tout comme les autres clients arrivés entre-temps. Bien malgré moi, je suis en train de semer une belle panique dans le restaurant ! Je ne suis pas consciente de la suite, mais Isabelle, une des participantes avec qui j'ai sympathisé, me l'a racontée plus tard. Au plus fort de ma crise, le baba s'approche de la table, un objet à la main. Un objet en forme d'os qu'il élève vers son épaule, avant de l'abattre d'un geste très sec. Instantanément, je suis expulsée de ma transe et de retour parmi les miens. Tout le monde est choqué, pose plein de questions. Je tente de leur expliquer l'inexplicable :

— Quand c'est comme ça, je ne contrôle rien, je ne maîtrise rien, je ne peux pas savoir ce que je fais. Mais je n'ai pas peur, je laisse faire.

On acquiesce, on me regarde bizarrement. Et j'admets, une fois de plus, que je suis « différente ».

Au moment où nous nous apprêtons à partir, le baba se dresse devant la porte de sortie. Ce qui me surprend, c'est qu'il ne m'adresse pas la parole directement ; il parle pour moi à travers Séraphin. Je ne retiens pas ce qu'il dit, mais je m'imprègne de sa présence. Je ne peux m'empêcher de penser à Swami Ji, Loup Argenté, Aigle Bleu et tous ceux qui ont croisé ma route pour m'enseigner et me confronter à l'expression de mon Énergie de Vie, que certains qualifieront d'explosive, voire un rien volcanique. Nous sortons par une porte située à l'opposé de l'entrée. Elle est ornée de pierres peintes, de crânes, d'objets rituels. Si je l'avais vue en arrivant, j'aurais compris que l'homme qui vit ici est un chaman et j'aurais été plus méfiante, plus attentive. J'aurais peut-être même pu éviter cet incident…

Plusieurs jours s'écoulent. Notre visite de l'île se poursuit de temple en lieu magique, comme Goa Lawah, le temple aux chauves-souris, haut lieu de l'hindouisme balinais, vieux de plus de mille ans. Il est mitoyen d'une grotte dans laquelle pullulent des chauves-souris, s'amoncelant sur ses parois par milliers. Après la connexion avec l'élément eau, nous prenons du temps pour nous poser et déposer l'expression de nos voyages intérieurs. La chauve-souris viendra m'annoncer, bien des années plus tard, mon départ, mon nouveau chemin, en entrant dans ma chambre une nuit, en se posant sur l'espace sacré dédié à la prière, les soins…

Nous découvrons les eaux sacrées de Tirta Empul, un des lieux de prière favoris des Balinais. Un magnifique endroit, en pleine nature, abritant une source qui naît dans l'eau. Nous devons louer des sarongs pour pénétrer les eaux sacrées. Je suis fascinée par les remous dans le sable et les vaguelettes provoquées par l'eau jaillissant du fond du bassin comme une source intérieure chargée de symbolique. Puis nous parvenons à Tirta Gangga, littéralement « eau du Gange ». Une bourgade charmante et onirique, entourée de somptueuses rizières et qui abrite le Water Palace, une sorte de parc aux nombreuses fontaines et bassins de nénuphars, enjolivé de statues typiquement balinaises. Les eaux d'ici et « l'eau-delà » alimentent une spiritualité omniprésente, qui s'exprime dans les gestes et dans les petites choses du quotidien : les offrandes aux esprits des lieux, les regards échangés avec les gardiens des temples, des présences calmes et tranquilles, des yeux rieurs.

Ce matin, nous partons tôt pour aller à la découverte d'un des volcans de l'île : Batur. Pas moins d'une heure et demie de marche aux aurores pour admirer le lever du soleil sur cette île de beauté, aimée des dieux. La montée est raide ; avec mon unique poumon, j'ai du mal à trouver mon souffle. Pour m'encourager et me redonner de l'énergie, je tape des pieds, j'émets des sons, pendant que Séraphin me pousse et qu'un autre homme me tire. Si mes compagnons de voyage commencent à « s'habituer » à ce genre d'étranges manifestations, il n'en est pas de même pour le guide. Je lis sa peur et son interrogation sur son visage tendu.

— Qu'est-ce qui se passe ? me demande-t-il, les mains jointes comme pour prier.

— Rien, rien..., lui dis-je, histoire de le rassurer...

Nous poursuivons notre ascension, mais je sens qu'en même temps que nous nous élevons remontent en moi de vieux souvenirs sous forme de visions. Soudain, je me vois emmenée en sacrifice au volcan. C'est comme si j'y étais ! On va me jeter dans le volcan ! Suis-je venue ici pour revivre ça ? Mon interrogation et ma réflexion intérieure rendent cette vision moins submergeante, alors que les émotions commençaient à monter en moi. Et je me demande si ce qui m'est arrivé chez le baba ne m'a pas préparée à cette vision et à l'émotion qu'elle entraîne en moi. Je me souviens qu'il y a quelques années, chez les Cherokees du village de la Paix, au retour de ma quête de vision, dans la sweat lodge, cette peur archaïque et irrationnelle au contact des pierres chaudes, mémoire ancestrale de nos origines d'être sacrifiée au nom d'un culte à la Terre-Mère, jetée dans le feu d'un volcan, avait resurgi en moi. Et que, quelques jours plus tard, Silver Fox m'avait fait un soin avant de me tordre la tête, puis avait déclaré : « Je ne peux pas aller plus loin avec elle, car elle a un passé de victime, tout comme José, l'Espagnol brûlé en tentant de sauver son amie. » Tout à coup, tout semble s'imbriquer, s'éclairer en moi : le feu et le volcan, le lien avec les chamans, avec la mort. Je suis ici pour me souvenir et pour apprendre. J'entends Silver Fox me dire : « Que la force soit avec toi ! Que les ancêtres soient avec toi ! Bientôt, tu vas pouvoir te laisser porter par l'eau, tu vas ressentir tes propres émotions, car tu perçois celles des autres avant les tiennes et comme les tiennes. » Puis c'est Ours Courageux qui s'adresse à moi, depuis les grandes plaines éternelles : « Tu es courageuse à ta façon, me susurre-t-il. Tu vas trouver ta place de femme, et l'homme pourra venir près de toi, car tu sais garder ta place, te montrer avec sincérité et humilité, fragile, vulnérable, sage et gardienne du feu, de ton propre feu. » Alors, oui, je me sens soudain à l'aube d'un nouveau temps de ma vie de femme, initiatrice de je ne sais quelles cérémonies ou rites. Et si, parfois, je capitulerai ou me dégonflerai, ce sera sous le coup du souvenir des mains de ma mère sur ma gorge ou du râle de mon grand-père agonisant. Oui, c'est de là que je viens, mais ce n'est pas vers ça que les esprits me guident.

De nombreux incidents émaillent notre séjour sur l'île. Plusieurs fois, des personnes du groupe frisent l'accident. Comme au cours d'une randonnée, où Isabelle manque de peu de chuter dans un précipice, à la suite d'une glissade. Ou dans une piscine naturelle, un lieu protégé par un grand rocher et dans lequel j'hésite à pénétrer, sentant la présence d'un danger invisible. Et ça ne loupe pas, Odile, une des femmes du groupe qui porte le prénom de ma mère, perd pied et se sent soudain aspirée par un siphon. Une femme crie de terreur. Mais l'instant de panique ne dure pas. Après un violent coup de talon sur le fond, Odile parvient à agripper la main d'une autre femme et échappe à la noyade grâce à cette poignée de main soutenante. Finalement, tout le monde s'en sort et notre priorité devient la sécurité. Je suis soudain prise par l'intuition de devoir trouver une Indienne pour nous guider. Et que cette Indienne, c'est moi ! Je cherche et trouve un passage. Le reste du groupe me suit. Margot a alors ces mots :

— Vous venez de traverser la mort.

Je reste longtemps dans cette piscine, comme si ce bain était destiné à alléger mon cœur, à le nettoyer. Au soir d'une journée chargée d'énergie, je vois Isabelle s'approcher de la table d'un pas indécis. Elle est la dernière à prendre place pour le dîner, et la seule chaise disponible se trouve en face de moi. Pour une fois, il reste une place libre près de moi... Isabelle semble prise par l'émotion et une certaine hésitation. Je sens, à son attitude, qu'elle a envie – et sans doute même besoin – de me parler. Et je crois deviner de quoi, car je sens la présence d'une âme défunte près d'elle. Je lui souris et l'invite à prendre place avec nous. Elle se lâche presque aussitôt.

— Bien voilà. Au cours d'une semaine de stage, j'ai effectué un voyage chamanique. Je veux dire le genre de voyage où ta conscience évolue dans des sphères inconnues auxquelles tu n'as pas accès en temps normal.

J'acquiesce en souriant, genre « je connais ça... ».

— J'y ai vu l'enfant que j'ai perdu en tout début de grossesse. Même si c'était impossible de le reconnaître, car il n'a pas vécu, je sais que c'était lui ! Quelque chose en moi en était sûr et l'est encore. Il me parlait depuis le monde des morts. À ses côtés, j'ai vu d'autres êtres chers décédés. Ils avaient tous l'air serein, tranquille. Cela se passait dans une sorte de village indien. Avant d'en repartir, je me suis vue très clairement donner une plume à mon fils perdu en lui disant : « Ce sera notre lien ! »

Des larmes forment une sorte de halo lumineux à la surface des yeux d'Isabelle. Et je ne doute pas un instant de la véracité de son histoire. D'autant plus qu'elle remue quelque chose en moi, et que c'est à mon tour d'être prise par l'émotion. Car une image apparaît dans mon esprit : celle d'une boucle d'oreille à laquelle pend une plume. J'ai perdu une des deux boucles et j'ai conservé l'unique rescapée par intuition. Je n'en voyais pas la raison ni l'intérêt, mais je savais que je devais la garder sur moi. Maintenant, je comprends. Je la tends à Isabelle, qui met aussitôt sa main devant sa bouche. Encore plus lorsque Séraphin s'exclame :

— Ah c'est pour ça ! en tirant une plume de son sac. Je ne savais pas pour qui elle était...

L'immense émotion d'Isabelle nous gagne également tous deux.

Huit ans plus tard, dans le cadre de la rédaction de ce livre, je téléphonerai à Isabelle à propos de ce voyage à Bali.

— Ouah, tu m'appelles à propos de ce souvenir juste au moment même où je suis en train de lire *Les Sept Plumes de l'aigle*[1] !

Je lui raconte tout ce que j'ai vécu depuis lors, c'est-à-dire l'équivalent d'une dizaine de vies...

— Ouah, Marie Jésus, quel chemin tu as parcouru depuis tout ce temps !

— Et toi ?

— Eh bien, je suis retournée à Bali, il y a deux ans. Figure-toi que j'ai rencontré le sorcier de ton aventure et que nous avons parlé de toi !

— Non ! Où l'as-tu revu ?

— J'étais avec un ami, et nous avons passé la nuit dans le fameux hôtel-restaurant Good karma.

Des souvenirs de transe indonésienne remontent aussitôt à ma mémoire.

— Le soir de notre arrivée, nous étions installés à notre terrasse à boire un verre, lorsqu'une silhouette sombre est sortie de l'obscurité,

1. Henri Gougaud, *Les Sept Plumes de l'aigle*, Seuil, 2011.

poursuit Isabelle. Nous avions devant nous un homme habillé de noir et coiffé d'un large chapeau de la même teinte. « Hello ! Ah, vous êtes là ! » s'est-il exclamé, comme s'il pensait que nous l'attendions. Nous étions très étonnés par cette soudaine apparition nocturne, même si elle n'avait rien d'inquiétant. Mais, tout à coup, je l'ai reconnu. « Ah c'est toi, le baba ! » lui ai-je dit. Mon compagnon m'a interrogée du regard. Je l'ai rassuré en lui expliquant : « C'est un baba. Cet homme est connu dans toute l'île ; on l'appelle "le sorcier", "le guérisseur", "le chaman". C'est un sage que les gens viennent consulter de très loin. Je l'ai rencontré lors d'un voyage avec Margot, il y a six ans. » Mais si moi je me souvenais parfaitement de lui, la réciproque ne semblait pas avérée. « On se connaît ? » m'a-t-il demandé en fronçant les sourcils. Je l'ai éclairé : « Mais oui, rappelle-toi, il y a plusieurs années, j'étais avec un groupe, et une certaine Marie Jésus était partie en transe en plein restaurant ! » Ça, il ne l'avait manifestement pas oublié. « Ah mais oui, mais oui ! » Nous avons évoqué ce souvenir et j'ai montré au baba des photos d'orbes[1], ce qui l'a beaucoup intéressé.

— Merci, Isabelle, pour cette belle histoire !

En raccrochant, je me dirai que décidément l'univers est un gigantesque puzzle et que, de temps en temps, la Vie se charge de mettre certaines pièces à leur place…

Nous quittons Bali pour l'île de Java, où notre voyage se terminera par la visite du temple tantrique de Borobudur. Cette stupéfiante construction bouddhiste érigée au VIIIe siècle est à la fois un stupa et, vue du ciel, un mandala. Moi qui croyais avoir tout vu à Bali… Constitué de quatre galeries successives de forme géométrique, le site forme un carré d'environ cent treize mètres de côté. Les galeries sont couvertes

1. En photographie, les orbes sont des taches souvent blanchâtres et de forme circulaire, qui apparaissent parfois sur les photos. Il s'agit d'un phénomène optique de réflexion sur une ou plusieurs surfaces de lentilles, visibles aussi bien sur les photos argentiques, numériques que Polaroïd.

de bas-reliefs, dont la longueur totale est d'environ cinq kilomètres, relatant les divers épisodes de la vie du bouddha Sakyamuni.

Je suis prise par une sensation de plénitude. À Bali, rien ne manque, tout ce qui compte pour moi est là : la présence de l'Inde, la luxuriance de la Polynésie, la sagesse de la terre de l'Australie, les montagnes sacrées du Népal et du Tibet, sans oublier le chamanisme et le tantra, qu'ils soient d'expression hindouiste ou bouddhiste. En moi naît alors un rêve fou : celui de venir y vivre, de m'en nourrir, de grandir. Mais c'est sans compter avec les forces de l'invisible.

Car elles sont bien là, lors du dernier rituel de ce séjour, nous invitant à passer du sourire à l'extase. Ce soir, nous comptons sur la force des éléments. Tout l'après-midi, nous les avons invoqués, chantés, dansés, rêvés. Et la réponse est à la hauteur de nos invocations. L'orage gronde comme un ours en colère, et de puissants éclairs déchirent et embrasent le ciel. La fée électricité est enrayée, et l'apothéose, ou l'extase, annoncée pour cette soirée de clôture devra se faire sans la technologie. Ô miracle, Margot se souvient soudain de la présence du tambour de Séraphin, réapparu avec le bagage disparu une semaine après notre arrivée ! La grande prêtresse nous offre alors un voyage tout en vibrations. Je me mets immédiatement au diapason. Mon cœur, mon tambour intérieur, se met à battre si fort qu'il pourrait couvrir les battements de Margot. Il laisse cependant passer une voix intérieure, d'intonation espiègle, qui me charge d'un message : « N'oublie jamais l'essentiel : ton tambour, l'expression de ton cœur. »

En rentrant de ce magnifique voyage, je lance un appel pour le financement et la fabrication d'un tambour pour Margot. C'est Mireille, une femme rencontrée lors d'un voyage chamanique avec Loup Argenté, qui transmettra ma commande à des artistes natifs d'une réserve des États-Unis. Après de long mois d'attente, je recevrai enfin ce tambour créé spécialement pour notre enseignante. Séraphin et moi lui remettrons au cours d'un séminaire. Padma Aon Prakash, compagnon de route de Margot, nous guide pour lui remettre. Après avoir reporté plusieurs fois le moment de la remise, le signe que nous attendions arrive enfin : une transe aussi nouvelle qu'explosive d'un participant. L'événement oriente Margot sur mon tambour – ce qui n'est pas coutumier – pour le soutenir et l'accompagner. Je considère cette scène comme la suite de cette dernière soirée au tambour à Bali. D'autant plus que la coïncidence me laisse à la fois songeuse et me fait halluciner. Je me souviens qu'à la réception de ma, ou de « leur », commande, la seule indication, mentionnée sur un bout de papier accompagné d'un sachet de sauge blanche d'Arizona, était : « Le tambour se transmet de tambour à tambour. » Cela conforte mon sentiment, partagé par Padma et Séraphin, que c'est le bon moment. Le rituel de la « transe-mission » se déroule dans une atmosphère de profonde émotion mêlée de joie et de beauté. Avec Séraphin, nous faisons raisonner nos tambours et chanter nos cœurs, en gratitude et reconnaissance pour l'Esprit du tambour qui nous a choisis pour transmettre ce message silencieux de l'invisible. Lorsque Margot ouvre le paquet, je découvre avec elle la forme du tambour : il est octogonal, comme le mien, et d'origine cherokee. Plus tard, lorsqu'elle me confie que le chaman de qui elle a reçu l'enseignement était cherokee, j'ai encore plus le sentiment que nous avons été portés au-delà de notre propre volonté… Le tambour a parlé, et mon cœur aussi. Les nuits qui suivront seront riches en rêves, peuplés de rituel et de transe : la porte des ancêtres s'ouvre…

LE CANYON

Je ressens leur gratitude

Marie Jésus

J'ai terriblement froid. Les femmes soufflent sur la couverture pour me réchauffer et me transmettre leur chaleur. Chacune d'elles use de sa magie personnelle, riche de ses différences et de son expérience. Ces femmes sont toutes des guérisseuses dont les dons sont entièrement tournés vers moi, et elles m'envoient de l'amour à la puissance mille. Je ressens leur gratitude, leur reconnaissance, jusqu'au plus profond de mon être. Mais, soudain, je sens que je pars en régression. Je redeviens petite fille.

— Je ne veux pas aller à l'hôpital ! Je ne veux pas de piqûre !

Je me mets alors à gigoter et à blablater. Comme cela m'est arrivé tant de fois. Au fil de ma vie, la faculté de mon corps de rentrer dans une sorte de transe m'a beaucoup aidée, beaucoup appris, mais a aussi surpris, voire choqué, de nombreuses personnes. Elles me prennent alors pour une hystérique, moi qui suis complètement saine d'esprit et qui ne rentre jamais dans des délires. Lorsque mon corps se met à vibrer intensément, que ma bouche émet un jaillissement de sons incompréhensibles, entre onomatopées directement sorties de nos origines et hurlement animal, la réponse se fait entendre : « Les soubresauts de mes tripes sont comme un avertissement à tout ce qui a voulu ma mort. » Un langage que je vis comme « ma langue chamanique ». Et même si je ne comprends pas ce qui se dit, je le laisse vivre en moi et à travers moi. Ce message s'adresse à tous les mondes, visibles, invisibles, d'hier, d'aujourd'hui et de demain, des mondes d'en bas et d'en haut et du milieu. Ce langage aux sonorités caverneuses, d'outre-tombe me dit : « Je suis encore en vie et déterminée à le rester. Avec l'aide de Dieu. »

Les femmes se mettent à rire, ça me fait du bien de sentir leur amour et leur joie extraordinaire ! Je suis en plein travail sur ma propre histoire. Ma mémoire est fragile. Dans un flash, ma mère et toutes les femmes de mon village natal me disent : « Nous sommes contentes que tu ne sois pas morte ! » C'est ce que les femmes autour de moi me restituent – leur peur, mais surtout leur joie de me voir vivante. Je l'associe à celle de ma mère. Puis Marie-Monique entame un travail énergétique sur moi.

La vision de la transmission

En 2005, après une participation intensive de plusieurs années auprès de Margot Anand avec mon frère de cœur Pierre Lasalle, je commence à prendre la mesure du lien qui me relie à elle. Pour moi, c'est devenu une certitude : c'est elle que je suis venue rencontrer. Je suis consciente que j'ai encore beaucoup à explorer, à sentir ; cependant, je commence à me lasser de tous ces obstacles qui entravent mon élan de dévotion. Il faut dire qu'avec Pierre nous nous donnons sans compter du matin au soir, et même bien au-delà. Ce qui me maintient à ses côtés, c'est la joie intense qui règne dans mon cœur. Un regard partagé se mue en un soleil qui illumine ma journée et éloigne les nuages. C'est sûr, on se connaît de toujours ! Avec Pierre, nul besoin de mots, de grands discours, il sera et restera à jamais celui qui m'a tendu la main sur ce chemin, insufflant en moi un inébranlable élan de confiance en qui je suis et comment je fonctionne : « Tu vois et tu sens le monde essentiellement avec ta connexion à ton cerveau droit. Tout en toi est perception, intuition. Tu es non pas une sous-douée comme tu aimes à le dire en riant de toi, mais bien une surdouée. » Beaucoup imagineront, en nous voyant, que nous sommes un couple, tellement cette complémentarité et ce rayonnement sont intenses. Pierre est et restera à jamais mon âme sœur.

Pierre est devenu si proche de Margot qu'il partage désormais complètement sa vision. Je me vois propulsée avec lui pour lancer les groupes d'introduction. De retour à l'école, je suis à nouveau pétrifiée, terrorisée, par tous ces regards, ces jalousies, ces peaux de bananes, ces personnes qui espèrent que je tombe et ne me relève plus, la honte… Qu'ils prennent donc notre place !

C'est sans compter sur les dons d'organisation, de créativité et d'amour de Pierre. Le premier groupe naît en Bretagne, puis en Alsace. C'est dans cet espace que je trouve la capacité de sentir le groupe comme un être vivant, respirant. Pierre est capable de lâcher le cadre tout en gardant la direction pour me laisser l'espace de cette connaissance en moi qui ne fait référence à aucun « enseignement ». Tel un bateau qui quitte le port, nous nous laissons porter par la vague, les vents. Parfois, nous ramons, parfois nous galérons. Des cris, des larmes, des peurs, des révoltes, du désespoir… Les gestes, les regards, les silences, les mots… Tout est là, disponible pour tout un chacun. Être là, tout simplement, sans jugement, dans l'accueil de ce qui jaillit. Cette magie nous portera d'année en année, de groupe en groupe. Jusqu'à ce qu'un jour Pierre m'annonce son besoin de faire cavalier seul.

Ce sera son plus beau cadeau, et je le prendrai comme le plus bel enseignement qu'il m'ait donné. Je le porte en moi encore et encore, car à chaque groupe c'est une page blanche qui s'ouvre, une première fois. Et là, je l'entends encore me dire : « Par ta seule présence, tout est déjà là ! Viens juste poser un mot de temps en temps au micro. » Et il me laisse toute seule, face au micro, lui qui a le verbe si facile et si riche de nuances et de conscience. Et moi qui m'exprime plutôt dans le silence. Même si la parole est d'argent et le silence d'or, il va bien falloir que je me fasse entendre, non seulement par les esprits, mais également par les hommes et les femmes. Pour ce premier groupe, avec ma peur au ventre et mon micro dans les mains, je ne me suis pas sentie seule, ni abandonnée, ni trahie, mais soutenue par l'Amour et la présence invisible et subtile de Pierre et de nos guides. Même si je continue à perdre ma voix avant de diriger les cours, ce qui m'anime est plus fort que le souvenir des mains de ma mère sur ma gorge et cette difficulté subite à respirer. Comme un écho, un clin d'œil, j'entends à nouveau en moi ces voix de ma période de grossesse : « Tu es pierre, et sur toi je construirai mon église. » Puis la voix de Silver Fox : « Mon cadeau pour toi : ton chemin, tu le feras seule. » La première pierre de ce nouveau temps de ma vie vient d'être posée. L'affirmation de ma direction intérieure, également. La vision de cette tête de mort au pied du mont Golgotha, cette montagne sacrée dont la bouche béante s'ouvre comme un vagin, en dévoilant un passage dans les mondes souterrains jusqu'à ce lieu magique : le centre de la Terre. L'endroit où se trouve le feu sacré, le feu des volcans. Puis d'être accueillie par des femmes, gardiennes de la porte, pour recevoir leur guidance comme une évidence si simple que je m'entends me haranguer : « C'est évident ! » Cette légende indienne qui dit que nous cherchons dans toutes les directions et nous oublions que « le Grand Sage » a caché ce trésor là où nous n'irons jamais le chercher : à l'intérieur de nous-mêmes. « Tout commence dans le ventre des femmes, leur force provient de leur savoir à un niveau cellulaire. » Et, si avec le temps qui passe, les femmes dépendent de moins en moins d'un homme pour vivre, aujourd'hui encore, tous les hommes dépendent d'une femme pour naître !

Après avoir réuni les femmes autour du feu, du sang des lunes et des pleines lunes, depuis de nombreuses années, je les rassemblerai à un niveau plus profond, dans l'expression de leurs identités sexuées. Ces nouveaux « cercles de femmes » naîtront pour raviver le souvenir de cette religion primordiale de l'humanité et l'expression du Féminin sacré, pour honorer la vulve, l'utérus, la porte de notre humanité, ce centre de notre être, porteur de tant de joie, de plaisir et de tant de souffrance, qui est souvent la partie de notre corps la plus maltraitée. Comme le culte de la Déesse-Mère universelle des origines, ce culte matricien qui vénérait le pouvoir originel de la femme. Il me parle et me porte comme si j'y étais. Des visions de grottes, de peintures rupestres et de peurs archaïques m'habitent, comme celle d'être dévorée par l'ours ou les loups, sans oublier les fantômes. Telle une insupportable douleur dans ma chair, je sens leurs morsures à en perdre la raison. Je ressens également la force rugissante de l'animal en moi qui cherche à survivre. Je sens vivre au fond de moi cette femme magique et vénérée comme la Terre fertile et nourricière qui donne la vie et la perpétue. Tel était son pouvoir. Un pouvoir devant lequel on s'inclinait. C'est de ce lien entre Terre et femme qu'est né le culte de la Déesse-Mère.

Cela fait six mille ans que l'humanité a cessé de vénérer la Terre et l'élément féminin. Quand l'homme s'est sédentarisé, il a voulu posséder la terre, puis la femme. Ainsi, la femme a perdu sa liberté d'être, en tant qu'être sexué, porteuse de vie et de vitalité. Le culte de la matrice a été diabolisé, l'entrée du temple, l'utérus, le vagin, la *yoni*[1], séparés et sectionnés. L'homme a tout simplement oublié que l'aventure humaine commençait dans le ventre d'une femme...

Mes cercles de femmes grandissent en même temps que ma capacité à accompagner, à me laisser porter par la chamane en moi, celle qui sait, sans rien savoir, voyager dans les mondes et surtout en revenir. Des femmes en chemin, des femmes courageuses, audacieuses, déterminées, remplies d'une épatante capacité d'amour et de transmutation viennent, de plus en plus nombreuses, rejoindre mes groupes. Nos voyages sont de plus en plus confrontants : maltraitance, viol, inceste, avortement, pulsion suicidaire, mutilation, ablation, addiction, insensibilité se confrontent à nos désirs les plus profonds de traverser cette mémoire, ces souvenirs d'ici et d'ailleurs, de nos mères, de nos grands-mères, que ce soit à un niveau personnel, transgénérationnel, voire transpersonnel. Avec la ferme volonté d'oser vivre intensément qui on est vraiment au-delà de l'histoire.

Par pudeur ou par peur, certaines d'entre elles taisent le secret de leurs douleurs, d'autres offrent leurs larmes et pleurent pour celles qui ne le peuvent pas. D'autres encore crient leurs maux sans mots, car ils sont innommables, alors que certaines les nomment pour les exorciser ou, comme dit Boris Cyrulnik, « pour pousser les portes vers la résilience ». Tout est bon pour sortir du silence, de cette solitude qui parle de la blessure, de la déchirure, de l'insupportable. Dans notre espace de travail, des couleurs douces et chatoyantes, des senteurs

1. Les *yonis*, dans l'hindouisme, désignent les organes génitaux féminins (matrice ou vulve). On les représente le plus fréquemment sous la forme d'un triangle dont la pointe est en bas (triangle pubien).

rondes et enveloppantes, des fleurs et une douce chaleur, tel un espace bienveillant aux parfums de l'essentiel : l'Amour universel. Des cartes divinatoires aux thèmes divers sont parfois à l'origine d'une ouverture, comme en témoignera Anna en consultant une carte des sorcières. Troublée par le message, elle se confie à moi :

— Un soir, je me suis couchée en laissant une bougie allumée, me dit-elle, les yeux embués. Soudain, en pleine nuit, je suis réveillée par une lueur : la table de nuit était en feu ! Paniquée, je me lève pour tenter d'éteindre l'incendie. Finalement, je parviens à éteindre les flammes, mais le plastique contenant la bougie coule et me brûle la main. Une mémoire de sorcière se réveille alors. Celle d'un bûcher.

Dans le regard d'Anna, toute la panique de ces instants qu'elle revit avec une intensité dramatique ravivée par le message de la carte.

— J'ai un cancer du vagin, ajoute-t-elle, en larmes.

Je fais rapidement le lien et lui explique :

— Longtemps, les sorcières ont été persécutées et torturées. Un des nombreux supplices qu'on leur a fait subir consistait à leur brûler le vagin avec un tison...

Je lui demande de tirer une carte, non pas de la main droite, celle qui est brûlée, mais avec la main gauche. Elle tombe sur la mandragore : la plante des sorcières ! Cet événement a donné la tonalité de notre rencontre comme un écho, les prémices d'un nouveau changement, d'un nouveau rendez-vous de nos âmes.

Tous ces gens qui bougent génèrent en moi un mouvement intérieur qui provoque une sorte d'ivresse, de vertige. C'est comme si une partie de moi était branchée sans que je fasse quelque chose de particulier.

Cinq ans plus tôt, j'étais allée consulter un kinésiologue, dans le cadre de la foire aux minéraux. Je ne sais pas si c'était la présence de toutes ces pierres d'une incroyable puissance autour de nous qui nous avait stimulés, toujours est-il que, grâce au test musculaire, il m'avait fait remonter le temps, vers des mémoires anciennes, enfouies sous les couches de l'occultation salvatrice de la conscience effacée.

Des images me sont apparues, des peurs sont revenues. Je me suis vue sur un bûcher, moi aussi. À la suite d'un procès d'Inquisition, six ou sept siècles plus tôt. Anna est peut-être ma sœur de bûcher, et ce n'est certainement pas par hasard qu'elle participe à mon séminaire. Avec le recul, je comprends que ces mémoires et les peurs qui y sont liées n'étaient pas remontées sans raison. Elles étaient entrées en résonance avec un événement de ma vie d'alors : le procès que l'on m'avait fait à la MJC de ma ville, quand j'avais signalé des anomalies dans les bilans. Je fais le lien entre les deux événements : des images similaires de deux jurys autour d'une table en forme de fer à cheval, des doigts accusateurs, des regards chargés d'aversion et, au bout, une condamnation. La mort au Moyen Âge, le licenciement au XXe siècle. Peut-être même que certaines réincarnations de personnes présentes à mon procès d'Inquisition étaient près de moi, à la foire aux minéraux... Malgré leur charge émotionnelle, je ne me sens pas dans la colère par rapport à ces événements.

Je suis consciente que l'on peut donner des interprétations différentes à ces visions et je me garde bien d'en faire une vérité, même si je reçois ces informations avec la clarté d'une matinée de printemps. J'ai d'ailleurs plus de facilité à faire des connexions avec des mémoires lointaines qu'avec des mémoires proches. Ma vie est pleine de flashs. Je me revois sorcière, chamane, religieuse, mais pas ecclésiastique ; une femme reliée à la divinité, peu importe comment, exécutant des gestes sacrés et consacrés à la divinité. Ma connaissance provient de l'expérience, du vécu, du ressenti, pas des livres. D'ailleurs, j'évite de lire, car je veux que ce qui m'est soufflé vienne de l'intérieur de moi et non pas d'informations glanées en dehors. La pureté de l'inspiration... Parfois, j'ai l'impression de n'être rien, de ne rien savoir ! Et pourtant, c'est dans cette fragilité que je découvre ma force et ma puissance. Cela m'emmène dans des voyages extraordinaires. Moi qui ai peur de prendre le train ou la voiture... Une ambivalence qui résume le mystère de ma vie. Cette difficulté à faire des choses simples, comme conduire.

Les clins d'œil des esprits se poursuivent tout au long des séminaires. Sont-ce des messages de l'au-delà ? Une incitation à poursuivre ma quête ? Quoi qu'il en soit, ils me confirment que je suis sur la bonne voie. Aussi, je m'investis pleinement dans mon rôle de chamane, de messagère. Quand je me prépare aux cours, j'y mets tout mon cœur et énormément d'amour. Et je prie, sans rien demander.

LE CANYON

L'arrivée des conquistadors

Marie Jésus

Enfin, les pompiers s'approchent, j'entends distinctement le cliquetis de leurs équipements. Ils arrivent au pas de course, comme la cavalerie en pleine charge. Soudain, ils sont là, beaux, forts, barbus, bronzés, tels des conquistadors. Des Hispaniques dans leur plus virile apparence, magnifiques dans leurs tenues étincelantes au soleil. Peu après, les gendarmes de la garde civile et des agents de l'Office national des Forêts débarquent à leur tour. Après une semaine dans l'énergie de femmes, ces viriles apparitions ont quelque chose d'irréel, de magique. Le contraste est saisissant.

En un rien de temps, le chemin est balisé. Admiratives, les femmes lancent des boutades amusées qui sont autant d'allusions voilées : « Il y a autant d'hommes que de femmes ! » Mais mes camarades sont beaucoup moins voilées, même un peu dévoilées. Car elles sont en paréo et ne portent pas de culotte… Alors les mains rabattent sans cesse des coins de tissu qui ont tendance à se soulever. Je sens qu'elles s'inquiètent à l'idée qu'un coup de vent pourrait faire monter le paréo et le feu à leurs joues. Un comble, en présence des pompiers… Leur gêne, leurs petits rires nerveux, leurs œillades complices, je trouve tout cela magnifique ! Peut-être est-ce le contrecoup de ce miracle qui me fait tout trouver beau…

Paco, le cuisinier du lieu d'hébergement, arrive également sur les lieux. Il est tout essoufflé. Sans doute l'effort. À moins que ce ne soit de la panique…

Pimpants et très organisés, les pompiers me passent une sorte de combinaison de plongée. Je me laisse faire, je ne demande que ça. Je me suis laissée faire dans le torrent, et bien m'en a pris, alors je peux faire au moins autant confiance à mes sauveteurs. Je sens que je suis en de bonnes mains.

Le pompier médecin m'ausculte rapidement, puis les hommes du feu me placent dans un brancard et m'emportent.

De la Miche au Seminarparadies

Pour mes stages, tout avait commencé au relais d'accueil La Miche, de Cécile et Michel, en Alsace. Mais un temps nouveau s'annonce, car Cécile et Michel envisagent de prendre leur retraite. Ils connaissent la valeur et la saveur de toutes ces années à venir et s'en réjouissent. Cécile est une femme précieuse, elle est à l'origine de la guérison de son époux Michel grâce à une pratique intensive de la cuisine macrobiotique. Elle me rappelle ma grand-mère maternelle, Domitila, haute comme trois pommes, mais au caractère bien affirmé.

Nous nous préparons ensemble à ce nouveau départ à l'aide de méditations et d'échanges de pratiques. Je fais ma demande à l'univers, sans toutefois négliger les annuaires, le relationnel et d'autres moyens bien terrestres... Mais c'est bien le Ciel qui répondra en premier à ma requête en me donnant un indice. Au cours d'une méditation reliée aux enseignements d'Arnaud Desjardins et guidée par Cécile, je perçois soudain un arc-en-ciel. Cette gerbe de couleurs me soulève pour me déposer en pleine forêt, en un lieu clair et lumineux. C'est une vision, j'en suis sûre, mais, pour l'instant, je ne vois pas le lien avec la réalité. Les visions sont souvent comme les rêves, bâties sur des symboles. Je l'attribue pour l'instant au devenir de ce lieu généreux et nourricier comme un bon pain que j'ai aimé partager durant toutes ces années avec Cécile et Michel. Cependant, je reste attentive à tout signe sous forme d'arc-en-ciel...

Je ne pouvais pas imaginer que la réponse me parviendrait dans le train pour Bruxelles avec l'évocation de la création d'un nouveau groupe de tantra. Je la trouve grâce à Marie-Madeleine, une inconnue assise derrière moi dans le train. Sans le vouloir, elle capte un de mes échanges téléphoniques. Mes propos la troublent. Courageuse, elle m'accoste et m'en parle. Nous échangeons nos numéros de téléphone avant sa descente du train. Marie-Madeleine et son conjoint, Sébastien, assisteront à plusieurs séminaires par la suite. C'est sur leurs indications que je prendrai la route, par une belle journée d'été, avec Marie-Reine, mon amie de toujours, direction la Lorraine. Quand nous arrivons au Cornu pour visiter le « Seminarparadies » avec Marie-Reine, la montée raide comme un pic sur plusieurs kilomètres nous rend sceptiques d'emblée.

— Ça n'ira pas, jamais les voitures ne pourront monter, en hiver ! fait remarquer fort judicieusement Marie-Reine.

C'est également mon avis, et je me dis que l'affaire est entendue.

— Bon, nous allons donc faire une simple visite de politesse avant de repartir.

En parvenant en haut, nous sommes subjuguées par la magnifique vue sur les alentours. En ouvrant la porte, nous faisons face à une grande statue en bois d'une déesse qui nous souhaite la bienvenue. Tout comme Ravi et Wolf, les propriétaires allemands des lieux. La visite commence. Nous découvrons que le Seminarparadies offre une grande salle, des logements confortables et une excellente cuisine bio et végétarienne. De plus, il n'est situé qu'à environ une heure de route de chez nous, dans les Vosges lorraines. L'énergie des lieux, la clarté, la propreté, le blanc, les couleurs, l'accueil et les sourires de Ravi et Wolf me mettent à l'aise. Lorsqu'ils ouvrent la porte de la grande salle, je ressens un espace doux, léger, aimant. Comme si les précédents utilisateurs étaient encore là. Afin d'éviter de me sentir intrusive, je préfère ne pas risquer de déranger cet espace avec ma curiosité ; je me contente d'observer les lieux depuis le palier. Lorsque nous avons fait le tour de l'hébergement, je m'adresse à Ravi et Wolf en haussant les épaules :

— C'est très beau, c'est sympa, mais je crains que ce ne soit pas possible quand l'hiver sera là.

Les deux amis me sourient.

— Pas de souci, on cherche les gens avec notre 4x4 ! Ils peuvent laisser les voitures en bas.

Je leur rends leur sourire, ravie de cette solution pragmatique au seul écueil potentiel à notre coopération. Nous nous mettons d'accord sur les dates et les termes de la location. Et je me rends compte, alors, que ce lieu, je l'avais visualisé bien avant de savoir que nous viendrions ici. Car c'est bien l'endroit de ma vision, ce magnifique arc-en-ciel que j'avais pris pour le devenir de la Miche. En réalité, j'avais entrevu le Seminarparadies.

La transition avec la Miche s'avère aisée. Après le couple Cécile et Michel, je découvre celui de Ravi et Wolf. Tout comme les participants à mes stages, j'apprendrai beaucoup de ce couple d'hommes. Une véritable leçon de vie dans les petites choses du quotidien : des regards doux et aimants, des moments de tendresse d'une infinie délicatesse et une spiritualité de chaque instant. À chacun de nos rendez-vous, lorsque j'arrive, un feu flamboie dans la cheminée, des fleurs égayent ce lieu qui rayonne de leur générosité naturelle en toute saison. Charlie, le jeune homme qui les assiste, partage leur orientation sexuelle et fait preuve des mêmes qualités. Son sourire qui perce sa barbe dans une espièglerie enfantine lui donne un air tendre et aimant. C'est à la fois inattendu et enrichissant qu'en ce lieu les qualités du féminin soient portées par les hommes avec autant de grâce et de naturel sans qu'ils ne perdent rien de leur masculinité. Dieu que c'est bon de découvrir et de ressentir ce bonheur !

La seule ombre au tableau de ce petit paradis, c'est la dénomination du lieu-dit : « Le Cornu », *alias* « le diable » ! Il me faut un certain temps pour partager mon malaise intérieur par rapport à ce nom bis-cornu avec Ravi et Wolf. Le Cornu – « le corps nu »... Ils me confient que ce lieu, ils l'avaient cherché comme on cherche une réponse à une prière. Et que sa rénovation avait pris de nombreuses années. Il faut dire qu'ils ont pris soin de recréer chaque espace et d'en redéfinir la fonction. Pour cela, ils ont effectué des recherches qui leur ont permis de découvrir qu'en d'autres temps des cérémonies dédiées aux esprits de la forêt avaient eu lieu en cet endroit. Un énième nouveau propriétaire, un vrai chrétien, l'avait débaptisé pour l'appeler « La cour d'Emmanuel », un nom moins païen. Plus tard, le hasard, la vie, la sagesse et la mémoire des anciens ont redonné à ce lieu sa force en lui rendant sa dénomination originelle.

Sa force, je la ressens chaque fois que je me trouve là-haut. Le matin, quand le soleil se lève et éclaire toute la vallée, le monde des esprits de la forêt, des montagnes, des rivières, m'invite à me laisser porter par la magie du lieu et du souvenir. Avec le groupe, nous jouons du tambour pour exprimer cette immense joie qui rayonne dans nos cœurs et pour honorer cette terre. En remerciant la Terre-Mère et le Ciel-Père, qui veillent sur ce bout de paradis partagé si généreusement par Ravi et Wolf.

Au fil du temps, mes groupes s'élargissent et grandissent. Mes dispositions retrouvées d'initiatrice, de guérisseuse, de prêtresse et de chamane s'ancrent en moi dans la confiance face à tous ces espaces de célébration où jouir et se réjouir de se sentir vivants nous mène vers l'essentiel. Signe du climat de confiance que je m'efforce d'entretenir dans mes séminaires, de plus en plus d'hommes osent se montrer dans leur vulnérabilité, dans leur confusion entre puissance et violence, et dans leur sensibilité parfois exacerbée par une hyperémotivité. Des hommes et des femmes se rencontrent, des couples se forment, d'autres se défont dans la tranquillité et le respect de chacun. Oui au « Cornu » ! Le corps nu peut se dévoiler et se présenter tel qu'il est vraiment, et cette découverte est à vivre au sens propre comme au sens figuré. Se déshabiller est plus facile que se mettre à nu. Une nudité pleine d'innocence, celle de nos sexes sans honte ni évaluation, dans l'acceptation du temps qui passe, des saisons de la vie qui s'égrènent, de nos différences. Nous rouler nus dans la neige après une bienfaisante catharsis, puis trouver la distance juste dans nos élans de joie et d'amour. Grandir dans cet espace du toucher, c'est avant tout se laisser toucher au-delà du superficiel et du paraître, dans les couches profondes, la part souvent inexplorée de notre être. Le toucher est une des voies de communication les plus primitives et les plus durables dans le temps. De la naissance à la mort, être touché est un besoin vital. En être privé peut être source de troubles profonds qui peuvent aller jusqu'à la démence. Véritable « mémoire de l'âme », la peau est le réceptacle et le lieu de stockage d'informations répertoriées dans différentes couches. Son aspect extérieur reflète notre état intérieur. Cette mémoire dite « cellulaire », qui nous restitue les croyances profondément enfouies sur le plaisir et notre façon de vivre l'intimité et la sexualité. Partie intégrante de notre être, cette dernière est peut-être même la dimension du corps qui se rapproche le plus de notre âme. Une « comme-union », un rituel de transmission, une reliance sans honte ni tabou. À la lumière du jour, dans la clarté de nos intentions.

Dans ces cycles de massages qui se développent, les enseignements de Swami Ji résonnent toujours en moi, et l'expression des qualités de cœur prend de plus en plus la place de la technique.

Marie-Reine, Jean, Jacques, Jean-Gabriel puis Dimitri arrivent progressivement en ce lieu et dans ma vie pour m'assister et soutenir les groupes en les enrichissant de leurs connaissances, leurs regards et leurs qualités. Dimitri m'offre ses sculptures – des vulves en céramique. Elles permettent à ceux et celles qui le souhaitent d'honorer la porte du monde et de créer un hôtel de célébration. Une cagnotte trône à l'entrée du Seminarparadies, pour accueillir les bénéfices de la vente de ces *yonis* et l'obole des âmes généreuses. Ces dons sont destinés au soutien d'un monastère au Népal. Je découvre avec ravissement que Ravi et Wolf ne sont pas que de simples hôteliers, mais des maîtres du feu, des enseignants de la marche du feu. Plusieurs fois par an, les deux Allemands participent à des rencontres internationales perpétuant cette tradition païenne et chamanique. Quel clin d'œil ! Décidément, ce « Cornu » me réserve bien des surprises, même si mon inconfort face à ce que ce nom évoque en moi est toujours présent. Une nuit, comme souvent, je ne trouve pas le sommeil. Une persistante rengaine revient en boucle : « Le Cornu, païen, déesse, prêtresse… » Tout cela devient obsédant ! N'en pouvant plus, telle une somnambule, je me laisse guider par l'invisible. Mes mains sur le clavier de mon ordinateur savent, ma tête est à la fois légère et pleine d'espérance. Je respire, me pose et me laisse totalement piloter. Les réponses arrivent.

« Le dieu cornu désigne la divinité de la Préhistoire qui a été largement vénérée, bien avant que l'Église chrétienne ne l'appelle « diable » et qu'elle l'assimile à Satan. L'image la plus ancienne que l'on en a remonte au Paléolithique et se trouve dans le Sud-Ouest de la France, dans l'Ariège, dans la grotte dite « des Trois frères ». Elle représente un homme recouvert d'une peau de cerf, portant des cornes ramifiées sur la tête, au milieu d'autres animaux, parmi lesquels il occupe une position dominante. La scène paraît représenter un rite consistant en une danse à laquelle participent tous les êtres présents. On retrouve des références au dieu cornu au fil des millénaires. Cernunnos, le dieu des Celtes, apparaît comme un « maître des fauves », mais il a probablement d'autres fonctions. Durant toute l'Antiquité, puis au Moyen Âge, le symbolisme de l'animal à cornes est présent. Le plus ancien document connu qui se réfère explicitement au dieu cornu des temps anciens a été rédigé par Théodore, archevêque de Cantorbéry vers 670. Il cherche à y dissuader les fidèles de se travestir en cerf, en taureau ou en bouc avec les peaux de ces animaux, et les enjoint de faire pénitence en alléguant que ce sont des pratiques diaboliques. Le premier document qui témoigne de la continuité du culte du dieu cornu, en Grande-Bretagne, date de 1300, dans lequel l'évêque de Coventry est accusé de pratiquer ce culte. C'est la première fois que le dieu cornu est appelé « diable » par l'Église. À l'aube de la civilisation, l'insigne caractéristique des êtres divins est la tiare à cornes. Le symbolisme du taureau, attesté depuis le Néolithique, s'y est transmis sans interruption. »

En tentant de visualiser un être cornu ressemblant à un cerf, je fais le lien avec la chasse. La chasse, dont le patron est saint Hubert, que l'on fête le 3 novembre, le lendemain du jour des morts, et qui est aussi le jour de mon anniversaire. Mon premier appartement était situé rue du Cerf…

LE CANYON

De nouvelles angoisses

Marie Jésus

Retour à la réalité du terrain. Je ne suis pas encore complètement sortie d'affaire. D'autant plus qu'il va me falloir retraverser le torrent, car je me trouve toujours de l'autre côté ! Mais, cette fois, ce sont les pompiers qui vont me faire passer. Pour cela, ils m'attachent sur une civière. Au lieu de me rassurer, cela génère en moi un oppressant sentiment d'insécurité. Quand je découvre la tyrolienne tendue au-dessus des eaux déchaînées, je devine que ce ne sera pas facile ! De nouvelles angoisses naissent en moi et provoquent une peur absurde, celle qu'un mousqueton lâche. Et que cette fois je serais comme à l'intérieur d'un cercueil : attachée, immobilisée, incapable du moindre mouvement pour survivre ! Je me sens dans la peau d'un vautour dont les ailes seraient pliées et liées. D'autant plus que les mouvements oscillants du brancard ressemblent à des mouvements d'ailes, mais à l'envers. La peur me gagne : je suis une femme dans un cercueil et un vautour aux ailes brisées ! La puissance de l'eau me paraît encore plus effroyable ! Je suis persuadée que quelque chose, ou quelqu'un, dans l'invisible réclame ma mort ! Ma terreur va crescendo et fait remonter de nouvelles mémoires. Comme la maltraitance de ma mère, qui resurgit de la violence du courant. La réalité, c'est l'eau ; mais dans mon esprit, c'est cette maltraitance qui résonne. Ma mère était prête à tuer… Elle a failli me tuer. Ce souvenir remonte comme une menace, un avertissement.

J'ai sept ou huit ans, et nous sommes revenus à Orzonaga, mon village natal, pour les vacances. Nous retrouvons la maison familiale construite à flanc de montagne à mille deux cents mètres d'altitude. Rien n'a changé. Les toilettes se trouvent toujours dans l'ancienne étable. La nuit, nous utilisions des pots de chambre. Comme avant, dans notre vie précédente, avant l'émigration en France. Une vie que je ne souhaiterais pas reprendre.

Une nuit, je fais mes besoins dans le pot et, pour le vider le lendemain matin dans la grange, je le tapote sur une surface dure. Malheur : le pot de porcelaine se brise ! Quand je l'annonce à ma mère, elle se met dans une noire colère, qui se transforme rapidement en crise de nerfs ! Une réaction démesurée qui doit cacher autre chose. Elle m'accuse d'abîmer toutes ses affaires, de l'empêcher de vivre… Rageuse, elle me menace du regard, ses mains se ferment pour former des poings. Soudain, elle s'approche de moi, me prend à la gorge et me soulève de terre. Puis elle me jette par terre et saute sur mon ventre à pieds joints. Je ne crois pas ce que je vois et ce que je vis : ma mère emportée par une folie furieuse ! Sans l'intervention de la voisine, je serais sans doute morte. C'était un de ces moments où elle n'était plus elle-même et dont elle ne se souviendra plus quelque temps plus tard, refusant même de nous croire lorsque nous lui raconterons ce qui s'est passé. À d'autres moments, notamment la nuit, elle sent la présence de fantômes et les chasse. Je comprendrai plus tard, à la lumière de mes connaissances et de mon expérience, que son inconscient a ancré en elle la croyance qu'il ne faut pas qu'elle s'endorme, de peur d'être tentée de se pendre, comme sa tante l'avait fait quelques années auparavant. Pour exorciser cette obsession, c'est moi qu'elle pendait ! Ses mains étaient ma corde ; et leur pression, le nœud coulant qui m'étranglait…

Face à face avec un exorciste

En 2009, je suis en stage avec Loup Argenté. Nous y suivons tous une cure de raisin et travaillons sur *Le Livre des morts tibétain*[1], plus particulièrement sur la mémoire de nos os. Quand nous entamons une période de méditation, j'éprouve de sérieuses difficultés à tenir la posture. Puis je sens grandir en moi une sorte de pression sur mon cœur. Je lutte longtemps, mais je finis par céder. Je m'allonge, puis je navigue entre positon assise et couchée. Mais, quand les tambours commencent à résonner, je suis incapable de me relever. Je suis figée dans ma position fœtale, comme pétrifiée. Je reste longtemps dans cet état où mes mouvements sont comme suspendus. Je veux rejoindre les autres, tous debout, mais c'est impossible, mon corps refuse. Trois squelettes m'apparaissent alors. Je ne vois que leurs têtes. Une voix me dit : « Chauve-souris, Anubis, et le troisième, avec son capuchon noir, c'est la mort ! » Cependant, je n'éprouve aucune peur. Puis ces visions s'estompent et peu à peu je retrouve mes sensations. À l'issue de la séance, Loup Argenté vient me voir, et je lui relate la vision des trois crânes. Il m'encourage à parler de mon expérience au cours du temps de partage avec le groupe. Lorsque je relate mes visions, quelqu'un s'exclame :

— On a les mêmes visions lorsqu'on prend la plante !

— Quelle plante ? je demande.

---

1. Padmasambhava, *Le Livre des morts tibétain,* Buchet Chastel, 2009.

— L'ayahuasca[1], répond le maître.

Soudain, le visage de Loup Argenté s'illumine comme s'il venait d'avoir une révélation.

— Tu viendras avec nous au Pérou, cette année !

Je suis un peu déboussolée. Le Pérou ? Quel Pérou ? Euh…, pour quoi faire ? Quelle plante ? Je n'ai jamais pris de plante !

L'enthousiasme de Loup Argenté n'a d'équivalent que mon inquiétude grandissante.

— L'aya… quoi, déjà ?

Le maître sourit.

— L'ayahuasca. C'est une plante d'Amérique du Sud qui nettoie le corps, le cœur et l'esprit. Et qui a des vertus hallucinogènes.

Hallucinogènes ! Je n'ai aucune envie d'halluciner ! Je le fais déjà assez dans ma vie de tous les jours !

— Depuis des milliers d'années, cette plante sert à la divination, à la sorcellerie et aux chamanes des peuplades d'Amérique du Sud.

La sorcellerie…

— Tu viendras avec nous, c'est important, je le sens ! Tu ne peux plus te planquer, à présent !

Je finis par admettre que les signes sont flagrants et que l'heure est sans doute venue pour moi de franchir un palier dans mon parcours

1. Le terme *ayahuasca* vient du quechua et est formé de l'agglutination de *aya* et *huaska*. Il est traduit ordinairement par « liane des esprits », « liane des morts » ou « liane des âmes » (*aya* : « mort », « défunt » et, par extension, « âme », « esprit » ; *huasca* : « corde » et, par extension, « liane » ; d'après le médecin équatorien Plutarco Naranjo). En fait, *aya* ne signifie pas l'âme de la personne morte, mais plutôt le cadavre, ce qui implique qu'*ayahuasca* se traduit plutôt par « corde des cadavres ». D'après Gerald Taylor, linguiste et spécialiste de la langue quechua, le nom le plus probable de cette liane serait plutôt *ayaqhuaska,* ce qui signifie « liane amère ».

de vie chamanique. J'irai donc au Pérou... Mais ce voyage m'effraye. Pendant des mois, je refuse de le faire, je repousse l'échéance. La perspective de travailler avec la plante sacrée génère en moi une immense peur. Je crains une espèce de folie, de démence, j'ai peur de me retrouver complètement submergée. Depuis mon enfance me viennent des visions, des images, des messages, simplement en respirant un peu plus vite, en faisant bouger la vie à l'intérieur de moi ou en jeûnant plusieurs jours. Alors je me dis : « Mon Dieu, avec une plante hallucinogène, que va-t-il m'arriver ? »

Finalement, l'année suivante, je m'inscris pour le voyage prévu en novembre. Je me sens partagée entre la curiosité et la crainte. Heureusement, des personnes du groupe ont déjà fait l'expérience et m'en parlent en dédramatisant l'expérience. Cela ne suffisant pas à me rassurer, je me tourne vers un ami, un médecin averti dont la quête de sens et de symbole me touche profondément. Ses mots et sa qualité de scientifique ont tendance à me rassurer. C'est bon de l'entendre parler du travail de la plante avec autant d'amour. Je vais le consulter avec mes inquiétudes, mes angoisses, mes hallucinations et tout ce qui me hante depuis mon enfance. En prenant connaissance de mes expériences, il m'encourage à rencontrer un exorciste avant de partir. Je ne me sens pas concernée, car j'estime, malgré tout, faire état d'un bon sens à toute épreuve, dont la meilleure preuve est le fait que je sois encore debout après tout ce que j'ai traversé ! Mais, comme je suis à la fois audacieuse et peureuse, je suis le conseil de mon ami sans tarder.

Lorsque j'arrive chez cet exorciste, je commence par lui relater mon parcours, mon histoire. Je lui explique également que j'ai, depuis toujours, beaucoup de difficulté à poser mes pieds au sol quand je suis assise, ce qui fait que je préfère m'asseoir par terre plutôt que sur une chaise trop haute afin que mes pieds touchent le sol. Mais, en ce lieu, ce n'est visiblement pas possible, alors je m'adapte, je compose. Comme pour me justifier, je lui relate que lorsque, enfant, j'étais assise à table, ma mère me disait que je lui faisais penser à une poule dans un poulailler, car non seulement j'avais un pied sur l'assise de la chaise mais en plus j'avais un genou relevé. C'est vrai que c'était une drôle de posture… Une sorte de demi-lotus… Manifestement, l'Inde n'était pas loin… Pendant que je raconte tout cela à l'exorciste, je suis assise en lotus, ma grande jupe couvrant mes jambes. Mais, à un certain moment, mon attention se porte sur mes hanches et je change de posture pour m'asseoir sur mes talons. Mon corps bascule, mes mains se joignent et je continue à dialoguer avec mon interlocuteur dans cette posture. À la fin, il me regarde droit dans les yeux et me dit :

— Écoutez, Marie Jésus, vous avez la Vierge en protection sur votre épaule gauche, et elle est toujours là !

Je perçois l'ombre de ma grand-mère paternelle, Petronilla, guérisseuse avec ses prières et ses pieuses invocations à la Vierge. Sa présence m'enveloppe comme un manteau, puis comme des bras chaleureux, rassurants. Je l'entends m'encourager : « Ma petite fille, le don est en toi ! Accepte qu'il te traverse, accepte la transmission ! Je te reconnais et je suis fière de la femme que tu es, que tu deviens et que tu seras ! » Je me laisse emporter comme une berceuse, une enfant dans les bras de la Grande Mère, l'espace d'un instant, les yeux fermés. Petronilla et la sagesse de la Grande Mère ne font qu'une. C'est auréolée de lumière que je pose un nouveau regard sur l'exorciste, cet intermédiaire. Le temps se dilue et m'invite à changer mon regard. Oui, la beauté est dans l'œil de celui qui regarde, oui c'est le sens profond du mot « miracle ». Je me sens prête à affronter mes ombres et la présence de cette grand-mère décédée avant ma naissance. L'acceptation consciente de cette transmission agit comme une révélation, une évidence, une reconnaissance d'appartenance à cette lignée de femmes. Elle représente également une protection.

J'ouvre les yeux, je reviens ici et maintenant, tranquille et calme. C'est vrai que c'est toujours plus facile à entendre que si on m'annonçait que c'est le diable, ou un être maléfique, ou alors une entité, ce qui aurait pu me faire peur, me dis-je, tout de même un peu sceptique.

Bon, ça aurait pu être pire comme diagnostic ! Je pousse un « ouf » de soulagement.

— Quand j'ai passé le crucifix sous la table, vous avez changé de posture et vous vous êtes mise à genoux, en position de prière, m'explique l'homme. La Vierge Marie veille sur vous.

Re-ouf ! Car on m'a dit que cet exorciste était habituellement sollicité dans des cas difficiles…

— Vous avez beaucoup de valeur et vous ne devez pas douter de cette valeur ! conclut-il.

L'idée de prendre la plante me terrifie toujours autant. D'autant plus que je ne bois pas du tout d'alcool et que je ne prends jamais de drogue. Un simple verre de coca me fait tourner la tête… Je ressens même une colère noire pour les drogues. Cependant, je comprends que, pour mon évolution chamanique, je dois passer par cette expérience. Mais, auparavant, j'éprouve un irrésistible besoin de travailler sur l'élément eau. Alors, je décide de m'inscrire à un séminaire sur la mémoire marine. Une belle expérience qui a lieu en Calabre et au cours de laquelle nous travaillons beaucoup dans l'eau et sur la terre. Le sable de la mer Adriatique est composé de perles d'origine volcanique, de différentes tailles. Nous le laissons couler entre nos doigts, comme un sablier marquant le temps qui passe, mais aussi comme la matérialisation sonore d'une porte qui nous invite à traverser le temps. Le tout sous l'œil du grand Christ blanc qui veille sur ce lieu, un peu comme celui de Rio.

Les propositions de notre guide sont dans la lignée de mes repères. Notamment des après-midi totalement silencieux, à s'efforcer à écouter et à entendre autrement, dans des espaces séparés pour les hommes et les femmes. Ici, tout nous invite au recueillement et à l'introspection. Quand nous nageons, nous nous mettons à l'écoute des messages de nos corps, respectant l'expression de nos êtres, en quête d'osmose entre les forces de vie de la Terre-Mère et nos propres forces. Dans cette recherche du mouvement spontané, c'est comme si des nageoires nous poussaient pour nous permettre de retrouver ce mouvement originel dit « caudal ». Nous nous mettons à ramper sur le sable, propulsés par les nouvelles fonctions de nos bras et de nos jambes jusqu'à la mer. Chaque jour, le lieu se charge de nos présences silencieuses, de nos voyages, de nos nages, de nos découvertes. Tout est bercement, musique, vague, trace, et en même temps tantrique et chamanique…

Vers la fin du séjour, notre guide nous demande d'imaginer que nous sommes des tortues. Je ne suis pas surprise par cette idée, car, jour après jour, mes antennes chamaniques se sont déployées, et sa proposition me ramène à ma première sweat lodge, dont l'entrée fait face à l'autel de la tortue. La tortue est présente sur de nombreux objets et dans de multiples récits mythiques à travers le monde. Selon certains clans amérindiens, la tortue a créé le monde et le porte sur sa robuste carapace. Certains d'entre eux croient également que la Terre, elle-même, est la carapace de la « Grande Tortue », nom donné à leur continent. Sur le traité de la Grande Paix de Montréal, la signature des clans est un dessin de leur animal totem : la tortue.

L'exercice consiste à laisser couler des grains de sable sur le coccyx de l'autre, allongé sur la plage. Il est censé réveiller la pulsation de l'énergie. Pour moi, c'est bien plus qu'un réveil quand les premiers grains de sable tombent sur mon coccyx ! C'est carrément un envol ! Un envol vers une autre réalité, une autre identité. Celle d'une tortue. Car je n'imagine pas seulement être une tortue, je deviens une tortue ! Une énorme tortue ! Toutes mes cellules sont « tortue » ! Je ne sais plus où est Marie Jésus, et je me mets soudain à ramper sur le sable. Malgré la nature caillouteuse du sol, j'avance à une vitesse incroyable ! Ma seule direction : la mer ! Tout le monde est surpris : participants, animateur. Et quand je dis « surpris », c'est un euphémisme ! Je m'apprête à entrer dans l'eau, la tête la première. Finalement, notre enseignant et les autres finissent par réagir et m'empêchent de me noyer… Ou de nager…

Par petits groupes, nous serons ensuite tour à tour recouverts de sable. Chaque poignée est versée avec la conscience du temps qui passe. Quand les grains de sable arrivent à ma bouche puis à mes yeux, mon nez, dans cette terreur, naissance de la mort, j'entends : « On ne m'enterrera pas vivante. » Ce qui avait failli arriver à ma grand-mère Petronilla. Mes pensées s'envolent vers elle, je me demande comment, dans cet état cataleptique, avait-elle pu sortir de son sommeil pour ne pas être enterrée vivante ?

Avec le recul, je comprends qu'à travers cette expérience de tortue, je finalise mes prédispositions pour partir en voyage. Et que cela a pu se faire tout simplement à partir de respirations un peu plus profondes, au sein d'un groupe un peu éveillé, dans un lieu qui célèbre la vie. Et sans la moindre plante... En ce lieu, tout m'a préparée à faire le voyage avec la plante. Si je me sens prête, je suis très loin d'imaginer quelle stupéfiante expérience je vais vivre là-bas, dans la jungle péruvienne.

LE CANYON

À la fois humaine et pas humaine

Marie Jésus

Le transport commence. Je me rassure comme je peux en tentant de tirer des bouffées de confiance de la puissance dégagée par ces hommes. Je me raisonne en me sermonnant : « Comment peux-tu douter de leur compétence ! Ils savent parfaitement ce qu'ils font ! » Imprégnée de cette certitude, je commence à ressentir très fort la présence des soldats du feu ; par moments, j'ai même l'impression que je fais partie de la troupe de ces guerriers de la montagne, que la force mise en œuvre pour me porter émane d'eux autant que de moi-même. Nous franchissons le cours d'eau sans encombre, même si je suis un peu chahutée, et poursuivons le chemin. Les autres pompiers ont fait traverser le reste des femmes. Viviane s'est fait porter, les autres ont donné leur main. Tout un symbole…

Les hommes me transportent dans la nuit. Au fond de ma civière, je suis bercée par la force des soldats du feu, leur professionnalisme, leur générosité, leur inquiétude pour moi lorsqu'ils contrôlent ma température. Ils se relayent régulièrement, et je vois leurs visages emplis de compassion se croiser. Au plus profond de moi, je suis remuée, et des larmes de gratitude inondent mon cœur. Je me sens vivante, joyeuse, légère, radieuse. Tout est d'une légèreté incroyable ! Maintenant, je me sens comme une fée, un gnome, un elfe, sautillant, m'envolant vers notre destination. À la fois sur terre et dans les airs, avec une sensation de vague, comme dans les eaux… Ça ne m'était jamais arrivé de me sentir à la fois humaine et pas humaine, oiseau…

Cependant, malgré les couvertures et la combinaison, j'ai toujours très froid. Et très mal. Ma joie en est atténuée, je suis tellement douillette… Mais je suis consciente d'être entière et je me sens plus forte que la douleur !

Vamos au Pérou !

Novembre 2010. Je m'apprête à traverser l'Atlantique avec Séraphin et un groupe emmené par Loup Argenté. Notre périple doit nous mener de Bâle-Mulhouse à Lima, *via* Amsterdam. Puis de Lima à Tarapoto, et enfin dans un centre situé à mille cinq cents kilomètres de la capitale, près du petit village de montagne de San Antonio : El Paraiso.

À l'aéroport de Bâle-Mulhouse, je rejoins le groupe « Alsace ». Parmi eux, des personnes que je connais déjà, et d'autres que je découvre. D'emblée, je me sens bien accueillie par tous ces gens. Et par le lieu, car j'aime l'atmosphère des aéroports ; tout ce mouvement, ces personnes qui vous regardent sans vous regarder dans cette fourmilière géante, ces gens qui se rassemblent avant de se disperser.

En débarquant à Lima, nous formons un groupe de plus de soixante-dix personnes, venues de différentes régions. Parmi elles, beaucoup d'anciens, des gens en mesure de partager leur ressenti sur l'expérience avec la plante, en se gardant, toutefois, d'en dévoiler les rituels. Nous sommes tous, d'une manière ou d'une autre, en lien avec la médecine, la plante et le chaman. À la sortie de l'aéroport, j'aperçois avec stupeur un grand panneau sur lequel est écrit : « Groupe Marie Jésus Sandoval ». Moi, la nouvelle venue, j'ai été désignée pour mener le groupe ? Eh oui, c'est bien moi ! En un panneau, je deviens la référence du groupe ! Je ne le crois pas ! Bon, il est vrai que comme je parle espagnol, je me suis occupée de la réservation et de différents contacts, mais tout de même ! Je me sens un peu gênée et je remarque que certains m'observent bizarrement…

Nous rejoignons Lima et remarquons tout de suite une grande agitation dans la capitale. De nombreux drapeaux flottent un peu partout aux vents de la cordillère des Andes. Je suis frappée par une forte présence armée en ville. Bienvenue en Amérique du Sud !

Nous sommes dispatchés dans plusieurs hôtels de la capitale péruvienne. Le groupe Alsace s'installe à l'hôtel Maury, un magnifique établissement à l'atmosphère coloniale. Nouveau clin d'œil, j'y repère le nom de ma famille – Sandoval – parmi les donateurs mentionnés sur des plaques, comme c'est la tradition au Pérou. Des Sandoval, il y en a pas mal, paraît-il... Nous sommes bien sur une terre de conquistadors. C'est d'ailleurs assez douloureux pour moi, car « Sandoval » était le nom du général des armées de Cortez, devenu par la suite gouverneur du Mexique. Moi qui me sens tellement sauvage, rebelle et en aucun cas conquistador, je ressens comme une espèce de tiraillement, d'ambivalence. Je me souviens qu'un jour Aigle Bleu nous avait dit que les âmes amérindiennes s'incarnaient dans les nations blanches pour porter les prophéties. Ça a mis du baume à mon cœur troublé et allège ce sourd sentiment de culpabilité, même si je ne me sens pas dans cet état dans ma relation aux autres, mais simplement en reconquête et en découverte de mon territoire intérieur. Nous sortons dîner dans un restaurant végétarien proposant des menus riches en couleurs, en délicieuses saveurs et en envoûtantes senteurs. En déambulant dans les rues de Lima, nous remarquons une multitude de gens en tenue de soirée, des femmes en robe longue, des nains, des géants, beaucoup de touristes et des militaires partout.

— Curieux, non ?

— Aujourd'hui, c'est la fête nationale ! nous explique-t-on.

Nous découvrons le palais et la place de la cathédrale, encadrée par des militaires. Avec leurs boucliers, ils me font penser aux pauvres Romains faisant la tortue dans *Astérix*. Sous leurs casques et avec leurs matraques, ils paraissent à la fois pacifiques et joyeux. Pourtant, leur présence statique jette comme une ombre. Dès la tombée de la nuit éclatent des feux d'artifice dans une ambiance de fête qui augure d'une nuit bruyante. L'ambiance me paraît surréaliste. Je ne me doute pas que ce n'est qu'un début...

Le lendemain, nous sommes transférés à Tarapoto. L'hôtel est plus traditionnel et son côté terre à terre me rassure. À peine installés, nous allons faire un petit tour au marché, histoire de nous imprégner de l'ambiance des lieux. On y trouve un peu de tout et de rien, comme des grigris et autres objets plus ou moins chargés de rituels. En début d'après-midi, nous prenons le bus vers les terres, en direction de notre lieu d'hébergement. Nous pénétrons dans la forêt, comme on s'engouffre dans une mine, passant de la lumière à l'obscurité, pénétrant un monde à part, clos et mystérieux. Au bout de la piste, un petit village au bord d'un cours d'eau.

— Il faut franchir la rivière, nous informe-t-on, avec une mimique signifiant « il va falloir patienter ».

Je m'assieds par terre, ce qui me vaut immédiatement d'être rappelée à l'ordre : « Attention aux parasites ! » Voilà qui commence bien… Lorsque je repère les frêles pirogues destinées au transport, des embarcations fines comme des spaghettis et à fleur d'eau, je décide aussitôt d'emprunter le pont. On dit que l'anaconda vit dans ce cours d'eau… Traverser un cours d'eau a quelque chose d'impressionnant pour moi. Cela évoque en moi une sorte de symbolique qui m'échappe pour l'instant, mais que je retrouverai à de nombreuses reprises dans ma vie.

Les bagages sont tirés par un fil tendu au-dessus du cours d'eau entre les deux berges. Tout le monde arrive sain et sauf de l'autre côté de la rivière, les bagages aussi. Commence alors une longue marche à travers la forêt. La végétation est luxuriante : palmiers, bananiers, arbustes fleuris et autres plantes exubérantes de verdure. Néanmoins, je devine qu'elle grouille d'habitants peu sympathiques à mes yeux… Ma peur des serpents, araignées et autres bestioles rampantes menaçantes est à son comble !

Au bout de quelques heures de marche, nous parvenons à El Paraiso. Le paradis. Comme le lieu d'hébergement dans les Vosges dans lequel j'anime des stages, le Seminarparadies. Un bon signe ? Je découvre ce « centre de ressourcement », dont les bâtiments sont répartis sur plusieurs niveaux à flanc de colline, sur un domaine de quatre-vingts hectares. Construits en matériaux traditionnels, ils forment un ensemble parfaitement intégré dans son environnement. Je suis sous le charme. À l'accueil, une jeune femme nous fait une brève description du centre.

— Nous avons deux *dormitorios*. Ce sont les deux bâtiments sur pilotis, avec vue sur le rio et entourés de verdure, que vous voyez là-bas. Ils comptent huit chambres chacun. Juste à proximité se trouvent deux espaces sanitaires avec douches, toilettes et lavabos, un pour les hommes et un pour les femmes. Au-dessus, la *comedor,* notre salle de restauration, avec une grande terrasse qui donne sur le rio Mayo. Et, à côté, une cuisine équipée, avec eau filtrée et une réserve fraîche enterrée. Plus loin, vous avez la *maloca*, la salle d'activités. Elle a une superficie de six cents mètres carrés.

Je suis impressionnée par la beauté et l'harmonie des lieux. Baignant dans une splendide végétation, les différents bâtiments sont reliés les uns aux autres par des chemins en pierre, bordés d'arbustes fleuris. Leurs abords sont agrémentés par des terrasses et auvents. Nous nous installons dans cet espace privé. La parole aussi sera privée : pendant vingt et un jours, nous devons faire vœu de silence. Le silence de la parole, certes, mais également le silence du regard, du toucher et des énergies hommes-femmes. Un isolement de tous les instants qui repliera chacun sur sa propre énergie, en contact uniquement avec lui-même, avec son être profond, ses ancêtres, ses guides. Nous ne communiquerons plus que par écrit ; les hommes et les femmes seront logés dans des espaces séparés, aucun contact physique ne sera autorisé.

La bâtisse est hissée sur pilotis, et les interstices dans le plancher ne manquent pas de m'inquiéter. J'imagine déjà toute une faune rampante se faufilant à travers ces espaces. Dans la salle à manger, un panneau : « Attention aux araignées ! » Exactement ce qu'il faut pour entretenir ma peur… Les chambres sont attribuées par un chaman. Je partage la mienne avec deux autres femmes. Je connais l'une d'elles et j'apprendrai à connaître l'autre. Elles ont toutes deux déjà fait l'expérience de la plante, et cela me rassure. La consigne de silence est appliquée immédiatement. L'expérience et l'implication de mes deux camarades de chambrée m'aident à ne pas y déroger. Tant mieux, car mon adaptation n'est pas aisée. Je souffre de la chaleur, de la peur des bêtes et j'ai du mal à m'endormir. Je vis en stress continu, avec le sentiment que ma vie est en jeu... C'est à la fois excitant et terrifiant. Je prends des douches froides pour me recentrer. L'eau et le froid me ramènent en moi-même.

Le repas est très frugal, sans sel et sans goût. Aussi insipide que de l'eau. Sans doute une façon de se préparer à recevoir la plante...

Le soir même, tout le monde se rend à la *maloca* – l'espace de travail et de guérison. Je remarque au passage que le domaine est gardé par des hommes armés. Nous traversons la forêt dans l'obscurité comme un tunnel résonnant de mille sons et empli de mille odeurs. Nous avançons sur les pierres disposées sur le chemin. J'ai l'impression de marcher sur le dos d'un dinosaure qui pourrait se réveiller à chaque instant et m'emporter sur son dos pour me dévorer.

Je découvre la *maloca* : un superbe dodécadôme sur pilotis. L'espace central est aménagé pour recevoir un feu. Le lieu me rappelle un peu le village de la Paix des Cherokees. À l'entrée sont disposées des dizaines de chaussons. Dans la *maloca*, nous occupons des places bien définies, et les anciens encadrent les nouveaux venus. Je cherche la mienne et finis par la trouver. Elle est matérialisée par un matelas et une cuvette. Hubert s'installe à côté de moi. Il a l'air serein. Le sens de la circulation de passage se fait par la gauche, comme la course du soleil dans l'hémisphère sud. En passant devant les chamans, je remarque de magnifiques poteries et de jolis petits verres. Je prends contact avec le lieu en posant mon regard à gauche, à droite, en haut, en bas, derrière, devant. Au plafond pendent de nombreux grigris attachés par des ficelles de couleur, recréant un ciel habité par des esprits. Des toiles d'araignée – une autre de mes « bestioles favorites » –, des objets, des poteries, des quartz, des améthystes, des objets de culte amérindiens et d'autres traditions cohabitent dans cet endroit. Je prépare mon espace.

Je rapproche légèrement la cuvette du matelas tout en observant les autres. Puis tous les nouveaux venus sont invités à donner, devant l'assemblée, la raison de leur présence. Mon tour arrive.

— Pourquoi je suis là ? Sans doute pour apprendre à regarder la mort en face.

— Foutaises ! répond Loup Argenté aussi sec.

Je me sens un peu secouée, mais je parviens à garder mon calme et je ne me laisse pas démonter.

— Pour regarder la partie morte en moi ?

— Tu vas voir ce que je vais te montrer ! Qui tu es, ce que tu joues !

Je réponds tranquillement :

— Merci, Loup Argenté.

— Et en plus elle me remercie !

Je retourne m'asseoir et, malgré cet échange tendu, je reste en lien avec cette douce tranquillité qui m'habite.

— Vous allez recevoir une petite quantité de plante, « juste assez pour qu'elle vous dise bonjour », annonce un assistant de Loup Argenté.

J'apprécie l'expression poétique… Loup Argenté est toujours présent avec sa douceur, mais peu à peu, il fait place à Loup Noir, face à moi, avec ses profondeurs. Je vais chercher ma ration. Les premiers produits sont destinés à nous purger. Puis ce sera le tour du breuvage principal, l'ayahuasca, préparé par de vieilles femmes. Cette décoction brunâtre est préparée à partir de l'écorce et des tiges d'une liane. On y ajoute une substance nécessaire à l'effet psychotrope. Les effets secondaires de l'absorption de ce breuvage consistent en des nausées. Rien qu'à le voir, je sens déjà les premiers effets…

Je retourne à ma place avec la conscience de tenir entre mes mains des milliers d'années de connaissance et de reliance. Je l'accueille avec respect et gratitude. Je la respire, je l'invoque, puis vient le moment de la prendre en bouche. Je la laisse entrer, tourner autour de la langue, fondre dans la bouche et investir toutes les cellules de mon corps.

Son odeur ne me repousse pas, mais je reste méfiante. Puis je la mastique, la baratte. Autour de moi, des personnes ont la nausée. Déjà… Je chasse ma vieille peur des visions à venir, celles de la petite fille qui ne faisait pas la différence entre un carnavalier masqué et le diable. Je demande à la plante de m'accepter, de rester en moi, de me guérir, de me révéler. Débute alors entre elle et moi un doux dialogue, un échange. Si je me sens calme, je reste néanmoins vigilante. « Médecine, reste dans mon corps ! Médecine, permets-moi de faire un voyage doux et tranquille ! Médecine, j'accueille ta sagesse ! Médecine, apporte-moi les mémoires des anciens, les enseignements de la forêt ! » J'avale et j'attends. Je ne vomis pas, c'est déjà ça. Cela me rend heureuse. Je perçois la plante qui passe en moi. Nous sommes en phase, tout se passe bien. Finalement, les sensations avec l'ayahuasca ne sont pas très différentes de celles que j'ai connues lors de la cure de raisin. Mais cela ne fait que débuter…

Peu après, je commence à ressentir une sorte d'impression de flottement, à naviguer entre réel et irréel, une sensation ni agréable ni désagréable, une sorte de douce ébriété. Le chaman se met à jouer du tambour, accompagné par une trentaine de personnes. De puissantes vibrations semblent surgir des profondeurs de la Terre en remontant le long des fondations. Elles me traversent de part en part, comme une vague de frissons qui emporte ma conscience. Tout l'espace de la *maloca* se met alors à vibrer. J'entends le tambour, je vibre avec le tambour, je deviens le tambour, je suis le tambour. Je retrouverai cette sensation, des années plus tard, quand je jouerai moi-même de cet instrument au bord de la rivière. Près de mon oreille, je sentirai comme des vagues dans mon crâne, de douces ondulations, dans une grâce orgasmique procurant une sensation de légèreté, de douceur, de jouissance, par la diffusion de fines ondes cérébrales.

Le mélange plante-tambour doit rendre les sens plus affinés, car voici que j'entends distinctement le son de la rivière et les chants des oiseaux. Même le passage du vent dans les feuilles devient audible. Mon mental tente de mettre des mots sur ces sensations, mais je pense que ce n'est plus important. Je décide d'abandonner mon mental et de me livrer corps et âme à mon pur ressenti.

Je me sens si contente, si reconnaissante ! J'ai quand même peur de fermer les yeux. Pourtant, lorsque Loup Noir nous conseille de nous allonger, je me laisse aller en confiance. Je pars et je reviens, dans de mystérieux voyages en moi-même. La structure en bois du dodécadôme de la *maloca* se transforme soudain en une immense araignée. Les matelas deviennent des larves rampant sur le sol. Mais cette vision – qui aurait pu me terroriser – est fugace et ne parvient pas à me submerger. Le temps passe, je ne saurais dire combien d'heures. Puis Loup Noir passe, et je tressaille.

— Maintenant, vous vous levez, on danse ! Debout !

La danse a un effet à la fois stimulant et épuisant sur moi. Je ne parviens pas à garder les yeux ouverts. La pénombre me va mieux que la lumière ; dans le noir, je suis rassurée. Enfin, nous retrouvons la position allongée.

Je ne sais comment, mais le matin est arrivé. Je sors pour aller aux toilettes. Au dehors, l'air est chaud et humide, pas vraiment de quoi me revigorer. Au retour, Loup Argenté est là.

— C'était gentil, pour une première fois, me dit-il, avec une douceur bienveillante.

Soulagée par la réussite de ce premier contact avec cette plante que je redoutais tant, j'acquiesce, en espérant de tout cœur que cela continuera ainsi. Après divers rituels, nous redescendons prendre une tisane. Commence alors une longue journée de récupération : douche, lessive, sieste, douche, sieste, rêve, repas, sieste, sommeil... Mais cette éphémère sensation de bien-être ne dure pas. Je sens de vieilles douleurs émerger, à l'ovaire gauche, dans les pieds, dans le bas du dos. Mais, surtout, je me sens dans un état fébrile, sans pour autant avoir de fièvre. Les os de mon crâne sont douloureux, tout comme la racine de la nuque. Je continue à me relier, à l'aide d'un mantra, à l'esprit de la plante, m'efforçant de conserver un état de douceur tranquille, de ne pas me laisser envahir par de mauvaises pensées, de rester avec moi-même, à l'intérieur. Je veille également à maintenir un esprit de profonde gratitude pour la sagesse des ancêtres, pour l'esprit de toute chose et pour la plante, dont je perçois les effets guérisseurs, tel un rayon laser qui scruterait chacune de mes cellules. Malgré mes efforts, je me sens lasse, et je sens remonter en moi la crainte des araignées, des serpents, de tous les rampants. Je m'efforce de ne pas nourrir cette peur qui, avec l'exacerbation de mes sens, se rapproche peu à peu de la phobie. Mais la nuit tombe, et c'est de plus en plus difficile. L'heure de préparer mes affaires pour le deuxième voyage approche. Après un repas frugal composé essentiellement d'une soupe chaude, nous retournons à la *maloca*. Loup Noir nous y attend. Une fois tout le monde installé, il prend, à sa façon, la tonalité du groupe.

— Ce n'est pas moi qui vous ai demandé de venir, sauf pour Marie Jésus. Car il faut qu'elle traverse la peur de la mort. La mort, c'est le gardien du seuil de la lumière !

Ces mots résonnent fort dans ma tête, dans mon cœur. Mais oui, les trois crânes, Anubis le gardien de la porte des morts... Ma vision ! Puis vient le moment de recevoir la plante, je me mets à genoux pour recevoir ma portion.

— La quantité de breuvage est plus importante, vous pourrez donc traverser des moments difficiles, annonce Loup Noir, l'air grave.

Je comprends ce qu'il veut dire aussitôt que j'avale la potion : la première gorgée passe, la deuxième est plus difficile, la troisième me reste en travers de la gorge. Je fais de mon mieux pour me relaxer. Je me sens plus éveillée que l'autre soir. Je continue à demander de l'aide aux esprits. Cette fois, curieusement, je le fais en espagnol. Puis la plante commence à faire effet. Je sens comme un vent de panique se lever en moi, lorsque j'ai soudain la sensation que mes contours se désagrègent petit à petit. L'image d'un sucre qui renverse un autre sucre qui renverse... se répète à l'infini en moi. Cette perspective d'infini me terrorise, comme si je devais disparaître à tout jamais pour me fondre dans un espace que mon mental nommerait « univers », mais que mon cerveau ne connaît pas. Alors, comme pour me rassembler, je respire à fond, encore et encore. M'entendre respirer me rassure quelque peu, me suggérant que je suis encore là et que c'est bien moi qui habite ce corps. Mais, bientôt, cela ne suffit plus à gérer cette terreur de disparaître. Voilà que je me mets à secouer mon corps, puis à le toucher, le masser, le malaxer et, comme il semble refuser de revenir, je lui assène de grandes claques. Soudain, sans aucune raison, un immense rire jaillit en moi. Chaque prise de contact avec mon corps n'est que sonorité, je suis, à moi seule, un orchestre vivant. Mes sensations corporelles ne font plus la différence entre ce qui pourrait être douloureux et ce qui ne le serait pas. Devant mes yeux passe un voile avec des inscriptions, puis des formes de couleurs, rouge-orange, rouge-rose, avec des reliefs. Je vois la même chose yeux ouverts ou fermés. Tout défile tellement vite ! Tout à coup, je sens comme une aspiration, un vent qui me soulève tout entière, avant que je ne reçoive des informations… d'une abeille. Je réalise alors ce que le mot « drogue » veut dire. Une partie de moi n'est plus là ; je me sens observée, absorbée. De plus, j'ai chaud, très chaud ! De l'eau ! Cette sensation d'être ivre et folle ! Rendez-moi mes esprits ! Je regarde avec mes lunettes, sans mes lunettes. Des images me viennent. Je me vois en train de me gratter la tête, vieille femme ou vieil homme, gisant dans une prison, mes cheveux aussi longs et gris-blanc que ce qui me sert de vêtement. Mes mains grattent la terre à s'en arracher la peau, avec une pensée unique et obsédante : quitter cette prison et cet enfermement. Je me sens devenir folle, à moins que je ne le sois déjà. Seule cette obstination à créer un passage me permet de sentir que je suis encore en vie. Je ne saurais dire combien de temps cette partie de moi erre en cette zone de mon esprit, lorsqu'une nouvelle vision arrive sans prévenir. Voilà que je me retrouve en Indienne, nue sous une cascade. Les images se suivent et s'entremêlent, si bien que je ne sais plus qui je suis ni où je me trouve ! Et j'ai tellement soif ! De plus, j'ai la nausée ! Je demande à la plante de continuer à faire son travail, tout en m'efforçant de la garder le plus longtemps possible en moi. Je me mets à chercher mon mouchoir, ma lampe. Loup Noir me demande de me calmer. Puis la délivrance : je vomis ! Enfin ! Je me libère ! Je remercie la plante et les anciens pour la sagesse qu'ils m'ont transmise.

Mon ventre est pris de vilaines crampes, et je me sens saoule. Je prends ma lampe de poche et je m'apprête à sortir de la *maloca*. J'attends que quelqu'un m'accompagne. Je tourne la manivelle de ma lampe, histoire de rester présente. Soudain, j'ai envie de rire, de faire le clown ! Enfin, un peu d'eau ! Je m'asperge le visage, je me mouille la tête. Puis je procède au rituel de l'offrande. Je confie le contenu de la cuvette et l'eau de lavage à la Terre, en la remerciant pour sa capacité à absorber et à transformer mes ombres, mes « mal a dit ». En même temps, je la nourris de mes espérances de transformation. Tout doucement, je sens que je reprends mes esprits. Pourtant, je continue à tituber. Je reviens à ma place dans la *maloca*, tout autour de moi s'apaise. Je ne suis pas la seule, ce soir, à avoir poussé les portes de l'inexplicable, et pourtant un grand calme émane de cet espace de guérison.

LE CANYON

Vade retro, seringas !

Marie Jésus

Au bout d'un bon quart d'heure de marche – à moins que ce ne soit une demi-heure –, je distingue une lumière bleue dans la nuit : l'ambulance. Autour de moi, des hommes, plein d'hommes. Je sens leur force protectrice, comme la muraille d'un château fort. Dès qu'elle nous aperçoit, une femme sort du véhicule et s'approche de moi.

— *Ola*, je m'appelle Gabriela et je suis médecin.

Grande, brune, un sourire emprunté à *La Joconde*, elle m'inspire confiance d'emblée. Je veux m'exprimer, mais je perds mes mots, en espagnol et en français ! Mon langage a dû se noyer dans les flots de mes peurs. Mercédès n'est pas là, mais, heureusement, Maria est avec nous. Dernière inscrite au stage (le Ciel soit loué), elle parle espagnol. Elle transmet les demandes que je bafouille. La doctoresse m'examine. Elle m'informe que je vais bien, après une courte hésitation. Elle est surprise par mon âge.

— C'est impressionnant ! finit-elle par lâcher, en se pinçant les lèvres.

Je lui souris et continue de faire mes respirations.

— Relaxez-vous, faites de la méditation, c'est bien ! dit-elle, en faisant un signe de la tête à l'infirmier.

Soudain, je l'aperçois, pointue, menaçante comme un prédateur : la seringue ! Mon sang ne fait qu'un tour, je ne peux contenir ma colère. L'infirmier voulait me piquer mon petit doigt. Je ne veux pas ! Pas question ! *Vade retro, seringas !* Gabriela calme le jeu et se tourne vers le jeune infirmier en fermant les yeux.

— On ne fait rien.

L'homme repose la seringue en haussant les épaules, genre « puisque le docteur le dit... ». Soudain, généré par des tonnes de souvenirs sous forme de traumatismes, un cri venu du fond de mes tripes :

— Je ne veux pas aller à l'hôpital !

La doctoresse comprend rapidement que ce n'est pas un caprice... Ce cri qui vient de jaillir sans demander son avis à ma conscience d'adulte, c'est celui de la petite fille en moi. Celle qui peut enfin crier « non », avec la force insoupçonnée que procurent les expériences passées. Pourtant, la piqûre, par rapport à ce que je viens de traverser, ce ne serait rien du tout ! Mais la petite fille en moi se souvient de ses pleurs, de son manque de vitalité et de défenses, lorsqu'elle était partagée entre tristesse et impuissance, quand on lui imposait toutes sortes de supplices « pour son bien ». Pour la première fois dans sa vie, c'est « non » ! Elle peut enfin se défendre ! Ce refus exorcise, à lui seul, toutes les frustrations d'une vie. Pourtant, l'infirmier, lui aussi, ne voulait que mon bien... Je conscientise ce moment pour bien l'ancrer en moi, pour créer une nouvelle banque de données dans ma mémoire.

Je signe une décharge pour ne pas aller à l'hôpital et échapper aux piqûres. J'aurais signé avec les pieds ou même avec les dents, s'il avait fallu ! La doctoresse me donne des calmants contre la douleur.

— Je repasserai vous voir demain.

Je lui lance une œillade à la fois respectueuse et déterminée.

— Euh..., demain, je serai partie...

La doctoresse me dévisage d'un air d'incompréhension.

— Mais ce n'est pas possible ! proteste-t-elle, avec néanmoins une pointe de doute, comme si elle voulait ajouter « pour le commun des mortels... ».

À partir de cet instant, je demande à toutes les parties de mon être de se mobiliser pour me remettre sur pied, le lendemain. Je suis déterminée à rentrer chez moi, et ce n'est pas une douleur qui va m'en empêcher...

Donnez-moi mon ayahuasca quotidien

Troisième jour. Je me sens moins tranquille, moins confiante. Une partie de moi a eu très peur, et je crois que je ne suis pas la seule. Je retrouve ma place, je médite un peu. Hubert est là, sa présence me fait du bien. Stéphane n'est pas loin non plus. J'attends, nous attendons. Je rêvasse, je m'endors, je me réveille. Mon appréhension se pacifie. Un assistant nous annonce que, comme Loup Argenté n'est pas descendu, nous ne prendrons qu'une petite dose de la plante. Bonne nouvelle ! Une gorgée me semble possible. Je garde un bon souvenir de la première prise. Je respire. Pas pour longtemps, car l'assistant nous informe que, finalement, le maître viendra quand même. Bon, il faudra faire avec...

Je m'en remets à la plante. C'est encore plus difficile que je l'imaginais. Son odeur a des relents de nausée. J'invoque l'aide des esprits, à nouveau en espagnol. Une gorgée, ce doit être possible ! Je demande à la plante de rester à l'intérieur de moi, de me guérir et de me soigner, corps et âme.

Quand on prend la plante, il faut tout vérifier, en restant dans la conscience qu'en ce lieu la mort peut à tout moment se montrer. Vérifier avant de mettre ses chaussures, vérifier avant de se glisser dans son lit – coin douillet tant apprécié des serpents –, vérifier en ouvrant le rideau de douche – lieu prisé par les araignées venimeuses –, en pénétrant les toilettes sèches – royaume de tout un monde de bestioles.

Loup Noir nous invite à nous lever pour danser. Je me redresse dans la pénombre ambiante, sans omettre de bien regarder où je pose les pieds… Un chant émerge des profondeurs du groupe. J'ose, je chante tout doucement, pour moi. Un chant venu du bassin et des mains, qui me relie. Mais à qui, à quoi ? Je deviens vahiné, je retrouve la vision d'une femme nue sous la cascade, en Polynésie.

Je ne saurais dire combien de temps cela dure. Différents souvenirs défilent : la présence de mon fils, Maxence, notre voyage avec Éric à Tahiti et surtout aux Marquises. Je nous revois dans cet avion en direction de Hiva Oa. Dans mon dos, un homme qui ressemble à une ombre. Une ombre au tableau de ce séjour paradisiaque. Nous l'avions déjà aperçu à notre arrivée à Papeete, en même temps que le chanteur Antoine. Si le chanteur, qui arborait un large sourire et ses éternelles chemises à fleurs, a été accueilli avec des couronnes de bienvenue chargées de fleurs odorantes aux couleurs chatoyantes, lui, cet inconnu, cachait son visage sous une capuche de rappeur. Un visage dont les yeux d'un bleu presque transparent soulignent la pâleur. Son corps est couvert de tatouages de toutes formes. Sur une de ses jambes, c'est la partie non tatouée qui révèle le motif du dessin. Si cet individu me terrorise, il exerce sur Maxence une attraction proche de la fascination. Et le voilà dans le même avion que nous ! Et, comble du comble, dans mon dos ! Je lance une œillade à Éric en ne laissant rien transparaître de mon angoisse. Au contraire, je lui offre mon plus beau sourire, ma profonde reconnaissance, pour ce merveilleux cadeau qu'il nous fait avec ce voyage. Je lui prends la main comme on pose une ancre. Car je perçois les prémices d'un départ vers je ne sais quelle mémoire. C'est en oscillant entre une douce somnolence et une réticence à me laisser emporter que la vision arrive. Cette forme dans mon dos, cette capuche, devient la partie d'une cape qui se pose sur moi, devenant moi, se transmutant en une forme sans visage : la faucheuse, la lame 13 du tarot de Marseille, l'Arcane sans nom, ce nom qu'on n'ose prononcer : LA MORT !

Revenir à cet endroit de ma mémoire avec la plante me donne un autre regard, renforcé par des accélérés, des ralentis, des arrêts sur image au cours desquels apparaît l'essentiel. Je vois le regard de

Maxence rencontrer celui de ce macabre inconnu. Je devine leur complicité, scellée par une poignée de main, comme les prémices d'un pacte dont eux seuls connaissent le secret. Je sens que tout tourne autour du tatouage. C'est comme si la plante guidait mes pensées. Elles me montrent le bas du visage de cet homme et ce tatouage qui lui donne une présence et un sourire d'un autre temps. Sans parler de ses mains, de ses jambes. Soudain, ces dessins, ces formes, commencent à se détacher de sa peau et se transforment en une écriture en suspension, une sorte de formule magique, de mystérieuse incantation.

Me voilà à Raïatéa, l'île sacrée où Maxence me fait part de son désir de se faire tatouer. Dans les trémolos de sa voix, je détecte à la fois la profonde détermination d'obtenir gain de cause et le désir de se montrer sous un bon jour. Peu après, en faisant les courses avec Éric, je tombe sur un ouvrage dédié à l'art du tatouage. Je ne pouvais imaginer mieux. Le sens, l'origine, la beauté de cet art, tout y est décrit avec simplicité par Tahu'aUmu-Ti, plus connu sous le nom de « Raymond Graff », le grand prêtre de l'archipel. Avec une affirmation qui fait mouche en moi : « La signification des motifs ancestraux n'est pas perdue, elle est détenue entre les mains de ceux qui savent. » Oui, quelque chose en Maxence sait, j'en suis persuadée. Il va d'île en île à la rencontre des tatoueurs. Il fait le choix de son tatouage sans aucune hésitation, comme s'il l'avait reconnu sans en avoir la conscience, tout en y apportant ses propres choix. Pendant ce temps, avec Éric, nous visitons une réserve botanique où toutes les espèces des îles sont rassemblées, un vrai jardin d'Éden.

Par un bel après-midi sur l'île de Moorea, je suis soudainement prise par une transe. À nouveau, ce langage s'exprime, en préambule à une vision au cours de laquelle je perçois Maxence face à quelque chose qui se dirige vers lui. La maman poule que je suis s'inquiète, d'autant plus qu'il n'est toujours pas rentré. Éric, dans sa générosité naturelle, m'entoure de son amour et de sa tendresse. Heureusement, Maxence – qui va vers sa seizième année – ne tarde pas à rentrer. Il a un drôle d'air, on dirait que ses yeux sont pleins d'étoiles. Aussitôt, je pense à de belles rencontres avec de douces et belles vahinés. Pas du tout : c'est avec un tatoueur !

— Maman, je sais et je sens que c'est lui ! Et, en plus, j'ai rencontré là-bas cet homme, le tatoué, tu sais celui qui te fait si peur !

Je me sens défaillir en faisant le lien avec ma transe ! C'est ce rendez-vous que j'ai perçu dans chacune de mes cellules.

Maxence poursuit :

— Rooni est un grand maître tatoueur dans la pure tradition, et Christian, le tatoué, le connaît ! Dans les anciens rites polynésiens, le tatouage est un rituel de passage, et Christian se propose d'être mon parrain, comme dans la tradition ! Chouette, non ?

Je suis ébranlée, mais la détermination de mon fils a raison de mes réticences. Je souhaite voir plus clair dans cette histoire. Et nous voilà partis, tous les trois, pour rencontrer ce fameux Rooni et cet inquiétant Christian. À ma grande stupéfaction, la rencontre avec Christian White est magique. Je peux enfin fixer son regard sans y voir le fantôme de la mort sur pattes. J'apprends que ce bel homme d'une trentaine d'années a été sauvé d'un cancer de la peau par une tribu amazonienne, qui lui a fait boire du jus de cactus. Éric se révèle un excellent traducteur, et je peux lire dans ses yeux combien ces récits sont époustouflants.

— J'ai d'abord séjourné dans un arbre, là où ses racines sont nourries des mémoires des ancêtres, le cimetière de la tribu, raconte Christian. Les Indiens ont effectué des demandes sous forme de fumigations et d'invocations pour obtenir l'accord des ancêtres avant de me laisser pénétrer dans leur village. Ce tatouage sur mes mains, c'est cette tribu qui me les a faits, en remerciement et en guise de signature de ce lien inscrit à tout jamais dans ma chair.

Je peux enfin mettre du sens sur ce qui semblait en être dénué. C'est bien la présence des morts, des ancêtres, qu'une partie de mon cerveau, de mon être, perçoit. Je me sens soulagée et ravie d'avoir enfin rencontré ce personnage qui ne génèrera plus de cauchemars en moi.

C'est sur l'épaule gauche de Maxence qu'un « tiki[1] » prendra sa place et marquera ainsi à tout jamais ce rendez-vous avec la culture maorie et cette légende du continent englouti, Mu. Christian nous en dit plus sur ce sujet qui titille ma curiosité et mon intérêt.

— Certains prétendent que l'ésotérisme des tatouages viendrait d'une écriture perdue dans la nuit des temps. Parmi eux, le grand prêtre tahitien Raymond Graff. Il officie depuis de nombreuses années dans les cérémonies liées au savoir ancestral. C'est un vrai expert dans les cérémonies de marche sur le feu et dans l'art du tatouage ! Raymond est persuadé de l'existence d'un continent qui abritait une civilisation très évoluée et qui, comme l'Atlantide, aurait été submergé. D'après lui, cette civilisation Mu aurait parfaitement maîtrisé l'écriture, et il est possible d'en retrouver des exemples sur les célèbres plaquettes de Rapa Nui. Mais cette écriture s'est, peu à peu, perdue, seule une petite partie a pu nous parvenir, grâce à la tradition orale et au tatouage.

Lorsque Loup Noir se met à jouer de la flûte près de moi, j'entends une voix à l'intérieur de moi, et mes larmes se mettent à couler. Pourquoi est-ce que je pleure ? Sûrement pas pour rien… Je me sens alors appelée par le feu. Sa présence, son odeur, sa chaleur, son langage me posent et me reposent. Au petit matin, je m'éveille avec la sensation d'avoir accosté sur cette terre des origines, ce continent englouti où serpents, crocodiles et tortues peuplent cette mémoire aquatique. La prise de la plante en serait-elle la clé ?

Les journées se suivent et se ressemblent, le silence à l'extérieur et un brouhaha de conversations intérieures. Mais qui parle avec qui ? D'intenses vagues de chaleur parcourent mon corps, une chaleur très différente de la touffeur ambiante, moite, collante, humide. Ces vagues

1. Un tiki (*ti'i* en tahitien) – terme qui signifie aussi bien « homme », « dieu » ou « homme-dieu » – est une représentation humaine sculptée de façon stylisée, que l'on trouve sous forme de statue ou de pendentif, souvent en jade ou en os.

de feu m'irradient d'un brasier alimenté par de mystérieux souffles de vie et provoquent en moi une immense fatigue.

Le repas est toujours sans sel, sans sucre, sans vie. Un régime de bonne santé, en quelque sorte. Les moments de pause sur les transats, en contemplation face au superbe panorama, ne suffisent pas à dissiper mes angoisses, de plus en plus asphyxiantes. C'est avec inquiétude et lassitude que je reprends, ce soir-là, le chemin avec les autres, vers la *maloca*. Je sens une appréhension monter en moi, et je crois que je ne suis pas la seule. Ce soir, Loup Noir nous prépare une soirée mouvementée. En arrivant, je découvre de nouveaux objets, et cela génère un intense questionnement en moi. J'essaie de stabiliser mon mental en ébullition, mais les prières et les invocations n'y suffisent pas. N'y suffisent plus. Mon angoisse augmente d'un cran lorsque Loup Noir apparaît et nous met au parfum :

— Ce soir, fini la rigolade !

En allant chercher nos verres, nous devons regarder Loup Noir dans les yeux. Son regard pétille, et il a une boutade pour chacun : « Comment vas-tu ? », « Et toi, tu es fatiguée ? », « Pas de tire-au-flanc, je te préviens ! » Le breuvage a l'air plus concentré, plus fort que le premier. Rien que de capter l'odeur de la plante, j'ai la nausée. D'ailleurs, je l'avais avant même d'entrer dans la *maloca*. Arrive le moment fatidique… Je saisis mon verre et le porte aussitôt à mes lèvres. Surtout, ne pas tergiverser… Je bois à petites gorgées, en évitant que le liquide ne se répande sur les côtés de la langue ; ce qui me ferait vomir à coup sûr. Voilà, ça descend doucement. Quatre gorgées, déjà. Je tiens bon. Mais la cinquième ressort plus vite qu'elle n'est entrée ! Loup Noir m'informe qu'il m'en redonnera plus tard. J'apprécie sa compassion… J'essaie de me faire entendre, en lui rappelant que j'en ai déjà pris quatre gorgées, que je suis la plus petite du groupe et que, compte tenu de la proportion du breuvage, recevoir la même quantité que ceux qui me dépassent de trois têtes et font le double de mon poids, ce n'est pas juste ! Mais rien n'y fait.

Cela fait dix minutes que j'ai avalé le liquide. Je suis fermement décidée à ne pas m'endormir. Des fois que l'abeille revienne… Je suis en résistance. Et en observation. Mes yeux suivent les mouvements des flammes du feu central. Je sens leur chaleur se diffuser dans mon corps. Surtout dans ma tête. Spontanément, j'adopte une drôle de posture : la tête entre les jambes, face contre terre, les fesses relevées. Ça a l'avantage de dissiper mes nausées et de m'apaiser, comme si ça me permettait de me rassembler, de faire corps. Je serais donc capable de biaiser avec la plante ? Apparemment, oui, car je me sens tranquille, presque normale, et c'est pour moi une sensation nouvelle en ce lieu. Fière de moi, je me dis que j'ai dû franchir une étape sans m'en apercevoir. Soudain, une pique transperce mon embryon de sérénité. Sans le moindre signe avant-coureur, je reçois la piqûre de rappel de l'abeille, surgie comme une flèche de la brume. Elle s'abat sur moi, m'envahit, m'absorbe, m'incorpore tout entière. Alors, des ailes me poussent, j'entends leur frémissement avant qu'il ne se transforme en bourdonnement. Cette sensation s'amplifie peu à peu. Comme un espace d'amplitude croissante qui envahit mon être, pour me forcer à devenir totalement et pleinement abeille. C'est maintenant au tour de mes yeux de papillonner. Des milliers d'yeux en perpétuel mouvement et qui n'en forment qu'un, puis deux, posés sur mes tempes. Des yeux qui portent mon regard aux extrémités de l'imaginable. Je deviens abeille, je me sens abeille, je suis abeille. Lorsque je reviens à moi, je suis incapable de dire combien de temps cela a duré ni ce qu'elle est venue me dire. Mais ce dont je suis sûre, c'est qu'il s'est passé quelque chose au niveau de mes yeux.

Loup Noir me demande de me lever et de danser. Je m'exécute en regardant le feu. Je me sens de plus en plus vitale. C'est beau.

— Marie Jésus, Rachel : nouvelle dose ! Venez chercher un verre !

J'essaie de négocier, mais Loup Noir me dit :

— Tu crois que je ne t'ai pas vue vider ton verre par terre ?

Il s'adresse à moi avec tellement de gentillesse et d'empathie que je ne peux que céder à sa demande. Loup Noir est redevenu Loup Argenté, mais cela ne va pas durer… Néanmoins, ça change du loup obscur qu'il était devenu depuis quelque temps… Je ne peux donc pas faire autrement que de boire. En suppliant la plante de rester en moi. Mais, rapidement, des élans de nausée montent en moi comme les vagues à marée haute. La tête me tourne, j'ai le mal de mer, je me débats, je suis en colère. De rage, je peste ! L'odeur m'insupporte, et je suis à nouveau secouée par des nausées. Mon ventre me fait atrocement mal, ma gorge est en feu, et mes yeux piquent comme s'ils étaient pleins de sable. Je n'en peux plus. Soudain se dévoile devant moi le plus beau spectacle qu'il m'ait été donné de voir : de magnifiques perles de toutes les couleurs ! Elles sont de formes et de densités différentes. J'entends alors : « Ne focalise pas sur ton mal-être, mais sur la beauté de ce que tu reçois ! » Je suis là, enrubannée dans une sorte de dentelle transparente, scintillante. Apparaissent alors une libellule parée d'un diadème, des fourmis portant des diamants, de l'or, des perles blanches et transparentes aux pattes. Je serais restée là indéfiniment à contempler ce magnifique spectacle. Mais la vision s'estompe, disparaît. Je remercie intérieurement Loup Argenté pour son accompagnement, ferme et doux à la fois.

Le matin est là, il est huit heures, je me lève encore tremblante. Ce soir, relâche ! Après le petit-déjeuner, je retourne me coucher. Toilette, lessive, réfectoire, ménage, repos sur les transats, peinture, repas, douche, gant de crin, massage à l'huile d'argan. Je me sens enfin le droit de laisser galoper mon mental. Mes pensées divaguent et me déposent devant une plaque de rue : « Rue des Abeilles » à Mulhouse – l'adresse de mes parents. Quelle est la symbolique ? Quel est son message ? Voyons, réfléchissons avec ce qui nous reste de cerveau fonctionnel. L'abeille, qu'est-ce que cet être évoque pour moi ? J'essaie de me creuser la tête, mais j'ai du mal à me concentrer. Je me souviens d'avoir lu que les abeilles travaillent tant sur le plan temporel que sur le plan spirituel. Que par leur vol, elles relient la terre au ciel et symbolisent les âmes dans leur migration (âmes des morts) ou leur élévation (âmes des initiés). Et que, dans le christianisme, on parle du « chant » de l'abeille – chant véritablement sacré, puisque l'abeille porterait en elle une parcelle de l'Intelligence divine. Rassemblées en essaim ou dans une ruche, des milliers de parcelles se trouvent reliées entre elles pour ne former qu'un seul corps – le corps mystique du Christ – dont la tête est le roi (la reine). Mais que faire avec ces informations ? Il faudra que la plante m'aide à faire le lien entre ma vie et l'abeille.

La plante, elle, me mène à nouveau vers la *maloca*, dès le lendemain. Je m'y rends avec douceur et confiance. Le rituel débute. Comme je l'avais présumé, le voyage s'annonce doux, ce soir ; la dose est raisonnable, et je sens que mon corps intègre tout doucement les bienfaits de la plante, de son enseignement et de sa médecine. Dès la première prise, les invocations dans ma langue maternelle sortent de moi. Cela me met en lien avec la mémoire archaïque des origines. Une fois passée la porte des nausées et du dégoût, je ressens à nouveau une immense chaleur, accompagnée de l'impression que ma tête va exploser. Le moindre son, le plus petit mouvement, la plus infime pensée percutent mes sens décuplés, comme une déferlante venue de l'océan de résonances qui m'entoure. Tout est vibratoire, tout est langage, tout est message. Des vagues de plus en plus amples m'emportent loin du rivage de mes certitudes vers une destination inconnue. De remous en dégoûts, le voyage s'avère toujours aussi chaotique, jusqu'au moment où je me sens tomber. Une chute raide et rugueuse sur des graviers, suivie d'une forte douleur dans ma bouche. Le goût du sang sur ma langue ravive des souvenirs très anciens, et, aussitôt, une vision me parvient. Je suis à terre, comme fracassée, je viens de chuter en mobylette sur ces maudits graviers. Les vibrations générées par le revêtement sont entrées en moi, m'ont déstabilisée, me faisant perdre l'équilibre. Pourtant, loin de me montrer intrépide, je roulais à une vitesse raisonnable. Je souhaitais simplement faire ma première expérience d'ado sur cette mobylette prêtée généreusement par Antonio. Ce garçon est le fils d'amis de mes parents, des compatriotes du même village et qui vivent dans les Vosges. Quand j'ai aperçu les graviers, j'ai bien cherché à freiner, mais j'ai inversé les commandes et je me suis mise à accélérer ! Me voilà humiliée et blessée, dans tous les sens du terme ! Pour couronner le tout, j'ai découvert une de mes dents jonchant le sol ! Je me revois, penaude, annonçant ma chute à ma mère devant ses amis. Bien entendu, j'ai reçu en récompense la correction attendue, sans oublier la punition qui va de pair. J'attendrai mes vingt ans pour oser à nouveau sourire à pleines dents, après trois longues années à cacher mes élans de joie en plaquant ma main sur ma bouche. « Les soins sont moins chers et mieux effectués en Espagne », prétendait ma mère. Le problème, c'est que nous ne sommes pas retournés en Espagne pendant des années... Je n'obtiens gain de cause que grâce à la perspective d'un entretien d'embauche. J'ai droit à une dent sur pivot ; moi, dont la vie s'apprête à pivoter... Mais, manque de bol, ma gencive s'infecte et, un beau matin, juste avant un rendez-vous professionnel important, ma dent pivote dans mon bol au petit-déjeuner. Le dentiste prélèvera un bout d'os pour éradiquer l'infection et me limera les trois dents saines de devant afin de pouvoir poser un bridge. Construire un pont pour retrouver le sourire... Cependant, la construction est fragile, et je dois faire attention à ne pas la perdre. Les grands yeux clairs et doux du dentiste me disent qu'il ne peut pas faire mieux et qu'il le regrette. Je ne peux donc ni croquer ma nourriture à pleines dents ni croquer à pleines dents dans la vie.

Sentir cet espace creux et vide dans le haut de ma mâchoire provoque en moi de la tristesse et un profond sentiment d'impuissance. Pire même, une humiliation, une mutilation, une nouvelle punition de la vie. Ces pensées engendrent de nouvelles visions. Celles de sorcières à qui on cassait les dents et qu'on emmurait vivantes, sans oublier le limage des dents dans le rituel de passage à Bali, et celui des dents taillées en pointe chez les Pygmées. Toutes ces images s'empilent dans ma chair, dans ma conscience, comme des calques qui se superposent et s'espacent en laissant apparaître des zones de jonction entre les mémoires de cette vie et celles d'autres vies. Ces mémoires sont-elles issues de la mémoire cellulaire d'un inconscient collectif ? Ce qui est sûr, c'est que, dans cette vie, ma mère a une dent contre moi...

À peine cette pensée a-t-elle fait son chemin qu'une douleur se réveille au fond de ma bouche. Je me dis que, quand je serai rentrée, j'irai chez le dentiste pour me faire enlever cette dent de sagesse farcie de plomb qui m'encombre et me rappelle à son bon souvenir dès que j'explore ces histoires de vie. Je ne me doute pas qu'en rentrant je découvrirai que les émissions de cuivre de mon stérilet et la présence des plombages dentaires sont à l'origine d'une intoxication aux métaux lourds dans mon organisme. Je ferai retirer mon stérilet et tous les plombages de mes dents. Je garderai en souvenir celui qui a fusionné avec cette dent de sagesse et qui ressemble à une balle. En espérant qu'avec l'extraction de cette « balle de plomb » je me débarrasserai de toute forme de vengeance dans cette vie. Une prière que je renforcerai grâce à la rencontre d'Antie Poi Poi, une grande prêtresse maorie œuvrant dans ce monde avec la sagesse Ho'oponopono. Pour que se lèvent ces mémoires intestines, je prierai, encore et encore. En faisant Ho'oponopono, je penserai à toutes les formes de souffrance envers le règne minéral, végétal, animal, humain, terrestre ou extraterrestre, en contribuant à nettoyer les mémoires universelles. Que la paix soit sur la Terre comme au Ciel !

Maman, je suis désolée ! S'il te plaît, pardonne-moi ! Merci, JE T'AIME !

Maman, si dans une autre vie, je t'ai blessée, offensée, maltraitée, tuée, je suis désolée ! S'il te plaît, pardonne-moi !

Merci, JE T'AIME !

La plante me ramène tout en douceur, sans vomissement. Ce soir, c'est au tour de mes intestins de me libérer et de me soulager. Je me sens plus légère. Je la remercie et remercie aussi ma mère, que je capte avec sa profonde difficulté à me témoigner de l'amour dans une expression de douceur rassérénante. Elle, dont la guerre a volé l'enfance en la bombardant mère de ses frères et sœurs. Elle, qui alterne moments de grande fierté de ses enfants quand elle parle d'eux et phases de lamentation, tout en s'interrogeant sur la raison de la malédiction qu'elle subit dans cette vie. Quand elle cite la vie, c'est surtout à moi qu'elle fait allusion... Me punir de lui avoir tant coûté, c'était sa façon d'exorciser sa peur ou son désir de me perdre à tout jamais. Dans ces moments de désespoir, rouge de colère, elle nous lâchait sa malédiction, telle la sorcière du clan : « Il ne pourrait pas tomber une bombe atomique et vous faire tous disparaître ? » Dans ce « tous », je pense qu'elle incluait mon père. Alors, oui, je lui souhaite d'atteindre la sérénité, de trouver le sommeil, de pouvoir se reposer. De moi, de nous, de tout.

Je ne sais combien de temps a duré ce voyage, je sais seulement que je me suis réveillée environ deux heures plus tard et que cela m'a semblé une éternité. Lorsqu'arrive l'heure du repas, c'est une autre Marie Jésus qui se dirige vers le *comedor*[1]. La vue de ces légumes et fruits crus ne se conjugue plus avec « insipide » et « faim », mais avec « vitalité » et « appétit ». Je célèbre en conscience chaque bouchée comme le plus beau cadeau de la Pachamama[2]. Celui de me permettre de me nourrir de ses fruits, de me soigner avec sa médecine, de profiter de sa sagesse et de bénéficier de ses enseignements. Merci, Terre-Mère ! Je profite de cet élan de gratitude pour remercier également ma mère qui, avec si peu de moyens, a réussi à nourrir toute ma famille. Elle nous a appris à partager et à nous rationner en prévision de lendemains difficiles, tout en nous réjouissant pour le plus modeste repas. Même si j'ai parfois souffert de la faim, j'ai connu un immense plaisir et une sensation de puissance en rongeant les os et en mâchant les cartilages. C'est avec fierté qu'elle partageait ses bonnes affaires au marché en fin de journée avec Louise, notre grand-mère d'adoption. Un vrai rituel entre ces deux femmes qui ont connu la guerre – l'une sous Franco ; et l'autre, sous Hitler. Quand elles trouvaient des abats à bon prix, comme des cous, des pattes ou des ailes de poulets, elles partageaient leurs recettes. Tout cela, dans un langage des mains étayé par des dessins. Car maman a toujours refusé d'apprendre le français

1. « Salle à manger », en espagnol.
2. La Pachamama (Terre-Mère), étroitement liée à la fertilité dans la cosmogonie andine, est la déesse Terre dans certaines cultures présentes essentiellement dans l'espace correspondant à l'ancien Empire inca.

pour ne pas avoir le sentiment de trahir ses origines et ses ancêtres… Louise s'émerveillait du courage de cette femme soutenant de toutes ses forces un mari souffrant, tout en élevant avec si peu de moyens quatre enfants. Dont moi, qui comptais double au niveau de l'attention requise et des dépenses de santé.

Mes pensées planent au-dessus de mon assiette de légumes. Moi qui n'ai jamais réussi à couper de la viande sans ressentir de dégoût, moi qui suis passée au régime végétalien sans la moindre difficulté depuis plus de dix ans, je me rends compte que Swami Ji, lui, n'a jamais consommé de viande de sa vie. Et que Loup Argenté est végétarien, lui aussi, depuis bien longtemps. Je ne peux m'empêcher de revoir ma mère tordre et couper le cou des poulets pour les grandes occasions ! Je ne peux m'empêcher d'entendre la voix de cette petite fille en moi qui croit que maman la prend pour un poulet quand elle la saisit à la gorge et que ses bras s'agitent comme le poulet qui continue de courir et de battre des ailes sans tête ! Je ne peux m'empêcher de revivre mon refus de monter dans le train en gare de Bénarès en découvrant ces barreaux aux fenêtres, ces halls bondés, ces gens allongés partout sur le sol, ces mendiants, ces regards vides contrastant avec d'autres si pleins de vie. C'est comme si j'avais remonté le temps et ne voyais à travers tout cela que le désespoir de la déportation. Un désespoir que j'ai vécu dans ma chair, comme une réalité bien tangible. Sans la douceur et la fermeté de Swami Ji, je ne serais jamais montée dans ce train.

Mon carnet de bord me garde ici et maintenant, mais ce que je revis me transporte dans le temps. Bien plus que comme un souvenir, comme une téléportation. Mais où tout cela m'emmène-t-il ?

Le jour suivant, drôle de nouvelle : aujourd'hui, les « novices » prendront la plante en plein jour, chez Loup Argenté, qui invoquera l'Anaconda. Chacun de nous sera accompagné par un « ancien » qui, lui, ne prendra pas la plante. Sa mission sera de rester près de nous quoi qu'il arrive. Mon petit cœur se serre, et les mots « quoi qu'il arrive » rebondissent comme un écho dans ma tête.

Le chemin vers les quartiers privés de Loup Argenté me fait penser à une ascension, un pas de plus vers la pyramide de ma vision. Le Machu Picchu ? Je n'y suis jamais allée, du moins, dans cette vie... La sensation demeure, je ne peux m'empêcher de penser à ma rencontre avec cette terre d'Égypte, à mon ressenti en approchant de la pyramide de Kheops, du Sphinx, du temple de Philae. Pourtant, le groupe dont je faisais partie dans ce voyage était à vocation purement touristique, et en rien ésotérique. La visite de la pyramide de Khephren avait été un moment à la fois intense et émouvant. Kheops n'était pas visitable, pourtant cette pyramide m'attirait, et quelque chose m'y aspirait. Je m'étais laissée emmener par mes pensées. Peu à peu, une étrange impression m'avait envahie : celle de fouler un sol qui recélerait, dans ses profondeurs, une catapulte, un élastique géant capable d'une propulsion en direction des étoiles. Je m'étais imaginée au-dessus d'une sorte de base de lancement spatiale, une sensation que j'aurais bien aimé explorer, mais, malheureusement j'avais été contrainte de rejoindre le groupe. Cette sensation, doublée d'une vision, s'était à nouveau manifestée au cours d'un spectacle son et lumière près du Sphinx. Lorsque j'avais distingué, sur son socle, la forme de deux yeux, j'avais scruté les éclairages en tentant de me raisonner : ce n'est sans doute qu'une ombre projetée. Mais la sensation de voir et d'être vue s'était intensifiée. Elle était à la fois étrange et pourtant pas étrangère. Des années plus tard, un proche de Loup Argenté avait émis l'hypothèse que le Sphinx abriterait un vaisseau spatial extraterrestre... Moi, je cherchais plutôt à rencontrer des terrestres extras...

Cette impression, en me rendant chez Loup Argenté en plein jour, a justement quelque chose d'extraterrestre. Je laisse entrer tous les autres dans l'habitation avant moi. Quand j'y pénètre, plus de place sur les canapés ni sur les fauteuils. « Je pourrais repartir, ça m'arrangerait ! » me dis-je. Pas de chance, il reste une place pour moi sur une chaise d'apparence rustique, près d'une petite table. En découvrant, sur cette table, des bijoux et des talismans, je me sens soudain pâlissante, fébrile, un rien tremblante. Je suis à la fois la plus éloignée et la plus proche de

Loup Argenté. Me dévisageant avec un sourire espiègle, il me confie que l'un des bijoux renferme des mantras de protection tibétains issus du *Livre des morts*. Comme un éclair, me voilà propulsée dans ce séminaire cure de raisin au cours duquel m'était apparue la vision des trois squelettes : chauve-souris, Anubis et la mort. Mais aussi l'injonction de Loup Argenté : « Le Pérou ! Et cette année ! »

Les instructions de Loup Noir augurent pour moi d'une véritable torture : « Tu prends la plante, et tu ne bois pas d'eau après. » Il n'en faut pas plus pour que je me transforme en intarissable fontaine et que je me sente incapable de boire la moindre goutte de la décoction brunâtre qui m'attend. Au cours de ce qui aurait dû être le moment le plus horrible de mon séjour, je verse toutes les larmes de mon corps en portant le breuvage à mes lèvres. Sous les regards à la fois inquisiteurs et amusés de Loup Noir. Et tout ça, au grand jour… Une fois le liquide avalé, et le Grand Anaconda invoqué, nous nous mettons en chemin pour la *maloca*, avec couvertures et cuvettes. Le trajet me pèse. La lumière devient insoutenable malgré mes lunettes de soleil haute protection. Je ne sais plus où je marche, ni même qui marche. Enfin, nous, les « nouveaux » et nos « chaperons », parvenons devant la *maloca*. La construction baigne dans une lumière qui rend le Grand Tout vivant et vibrant, presque palpable. Un organisme dans sa totalité. Et nous, qui sommes-nous dans ce système, ce corps, ce Grand Tout ? Mon corps devient léger comme une plume, et je me sens flotter entre terre et ciel. Tout est mouvement, tout est spiral, vague, onde sonore et odorante, tout est à la fois figé et extensible. Je plane, mais les vertiges et nausées me gardent présente. Et là, comme subitement prise d'un orgasme hilarant, je vais de fous rires en fous rires !

La cuvette devient, tour à tour, pot de chambre sous mes fesses, éventail, tambour sur mon cœur, chapeau sur ma tête, auréole ; je tourne un volant de voiture, moi qui ne sais pas ou presque pas conduire… Tous ces éléments appartiennent à mon parcours de vie ; ils doivent être reliés, et cela doit avoir un sens. Je n'ai pas le temps d'approfondir la question, car, soudain, un soubresaut me propulse en images dans un arbre au loin. Comme une enfant qui découvre un tour de passe-passe, je me déplace de saut en saut, tel un singe. Avec Marie Jésus la marrante aux commandes… Je ne maîtrise pas encore ma destination, mais c'est moi qui induis le mouvement de branche en branche. Puis je me transforme en un kangourou avec des ailes, et j'éclate de rire, sous le regard halluciné de mon chaperon. Petit à petit, d'arbre en arbre, de nuage en nuage, ma pensée me mène à ma destination. Si moi je voyage immobile, d'autres autour de moi se mettent subitement à courir, à parler aux arbres, au vent, à la rivière… Pour moi, pas d'anaconda en vue, mais des nausées ondulantes qui me donnent la sensation d'être l'anaconda, qu'il vit en moi, dans l'impulsion de ma colonne vertébrale, dans les turbulences de mes intestins. La lumière a raison de moi, je retourne à l'ombre dans la *maloca*, avec toujours la vigilance de ne pas mettre les pieds n'importe où.

Lorsque tout le groupe est à nouveau réuni dans la *maloca*, les anciens prennent la plante à leur tour. Les nausées m'arrivent comme si c'était moi qui ingurgitais le breuvage. Les tambours raisonnent en force, ce soir ; ils me donnent des jambes, je retrouve mes pieds, mon bassin et me mets à danser. Loup Noir s'approche de moi, pose un doigt sur mon front, à l'endroit de mon troisième œil, puis à l'arrière de ma tête. L'énergie monte, je sens que la shakti[1] arrive… Il rit, et je lui réponds par des grognements. L'ours est là, sa force, ses crocs, ses griffes. Puis ses pattes se posent, et je me transforme en couguar, jaguar, ou panthère noire, qui court dans la forêt. Au son de cette langue chamanique qui me traverse avec la même intensité. Jamais les tambours et les chants ne m'ont emmenée aussi loin avec l'esprit de la forêt. Ce voyage me paraît plus long que les autres, et le jour et la nuit ne semblent faire qu'un.

1. *Shakti* est un terme sanskrit qui signifie « pouvoir », « puissance », « force ». Dans le tantrisme, la shakti est identifiée à la kundalini, déesse-serpent existant dans le corps de chaque être humain à la base du sacrum.

Le réveil est brutal. Je n'ai pas la moindre idée de combien d'heures ou de jours se sont écoulés. Ma tête est vide et légère. Pourtant, tout me semble si clair. Comme une révélation au grand jour de mon obscurité, je réalise qu'enfant la maladie m'avait frappée parce que je n'étais pas digne d'amour. Que c'était une punition – ma punition – et que c'était pour cela que l'on ne pouvait pas m'aimer, moi l'étrange, puis l'étrangère. Je comprends que cette maladie m'a permis, dans un coin de mon être silencieux, de sentir l'amour, la valeur de la vie, de la foi, de l'intelligence de mon corps et de son langage, la valeur du souffle. Dorénavant, je vais affirmer ma liberté d'être pleinement qui je suis : une femme digne d'être aimée !

Si la nuit a été incroyable, la journée qui suit lui ressemble comme une sœur. Le silence commence à me paraître pesant, je ressens de plus en plus le besoin de parler, de partager, de demander des explications rationnelles, de toucher et de m'accrocher à quelqu'un de « normal ». Afin d'apaiser cette agitation croissante, je me tourne vers mes pinceaux, mes crayons aquarelle, ma carte à gratter. De mes graphiques émergent des formes aux visages doux et tendres, entourées de serpents câlins et bienveillants, loin de la silhouette inquiétante de mes peurs paniques. Je dessine des guerrières de l'Amour et de la Lumière, au grand cœur. Puis les contours de mes mains, que je trace dans l'épaisseur du noir de la carte à gratter, en faisant apparaître leur forme comme un tatouage. Autour de mes doigts, je grave les mots « Amour », « Sagesse », « Pardon », « Force », « Générosité ». Un mot pour chaque doigt et, à l'intérieur de ceux-ci, des symboles et des rythmes divers.

Mon attention est absorbée par ce que je viens de créer comme l'expression d'une partie de moi, portée et révélée à l'extérieur et nourrie par un regard nouveau : celui de l'abeille. Et Dieu sait si ce regard est complexe ! Avec leurs deux grands yeux composés immobiles, disposés de chaque côté de la tête, plus les trois ocelles implantés sur le front, ou vertex, les abeilles sont bien nanties. Si toutes les sortes d'yeux sont dans la nature, c'est parce que la vision de chaque espèce est adaptée à son mode de vie. Il faut des yeux pour fuir, pour tuer, pour se déplacer ou encore pour séduire. Plus un animal a des rapports denses avec son environnement, plus ses organes des sens sont complexes. C'est particulièrement vrai pour la vision, tout spécialement chez l'abeille.

Un voyage se prépare, je le sens arriver. Je me pose délicatement sur mon lit en fermant les yeux. J'emporte l'image de mes deux mains tatouées de symboles et auréolées de toutes leurs qualités, comme porte d'entrée à ce voyage. Je me sens portée par la présence de l'abeille ; elle et Marie Jésus ne font plus qu'une, sans pour autant disparaître l'une dans l'autre. Un parfum me parvient, il me fait penser à une piste d'atterrissage. Je le reconnais, il est si enivrant, entêtant et charmeur. Pas de doute, c'est une fleur de tiaré, et c'est soudain toute la Polynésie qui revient à moi. Des souvenirs éclosent comme des fleurs sorties de la terre, des images défilent, des sensations renaissent. Je suis à Hiva Oa, tout au début de mon arrivée. Quand je rencontre la femme du pasteur, elle se propose de devenir notre guide. Je ne pouvais espérer mieux. Elle nous fait visiter la maison-musée du Jouir – la demeure reconstituée de Gauguin – puis le petit cimetière d'Atuona qui abrite la tombe de Jacques Brel, dans un pré au-dessus de sa maison, face à la magnifique baie des Traîtres. Dans le regard de notre guide, tout est un espace de beauté et de conscience. C'est tellement bon ! Elle nous emmène également dans des lieux porteurs de magie et d'histoire, où nous foulons les *maraes*[1]. Nous découvrons les tikis représentant Oro, le dieu du feu. « Ses yeux sont immenses ; c'est pour mieux te voir, mon enfant… » me souffle à l'oreille l'abeille, avec malice. Je glisse sur ces moments d'émerveillement et de découverte pour arriver chez le sculpteur. Cet homme austère et silencieux, au regard profond, n'a rien d'un marchand pour touristes. En bon chef de famille, il ordonne à un de ses fils de nous emmener sur les lieux

1. Un marae est un lieu sacré qui servait aux activités sociales, religieuses et politiques dans les cultures polynésiennes précédant la colonisation.

où se trouvent plusieurs tikis. Mes mains tournées vers la terre vibrent d'une douce chaleur qui s'amplifie à leur approche. Pourtant, quelque chose en moi cherche, je ne sais quoi… Je me vois fermer les yeux, comme si mes mains pouvaient les remplacer… Je tâtonne l'espace, je tourne, me retourne, et là, en ouvrant à nouveau les yeux, je le vois. Un autre tiki, caché par l'enfant assis dessus comme s'il cherchait à le rendre invisible. J'honore ce lieu, ces couleurs, ces odeurs, ce silence, ce chuchotement de l'indicible. Je repars en remerciant les esprits et les gardiens. Sur le chemin du retour, l'enfant semble pressé. En arrivant, il file droit vers son père. Là, contre toute attente, ce n'est pas vers ses sculptures à vendre que le père nous dirige, mais vers le fond du jardin. La femme du pasteur, notre traductrice, nous accompagne. Nous nous arrêtons devant un monticule. L'homme me confie que c'est à cet endroit que son père et ses aïeux, tous de valeureux guerriers, sont enterrés. Puis il m'explique que le tatouage qui couvre la moitié de son visage signifie son appartenance à la caste des guerriers. Je perçois, dans son regard, une fierté mâtinée de complicité, tandis que les yeux de ma traductrice reflètent l'étonnement. Malgré la beauté de ses sculptures, je ne peux rien acheter, comme si notre rencontre était celle d'un autre espace.

Portée par les souvenirs, à la vitesse de la lumière, me voilà maintenant à un endroit où des femmes ont été exorcisées, d'après ma guide. À mon grand étonnement, cela ne provoque rien en moi, si ce n'est l'envie de continuer à découvrir ce nouveau lieu, et plus précisément cet autre monticule devant moi. Un peu plus loin, Maxence en fait de même. Puis je me sens glisser sur une grosse pierre. Je suis à la fois portée et soutenue dans ma chute, pour finir nez à nez avec une stèle à laquelle je m'accroche. Une fois mes esprits retrouvés, je constate que je tiens dans mes bras un tiki. Je me mets spontanément à converser avec lui, m'excusant de mon intrusion. Quand je me relève, j'aperçois Maxence un peu plus loin au pied d'un autre tiki. Je partage avec lui cette impression d'avoir été portée et guidée dans ma chute vers ce rendez-vous avec les esprits du lieu.

À la fin de mon séjour, je confie à ma guide que sa terre me parle et me transporte. Les yeux grands ouverts et chargés d'un regard très profond, elle me dit : « Tu portes en toi le *mana* ! » Ah ! Et qu'est-ce que c'est le mana ? Pourtant, mon oreille connaît cette sonorité, non pas comme un mot, mais comme une invocation. Mais j'ai à peine le temps de l'entendre dans ma tête que le voyage reprend.

Ce jour-là, notre guide n'est pas disponible. Il faut dire que l'île est visitée par un détachement militaire en vue de la préparation d'un grand événement « top secret » et que tous les guides ont été réquisitionnés à cette occasion. Nous voilà sans guide, sans voiture. Mon compagnon, Éric, passe coup de fil sur coup de fil pour tenter de dégoter un véhicule. En vain. Nous nous résignons à une journée plage, lorsque, surgie de nulle part, une femme en voiture propose ses services de guide. Avec son regard mystérieux et son sourire en coin, et un indescriptible je-ne-sais-quoi, sa personnalité tranche avec celle de l'épouse du pasteur. La femme nous propose de visiter le plus grand marae de l'île, une idée qui séduit immédiatement Éric. En chemin, nous nous demandons d'où vient cette femme, puisqu'elle n'a aucun lien avec les appels téléphoniques que nous avons passés.

Après avoir traversé la forêt sur des chemins chaotiques, nous parvenons en un lieu magnifique. Curieusement, les explications de notre guide glissent sur moi, car un immense arbre capte toute mon attention. Quand elle s'en rend compte, la femme m'adresse un regard et un sourire de connivence. Elle semble savoir quelque chose que je ne connais pas mais que je ressens. Après être sortie de ce champ d'attraction, je peux enfin parler et lui poser des questions.

— Que s'est-il passé, en ce lieu ? Et quel est cet arbre ?

Elle me dévisage gravement.

— Sur ces pierres ont reposé les dépouilles des rois. L'épouse royale était chargée d'exposer le corps de son époux au soleil et de le masser afin d'en extraire l'eau jusqu'à ce qu'il se momifie. Puis on plaçait le corps momifié contre le tronc de cet arbre. Au fil des ans, nourries par la terre et le ciel, les lianes fusionnaient avec la momie jusqu'à ce qu'ils ne fassent plus qu'un. Les esprits des rois habitent cet arbre. Et toi, tu es reliée à l'esprit des ancêtres !

Ce souvenir résonne en moi comme le tambour, m'emportant, ne faisant qu'un avec lui. Marie Jésus et l'abeille cheminent ensemble vers ce souvenir. Mon cœur a peur, mon corps a peur, ma tête est pleine ; pourtant, je ne peux me détourner du chemin sur lequel me porte la plante, vers la porte des ancêtres.

Le regard de la femme change lorsqu'elle m'emmène un peu plus loin en me parlant des sacrifices humains. La forme de ses yeux s'allonge lorsqu'elle évoque le souvenir de son aïeule anthropophage et ses confidences.

— Le meilleur morceau, son préféré, était les yeux des bébés, disait ma grand-mère.

À ces mots, je détecte dans son regard et dans son sourire une certaine jouissance. Ça me glace les sangs, me pétrifie, et pourtant, en moi, quelque chose semble connaître ce sentiment de puissance d'habiter le corps de son ennemi, de lui prendre sa force, de lui prendre son cœur. Je lutte de toutes mes forces pour ne pas glisser plus profondément dans cet espace de pratique guerrière où manger le cœur de son ennemi, c'était honorer sa force. Je respire, demande de l'aide à l'abeille pour me permettre de butiner d'autres souvenirs. Mais je reste au même endroit. Avec une envie pressante de mettre fin à la visite. Pendant que je perçois toutes ces choses, Éric admire tranquillement l'architecture et l'histoire de ce lieu. Ce récit de cannibale me reste sur l'estomac, et je n'ai plus qu'une envie : rentrer. Sans toutefois montrer à cette femme que j'ai peur.

En chemin, la guide nous propose un moment de détente à la plage, non loin d'une église. À proximité, un banc à l'ombre des cocotiers, sur lequel sont installés plusieurs Marquisiens. Tout semble paisible. Je commence à me détendre, lorsque j'entends une voix me demander de faire une offrande, en l'occurrence, de laisser mes lunettes. Mes lunettes ? Ça ne va pas, non ? Sans elles, je suis dans le flou le plus total ! Pas question d'obtempérer ! Je me contente de remercier le lieu, sans entrer dans l'église et me dirige vers la plage paradisiaque. L'eau est d'une transparence cristalline ; et le soleil, d'une caressante douceur. Tout va pour le mieux, et je décide de me baigner. Je suis à peine entrée dans l'eau qu'une vague plus haute que toutes les autres s'abat sur moi et me renverse. Dans ma chute, je perds, devinez quoi : mes lunettes ! Moment de panique. Et de désespoir, car malgré la faible profondeur et la clarté des eaux, pas moyen de les retrouver ! Le séjour tourne au cauchemar, car ce sont à la fois mes lunettes de vue et de soleil. Mes yeux si sensibles sont facilement agressés par la lumière. Notre guide est restée près du banc et des anciens, suivant la scène d'un air que je devine narquois.

Nous rentrons au plus vite, en quête d'une paire de lunettes de soleil à fixer sur mes lunettes de vue. Nous épluchons les magasins. La seule paire qui pourrait faire l'affaire me fait ressembler à un tiki, avec ses yeux démesurés. C'est à mourir de rire ! Déjà que les vieilles femmes des marchés me font des cadeaux et me parlent en marquisien et en tahitien, cette fois, c'est sûr : je donne dans la couleur locale.

D'un commun accord avec Éric, nous décidons de ne pas continuer la découverte de ce coin de paradis avec cette femme. C'est ce poids dans mon ventre qui me ramène comme un atterrissage forcé dans la *maloca*, suivi d'un profond dégoût. Le voyage se termine, je me sens vidée. À nouveau, je savoure le silence autour de moi et en moi…

LE CANYON

Une énergie bienvenue

Béatrice

Les gendarmes de la garde civile sont superbes dans leur gentillesse et leur délicatesse. Ils aident le groupe dans sa progression sur l'étroit sentier. Galants, prévenants, ils dégagent une énergie masculine différente de celle des pompiers. Une énergie tout aussi bienvenue.

La nuit est tombée. Les pompiers emportent Marie Jésus et l'amènent à l'ambulance qui nous attend à un quart d'heure de marche. Marie Jésus est auscultée par une doctoresse. Marie-Jeanne l'aide à négocier son non-transfert à l'hôpital. Quelques personnes montent dans les voitures des villageois pour rentrer. D'autres, comme moi, rentrent à pied. J'éprouve un profond besoin de marcher, seule.

Sur les ailes d'un grand oiseau

Aujourd'hui, c'est en conscience que je vais partager avec modération un énième repas frugal. Au menu, comme c'est original : légumes et fruits ! Oui, je le redis et m'en imprègne de plus en plus : manger de la viande, c'est manger du cadavre ! Ces mots de mon maître Swami Ji et de Loup Argenté sonnent comme une pure vérité dans ma conscience exacerbée : « Le sang appelle le sang. Tant que les hommes consommeront de la viande, le sang continuera de couler. » Pour les Marquisiens, la vengeance n'est vraiment assouvie que lorsqu'on s'est repu de la chair de son ennemi. Et moi, qui devrais-je manger ?

Déjà plus de dix jours de passés. Comme tous les soirs, la *maloca* nous attend. Hubert, mon compagnon de proximité, tente de me réconforter. « Tout va bien se passer, il faut que tu aimes la plante, que tu l'acceptes en toi », c'est un petit mot qu'il me donne. C'est bon de le lire. Je lui réponds : « Ce soir, c'est relâche ! » Il me fait signe que non. « Aïe, aïe, aïe ! »

Je vais chercher la plante, puisqu'il le faut… Je regarde le deuxième verre avec un semblant de gratitude, je ne trouve rien de mieux à dire que « hummm ! ». Voilà que ma cicatrice commence à me chatouiller ! Et, soudain, surgit un vautour ! Le rapace fond sur moi et plante ses serres dans ma cicatrice ! Ses griffes sont comme des capteurs qui plongent profondément dans mon corps. Lorsqu'elles en ressortent, j'entends : « On t'a enlevé le poumon, mais on ne t'a pas ôté le mal ! » Ses serres aspirent alors une forme noire hors de moi. On est en train de m'enlever le mal ! Mais lequel ? Le mal qui a été dit ? Je ne sais pas. Toujours est-il que le vautour – qui est, en fait, un condor – s'envole avec.

Il me faut de l'air ! Mais je dois rester là. En scrutant, le fond de la cuvette, je me dis que ces formes noires que j'aperçois sont des cafards, comme autant de douleurs sorties de mon ventre ! Puis je ferme les yeux et je vois des perles. Des perles noires. Pas du caviar, des perles ! Un collier. L'odeur m'insupporte, et je suis à nouveau secouée par des nausées. Mon ventre me fait mal, ma gorge me brûle, mes yeux piquent. Je n'en peux plus. Avec le recul, je comprendrai que mon mal-être, mes nausées et mes vomissements étaient sans doute liés à ma détresse d'adolescente, quand on m'a introduit le tuyau dans la gorge, et à celle de mon enfance quand j'étais sous assistance respiratoire.

Le lendemain, nouvelle prise. J'ai mal au cœur et je suis prise de vertiges, de nausées et de tremblements. Le tout, en même temps ! On met tout ça dans un shaker et on secoue ! C'est en position fœtale que je me sens le mieux pour garder la plante. Ce qui me permet de m'envoler vers d'autres sphères, de visiter d'autres plans de conscience. À un moment donné, dans mon voyage, je me retrouve à l'hôpital, à vomir pendant les deux jours de mon accouchement. À cause de la césarienne, et puis du masque à oxygène. Je retrouve la douleur, mais aussi la beauté de la vie par la naissance de Maxence. Je me fonds dans la nuit.

Au réveil, je me sens une étrangère, et ma vie, si elle m'appartient, me paraît très étrange. Une sensation curieuse mais familière. En même temps, je vois également les autres comme de bizarres étrangers. Mais ce qui est différent, c'est cette sensation dans mon dos. Une sensation indescriptible qui me donne des ailes. En allant à la douche, j'ai moins peur de me retrouver nez à nez avec une bestiole « empoisonneuse ». Le gant de crin s'active plus vivement sur ma peau, la fraîcheur de l'eau me semble plus douce et plus pénétrante. La lessive me rappelle une partition musicale et les bourdonnements du peuple volant de joyeux accompagnements. Les formes, les couleurs chatoyantes, les odeurs de cette nature généreuse sont un ravissement des sens. Avec une superbe apparition dans la lumière de cette journée naissante, celle de ce magnifique papillon bleu géant : le Morpho. Je reste longuement à le contempler dans son vol majestueux, jetant des éclairs bleus autour de lui. Et c'est riche de cette beauté et de cette légèreté que je prends le chemin de la *maloca* en fin d'après midi.

J'ai décidé de faire une demande à l'univers : celle d'harmoniser la violence des femmes dans ma lignée et ma relation avec la mort. Après une courte mais intense pratique d'exercices respiratoires, je me sens prête à tout. Pour preuve, ma force et ma détermination ne sont nullement entamées à l'annonce de la dose de ce soir : un verre plein. J'avale cinq à six gorgées que j'entrecoupe d'un peu d'eau pour éviter de régurgiter. C'est dans le calme et la sérénité que je sens la température de mon corps s'élever. Une intense chaleur se répand en moi comme une coulée de lave. Le feu brûle à la fois au centre de la *maloca* et au centre de mon corps ; il crépite comme ces bûches consumées par les flammes pour devenir cendre, puis poussière. Comme autant de vies qui passent... Soudain, je suis prise de secousses et de picotements localisés essentiellement autour du nombril et des yeux. À peine les anciens ont-ils terminé de prendre la plante que tout se modifie dans l'espace extérieur. La *maloca* devient un village ; et les matelas, des tipis. Je me trouve dans un village indien, et le feu est au centre de tout cela. Ici, tout respire la tranquillité entre les hommes et les femmes. J'aperçois la forme ovoïde de la sweat loge et me dirige vers elle. Je me pose avec un homme, tout est tranquillité et tendresse. Ce soir, quelque chose a changé, je ne suis pas fatiguée, je me sens tranquille et vitale à la fois.

Comme si je traversais un nouvel espace-temps, je vois poindre un document. Je me focalise sur le texte pour tenter de le lire. Quand je parviens enfin à le déchiffrer, une boule se forme dans ma gorge. Le document en question est un acte de décès. Mais pas n'importe lequel, puisqu'il s'agit du mien ! Mon nom y figure en toutes lettres, en grand et en gras, en long et en large : « Maria Jesus SANDOVAL » ! Au-dessus d'un texte long comme un roman. Je cherche à repérer une date, mais en vain. En réponse, comme un jaillissement dans un halo de lumière sombre, le visage de ma chienne, Thésée, qui me dit combien elle m'aime. Dans cette déclaration, elle n'a rien d'animal, c'est une personne à part entière, et une partie de moi lui répond avec le même amour. Puis surgissent trois guerriers à cheval, trois hommes-chiens[1] portant sur eux des peaux et des têtes de chiens et dont les visages sont peints en noir et blanc. Ils se laissent observer, mais moi je ne cherche pas à comprendre. Leur présence m'impressionne et me subjugue. Lorsqu'ils se mettent à bouger, je sens en moi le mouvement du cavalier et du cheval, mais surtout le lien entre l'un et l'autre. Avec la sensation dans mon corps de ne faire qu'un : le centaure !

Le souvenir d'un autre Amérindien me revient. Je suis en séminaire de tantra en qualité de participante. Avec Zen et sa compagne, Manuela, nous nous sentons des racines proches. Manuela est italienne, et Zen est brésilien, avec du sang noir et indien. Les pratiques et rituels que nous partageons sont remplis de bonnes vibrations et d'amour. En fin de semaine, la rencontre avec Jocelyn – homme des bois, artiste et architecte – me relie encore plus avec Zen et Manuela dans cette expression archaïque et chamanique. Pour clôturer la fin de la semaine, Zen et Manuela nous proposent un rendez-vous pour un rituel chamanique. C'est en toute confiance que nous nous rendons dans leur chambre avec Jocelyn. Lorsque nous arrivons, tout est prêt : la musique, la sauge, le tabac… Nous nous installons, puis nous nous relions, respirons ensemble, invoquons la présence des gardiens, des ancêtres, des esprits de la forêt. Après un temps doux et profond, nous sommes prêts pour le rituel. Nous nous saluons, et c'est avec une joie mêlée d'impatience que j'attends la suite. Lorsque Zen sort, de derrière son dos, une petite boîte et l'ouvre, je vois rouge ! Oh, pétard ! Cette odeur, je la reconnaîtrais entre mille ! Je frise l'overdose émotionnelle lorsque Jocelyn tire, à son tour, de sa poche une petite boîte. « Moi aussi, j'en ai apporté une ! Elle est spéciale, c'est ma culture, et je l'ai récoltée à la pleine lune. » Et bla, bla, bla… Manuela remarque mes efforts pour me contenir. J'éprouve une envie folle de leur claquer la porte au nez ! Et pas que la porte !

1. Sorte de police chargée de faire respecter les décisions des chefs, les hommes-chiens étaient les gardiens du camp et des traditions chez les Cheyennes.

Et pas que le nez… Une fois cette bouffée de colère passée, quelque chose se pose en moi, une voix qui m'invite à laisser mes *a priori* de côté et de tenter de sentir ce qui se passe. Manuela m'envoie un timide sourire. Elle sait que ce n'est pas la peine de me proposer de participer, mais que je suis capable de rester là, en observation, sans juger. Son regard devient de plus en plus doux, elle est en face de moi, je ne vois plus qu'elle. Le temps s'écoule et se dilate. Je plane un peu avec eux, même si je n'ai rien pris. Tout à coup, je vois le visage de Manuela se transformer ! Ce qui me surprend, c'est que les contours se modifient, comme sous l'effet d'une dilatation. Les formes se mettent à onduler, laissant progressivement apparaître d'autres visages qui viennent de se former. Ce qui me sidère, c'est que tout semble réel, incarné, pas en flottement ni en mode vibratoire. C'est un visage à la fois plein d'expression et serein, gravé de rides qui sont autant de sillons de vie. Une peau rouge, d'une face tranquille, sage, qui me dévisage et qui se laisse découvrir. Elle reste longtemps face à moi, avec cette même sérénité et cette présence. Puis le vrai visage de Manuela reprend sa place comme on tourne une page, sans prévenir, comme si le vent de la vision venait de s'inverser. Pour les garçons, tout semble calme et sans surprise. Si pour moi c'est une grande première, pour eux, ce n'est pas le cas. Je partage mon expérience ; et Manuela, la sienne. Son voyage a été de même nature. Elle me confie : « J'ai d'abord vu dans tes yeux une rivière. Soudain, j'ai su que c'était le Jourdain, et là, je t'ai vue et reconnue : tu étais Maria de Magdala. » Encore elle !

Un nouveau soubresaut dans l'éventail de mes souvenirs et de ma mémoire si sélective emporte ma conscience. Je suis à Séville avec Enrique. Nous faisons des achats chez Ikea pour ce premier séminaire en Espagne, au Canyon de la Buitrera (des vautours). Le thème : « Tantra et chamanisme », la porte du huitième chakra, le 8 août 2008. Le Grand Huit… Ce grand magasin s'avère un véritable labyrinthe ! Pas moyen de quitter la voie balisée, savamment imaginée par les concepteurs, pour faire passer les clients devant tous les produits. Ce qui aurait pu nous énerver, si cela ne nous avait pas porté chance ce jour-là. En effet, nous cherchons des bougies, et c'est en passant devant une série de posters et de cadres que je découvre sur un mur une tenture représentant un chef indien. Exactement ce que je cherchais depuis si longtemps ! Ni une ni deux, je m'empresse de l'acquérir. Quelle aubaine et quel clin d'œil ! Quelle présence, quel soutien ! Cette tenture m'accompagnera pendant tous mes séminaires, avec cette autre trouvée à Bénarès, et qui représente le couple sacré du dieu Shiva et de la déesse Shakti dans la posture du Yab-Yum, ou de la vague. Une tenture qui disparaîtra mystérieusement.

Il me faudra des années avant d'apprendre que ce guerrier – ce chef indien placé à la porte de l'Ouest et dont le gardien, pour les Cherokees, est l'Ours – se nomme « Sitting Bear » (« Ours Assis »), aussi connu sous le nom de « Satank » ou « Satanta ». Né vers 1800, ce prestigieux chef kiowa, guerrier et homme-médecine, a dirigé le Koitsenko – la société des plus braves guerriers des Kiowas : les hommes-chiens.

Dormir et ne plus se réveiller, se dire que tout cela n'est qu'un rêve. Mais qui rêve ? Et qui a parlé ? Je ne sais combien de temps je me suis assoupie, mais cela me semble une éternité. J'ai l'impression de m'être réveillée d'un sommeil profond sur fond de malédiction. Et si tout cela n'était qu'un rêve ? Qu'un espace-temps qui nous ferait visiter ce plan, sur Terre ? Et si tout cela n'existait que dans cet espace-temps, comme un film projeté sur écran géant qui se nommerait « le temps » ? Mais qui le projette ? Et qui le regarde ? La nuit devient le jour ; le jour, la nuit ; un monde à l'envers, un voyage envers et contre tous, entre conscient et inconscient. Passé, présent, futur. D'autres mondes. Quels mondes ? Quel jour sommes-nous ? Je suis incapable de le dire. Même mon carnet de bord a perdu le fil, seul compte le voyage.

Une nouvelle journée commence pour moi, et ceux qui partagent mes silences. Nous nous entendons respirer. Nos soupirs sont des aveux de ce courage qui, chaque soir, nous habite, portant l'odeur de nos peurs et de nos rancœurs. Espérant que nos ombres se révèlent dans la douceur de l'horreur transformée, transmutée. En arrivant à la *maloca*, en faisant le chemin qui monte vers ce monde, je ne sais pas qui a marché, je ne sais qui de Marie Jésus ou de ses pieds a cheminé. Une sensation d'être à la fois à côté de mes pompes et bien dans mes bottes en caoutchouc. Seul le mouvement pour activer la lampe de poche semble émerger d'un ici et maintenant. En ce soir de lune noire, Loup Argenté et sa « garde rapprochée » ne sont pas là physiquement. Ils sont partis, dans la journée, rejoindre un certain « chaman Winston » dans la forêt. Les deux hommes œuvrent ensemble depuis plusieurs années, et c'est à distance qu'ils nous accompagneront. Une fois la nouvelle annoncée, entre soulagement et inquiétude, s'ouvre en moi un nouvel espace qui me laisse espérer un doux voyage, comme si cette distance me préservait de je ne sais quoi…

Le rituel d'accueil de la plante-médecine est immuable : mêmes gestes aux mêmes instants. La présence de l'ayahuasca tout près de moi s'accompagne d'un profond dégoût et de rots incontrôlés. Mes incantations sous forme de prières en espagnol invoquant le respect pour cette précieuse médecine semblent déranger les autres. Apparemment, je suis la seule à le vivre dans cette expression. Je prends la posture comme une passagère en route vers tous les possibles. Le feu est là, comme d'habitude, tout comme les tambours et les chants pour l'honorer. Et, dans la pénombre, entouré de poteries, tentures, peintures et objets de rituels, le précieux breuvage, la médecine : Ayahuasca Mamacita. Ayahuasca petite mère… Les chants arrivent comme une incantation s'infiltrant dans mon âme par des passages entrouverts dont elle seule aurait les clés. À l'entrée de ce passage, je perçois la présence de Loup Noir. Il me demande de m'allonger, de lui faire confiance et de me laisser guider. Je distingue, face à moi, la magnifique tenture des Indiens Shipibos. J'observe cette création qui ne tarde pas à onduler, à se démultiplier et à prendre vie. Je fixe mon attention sur un point donné afin de tenter de garder le contrôle. La voix de Loup Noir et la plante ne font qu'un, ce soir. Des images naissent. Elles me semblent plus denses ; et les messages, plus nets. Je vois la tenture dans un nouveau volume. Elle me fait penser à une toiture ornée de dessins géométriques, verticaux, à moins qu'ils ne soient horizontaux... Comme si on tirait sur un accordéon, les formes prennent corps. Je regarde d'en haut, c'est le Machu Picchu. Je suis sur les ailes d'un grand oiseau, je suis sur le dos du condor. Cette sensation de regarder d'en haut, contre toute attente, ne s'accompagne pas de vertiges ni de nausées, mais de souvenirs. Je reconnais cette sensation, et elle est porteuse de légèreté et de paix. Tout à coup, c'est la chute, ou alors l'atterrissage. Je suis poings et mains liés dans le dos, à genoux, un glaive pointé sur ma nuque. Je vois la scène et ressens la posture. Celle qui est là ne répond ni à un homme ni à une femme, mais à un moi qui entend : « Renie tes dieux ! Rends-toi ! » Une voix intérieure demande : « Qui parle ? » Et cette partie de moi qui est poings liés, avec ce glaive sur son cou, lève les yeux et découvre des pieds nus dans des sandales sous une longue robe noire. Je lève les yeux en prenant soin de ne pas bouger pour voir clairement : pas de doute, c'est un ecclésiastique dans sa soutane. Soudain, me voilà projetée dans les couloirs du temps et j'entends mon grand-père portugais, Anibal Dos Santos, clamer au curé du village : « Je me mets à genoux devant Dieu, mais pas devant les hommes ! C'est mon fils Dionisyos qui me remplacera comme parrain pour le baptême de ma petite fille, Maria Jesus. Je ne me confesserai pas, et tu ne me soumettras pas. »

Puis je me revois à l'hôpital. Tout est silence et recueillement, prières et espérances. Moi, Marie Jésus, âgée de quatre ans et demi, à la frontière entre la vie et la mort, je ressens cet Amour, cette foi en la Vie. Je les ressens à l'intérieur de moi-même. Je capte l'amour et la détresse de mon père, sa force et ses prières. Autour de moi, plein de présences aimantes et généreuses, même s'il ne m'est pas donné de les voir ni de les entendre. Dans le silence de cette bénédiction, tout parle du miracle de la Vie sur la mort. Profondément émue, je baigne dans cet espace avec tranquillité et émerveillement. C'est la première fois que je me sens de l'intérieur à cet endroit de ma vie. Marie Jésus retrouve Maria Jesus. Mais pour combien de temps ? Pas longtemps, car la cicatrice dans mon dos commence à me chatouiller, puis à m'irriter. Me voilà éjectée de ma tranquillité. Ma cicatrice me démange de plus en plus.

Ce sont des milliers de picotements, comme si je venais de poser le pied sur une fourmilière. Puis la voix de Loup Argenté et la présence du condor me rassérènent. Je me pose dans cette agitation naissante à cet endroit de mon corps qui parle de ma lutte entre la vie et la mort. Les sensations dans ma cicatrice changent, et l'air que je respire aussi. Comme un éclair qui franchirait la porte de mon inconscience pour illuminer ma conscience, les picotements de ma cicatrice deviennent des agrafes infligeant de douloureuses morsures à ma chair.

À mon réveil, au petit matin, le souvenir de cette soutane et de cet ecclésiastique est toujours présent, comme un nuage qui assombrit cette belle lumière matinale dans laquelle baigne la forêt. Ce souvenir attire une nouvelle vision : celle de ma tante Valeriana, la jeune sœur de mon père, qui s'était mise sous la protection de Dieu au décès de son père, Roman le suicidé. Son regard est tendre et juvénile dans cette robe de religieuse qu'elle quittera seize ans plus tard. Seize ans, c'est aussi l'âge auquel elle est entrée dans les ordres. Comme pour lever cette malédiction, cette offense à Dieu, Valeriana dépose sur mon cœur un doux baiser. Je pleure, c'est tellement bon ! Comme l'apparition d'un soleil éclatant dans ma météo émotionnelle qui oscille entre passages nuageux et éclaircies. Tout en moi vibre, comme si je me trouvais devant la porte d'un espace-temps qui m'emporterait sur deux plans en balancier. Je commence à bien connaître ces sensations, et c'est habitée par le baiser de Valeriana que je me laisse emmener vers une autre vision. Je me trouve à Lima au moment de notre arrivée. J'entends : « Sandoval de Villaverde, tu portes l'histoire, mais tu n'es pas l'histoire ! » Je fais face à un bâtiment que je reconnais pour l'avoir longé à notre arrivée dans la capitale. Nous sommes le 16 novembre 2009, un soir de lune noire. Le 16 novembre, comme ce même jour du 16 novembre en 1532… Ce jour-là, à Cajamarca, le père Valverde, accompagné des troupes de Pizarro face à Atahualpa, chef des tribus incas, prononçait ces paroles : « Écoute la parole divine ! » Alors, canons et arquebuses se sont déchaînés, et des cris de soldats pleins de rage meurtrière ont retenti. Beaucoup d'Incas ont été massacrés, et Atahualpa a été fait prisonnier devant des Indiens figés d'effroi en voyant leur roi, le fils du Soleil, l'intouchable, plaqué au sol. L'horreur de cette funeste journée restera à jamais gravée dans la mémoire des peuples andins où le sort de toute l'Amérique du Sud avait définitivement été scellé. Le monde avait basculé sous la pression d'une poignée d'hommes qui venaient de s'emparer du plus grand Empire qu'ait connu le Nouveau Monde. Un odieux simulacre de procès avait été mis en place. L'Inca était accusé d'être un rebelle au roi d'Espagne, d'avoir adoré des divinités païennes et pratiqué des sacrifices humains. Le verdict fut cruel : condamnation à être brûlé vif. Une terrible sentence pour un Indien, car, dans les peuplades andines, la plus grande importance était accordée à la conservation du corps, et la momification assurait une résurrection. Les Espagnols acceptèrent de l'exécuter par strangulation après qu'il eut consenti à recevoir les sacrements du baptême afin d'éviter le bûcher. Avec sa mort s'éteignit l'Empire qui rayonnait du nord de l'Équateur jusqu'au centre de l'actuel Chili. Des terres immenses recelant d'infinies richesses étaient à prendre, et c'est un peuple de plus de dix millions d'hommes qui sera réduit en esclavage. Est-ce cela que j'ai vu et ressenti ? Qu'ai-je à voir avec cette histoire ?

Sans aucune transition, une incroyable rencontre en Autriche resurgit de ma mémoire. J'étais partie en camping avec mon compagnon de l'époque, Philippe. Après un magnifique périple de Prague à Salzbourg en camp itinérant sous les étoiles dans la forêt, nous arrivons à Salzbourg. Nous sommes en quête d'une chambre pour la nuit. Ayant tous les deux travaillé dans des auberges de jeunesse, nous nous orientons vers la plus proche. Au passage, une grande affiche nous informe d'un événement incontournable : le festival Mozart. Notre quête de logement est vaine, pas la moindre chambre disponible à l'horizon, ou seulement dans des lieux très reculés ou pas très bien fréquentés... Nous faisons aussitôt le lien entre la tenue du festival et la saturation des hôtels. Nous nous résignons à nous éloigner de la ville, lorsque, ô miracle, nous tombons sur une chambre libre ! Nous garons la voiture sur le parking le plus proche, juste devant un supermarché de l'érotisme. Un immense sex-shop, on ne peut plus outillé... Juste à côté, je remarque une grande pancarte représentant un grand aigle en plein vol et son message : « Massage chamanique ».

Nous pénétrons dans l'hôtel. Au fond d'un couloir, sur une porte, j'aperçois une nouvelle pancarte « Massage chamanique ». Elle est ornée non plus de l'aigle, mais de deux chefs sioux à cheval. Et juste en dessous, un visage de femme tatouée avec un loup. Je me sens irrésistiblement attirée. Sans hésiter, je pose mes bagages et sonne à la porte. Sans réponse. J'ai l'audace d'actionner la poignée, mais la porte est fermée à clé. Je découvre notre chambre et, enfin, à nouveau une salle de bains ! Après une bonne douche et un bel échange avec Philippe, je sens à nouveau l'appel de cette femme-loup et sa proposition de massage. Je descends en espérant trouver quelqu'un. À ma surprise, la porte est grande ouverte sur un large espace qui me fait penser à une grotte, voire à un antre. Au milieu des poteaux de soutien de cet espace, une sorte de géant. Je le salue et c'est dans un français agité que je lui explique en parlant avec mes mains que je souhaiterais une séance de massage avec la femme sur la porte. Il me sourit et désigne une chaise. J'en profite pour scruter les lieux. Ils sont tous là : l'ours, le loup, l'aigle, le bison, les gardiens des Portes. Au milieu de plantes vertes, de capteurs de rêves, mais il y a aussi un téléphone et un ordinateur, posés sur un impressionnant bureau. Au bout de quelques instants, le géant me fait signe de passer dans la pièce attenante. Ayant remarqué des objets rituels à côté de la porte, je lui demande si je dois enlever mes chaussures. En l'absence de réponse claire, je fais comme je l'entends en moi, et ça c'est clair : « C'est un espace sacré, tu ôtes tes chaussures. »

Je prends place dans la pièce. Toutes mes pensées sont dirigées vers la rencontre avec cette femme-loup, vers ce massage qui arrive comme un message, après ces huit jours à cheminer de forêt en forêt, de coucher en lever de soleil, de clair de lune en clair de lune. Le géant revient et me désigne la table de massage. J'ai une petite hésitation mais j'obtempère. Et là, contre toute attente, moi, la professionnelle du massage, je m'allonge à plat ventre tout habillée sur la table. C'est avec le même élan que je me redresse dans un silence qui cherche à entendre les mots qui se dévoilent. L'homme me dévisage avec un regard qui en dit long. Je mime ma question : déshabiller ? Il opine du chef en un « oui » incontournable. Je viens de comprendre que cette femme-loup, cette guérisseuse, cette chamane, cette initiatrice, cette prêtresse ne viendra pas et que c'est ce géant qui va me toucher. Ses mains ressemblent à des pattes d'ours ; et la graisse qu'il étale sur ma peau, une médecine rare. Ses mouvements sont à la fois lourds et légers, profonds et délicats, une sublime alliance de force et de douceur. Le voyage sur le dos s'est bien passé, tout va bien. Je me retourne, sentant cette totale vulnérabilité de mon ventre et de ma poitrine exposés. Quand il s'approche de mon cœur, je commence à sentir combien sa présence me bouleverse, combien mon cœur se souvient. Mes larmes surgissent en gros sanglots, silencieuses et généreuses, nourries par les profondeurs de l'au-delà. Quand il fait vibrer ma lèvre supérieure, de façon fulgurante, à la vitesse de la lumière, toutes les sensations se recentrent et font naître en moi une furieuse envie de mordre. Sans peur et sans inquiétude, il continue son massage, retroussant la lèvre comme pour dégager des babines. Les crocs arrivent, et, tel un dompteur, il dégage les deux lèvres et les empoigne tout en les faisant vibrer. Me voilà parée de toute une nouvelle dentition, celle du loup. Je deviens le loup et, sans sa force de géant, je l'aurais mordu au sang. Tout dans ma bouche est habité de cette force à la fois effrayante et enseignante. Puis, tout se pose quand le massage et son message prennent fin. Je prends le temps de revenir doucement dans la réalité. Une chaleur douce et légère m'enveloppe, la sauge et ses vertus accompagnent et préparent mon retour. Quand j'ouvre les yeux, je vois, telle une apparition, les tableaux ornant les murs. Ils sont tous là, avec leurs pipes sacrées : les grands chefs amérindiens… Je suis profondément émue de ne les remarquer que maintenant. Je pense que j'étais tellement dans l'attente de cette femme, de cette chamane qui n'est pas venue, que j'étais fermée aux synchronicités. Je prends le temps de savourer et d'intégrer ces incroyables présences, d'apprécier ce langage de l'invisible qui fait monter en moi une indicible joie.

Je m'extirpe tant bien que mal de ce voyage pour revenir dans l'ici et maintenant, en face de cet homme-ours. Je lui dis combien ce moment a été incroyable, magnifique, pour moi. Je communique avec des mots venus de ma bouche, certes, mais aussi de mes mains, de mes yeux, de tous les pores de ma peau. Il me lâche un « beautiful » et m'accorde d'office une ristourne sur le prix du massage. Arrivée devant la porte, je lui demande qui est cette femme dont le visage est accolé à celui du loup. Et là, c'est incroyable ! Il déboutonne sa chemise et l'ouvre pour me montrer son épaule, où sont tatoués ce visage et ce loup si particulier. Il me fait comprendre que c'est son guide… En remontant dans la chambre, je m'empresse d'offrir à Philippe un massage chez l'homme-ours, en écho au cadeau de cette rencontre. C'est dans cette belle complicité que nous nous rendons au restaurant et que je m'autorise à manger un peu de viande. Quel plaisir, cette sensation de croquer la vie à pleines dents…

Les souvenirs s'emboîtent en suivant un fil conducteur qui m'échappe. C'est celui de la première séance de dressage de Thésée qui me revient. Nous sommes dans un lieu de dressage qui m'a été recommandé pour son approche particulière, presque chamanique, faisant le lien entre le chien et le loup. Je fais connaissance avec l'animatrice qui, après un long entretien téléphonique au préalable, m'avait affirmé que ma chienne et moi ne faisions qu'un. Sur place, je lui parle de ma rencontre avec Thésée, lui relatant comment elle s'était jetée dans mes bras, comment elle obéit à ma demande de ne pas aboyer. Je lui décris également les liens de tendresse infinie et ce côté craintif qui nous relient. Soudain, le compagnon de la jeune femme entre dans la pièce, en tenue de surveillant. En quelques secondes, tout bascule. Thésée retrousse ses babines, comme un loup. Sentant la menace, je tiens la laisse au plus court. Cependant, malgré son jeune âge (elle a à peine six mois), cette beauceronne, fille de chiens de concours, se révèle d'une puissance difficile à maîtriser. Je comprends que j'ai avec moi une arme que je ne pourrai jamais contrôler. Heureusement que tout cela s'est déroulé chez des professionnels. Lorsque Thésée retrouve son calme, la femme, impassible, m'explique que Thésée est une chienne qui a peur. Et qu'elle peut devenir dangereuse, car incontrôlable. Et que, oui, elle me protège. Elle peut aussi bien prendre la fuite qu'attaquer. Son sentiment d'insécurité est si grand qu'elle ne répondra à aucune injonction de son maître. Une seule solution, d'après elle : l'euthanasie. Je suis effondrée. Son collaborateur, et compagnon de vie, me tient le même discours. En attendant, ils me conseillent de lui définir un espace dans le jardin où elle pourra se sentir en sécurité et maîtresse de ce territoire. Comme nous nous ressemblons…

Mes pensées rebondissent, comme un oiseau fou volant de branche en branche, de nuage en nuage. De nouvelles images arrivent. Je suis dans le train pour l'Espagne. Les wagons sont bondés d'immigrants qui, comme moi, rentrent au pays. Tous se réjouissent de retrouver les leurs, la famille, les amis, la terre. Alors que nous partageons nos sandwiches et nos spécialités, je fais la connaissance d'une grande femme blonde qui parle un peu l'espagnol, mais heureusement beaucoup mieux le français. Elle m'explique qu'elle va rejoindre son compagnon, un archéologue qui travaille sur de nouvelles grottes, mises au jour récemment, tout près de mon village natal. Je lui propose de partager un taxi, car le train a du retard, et il n'y aura plus de correspondance à l'arrivée. Quand nous sortons de la gare, une seule et unique voiture est garée sur l'emplacement des taxis. Mais elle ne porte pas l'enseigne « taxi ». Je demande au conducteur s'il fait taxi.

— Non, je suis venu chercher mon cousin. Il ne devrait pas tarder.

Je fais la moue et adresse un haussement d'épaules de désappointement à ma nouvelle amie. L'homme enchaîne aussitôt :

— Je pourrais vous déposer, Orzonaga est sur ma route.

Cet homme d'un certain âge a tout du bon père de famille. Toutefois, j'attends de voir le cousin pour décider, en concertation avec ma compagne de voyage. Le type qui sort de la gare est bien plus jeune. J'hésite. Pas de téléphone portable, en ce temps-là. Le choix est simple : faire confiance ou rester dormir sur un banc à la gare. Après un moment de réflexion et de concertation, nous optons pour la « confiance ». Le début du voyage s'avère plutôt sympathique, avec des échanges analogues à ceux vécus dans le train. Mais, soudain, la conversation change de tournure. Les « cousins » commencent à poser de drôles de questions.

— Vous n'avez pas peur de voyager avec des inconnus ?

Et moi de fanfaronner.

— Oh non, en France, on nous enseigne les arts martiaux très jeunes !

Je ne sens pas l'imminence d'un vrai danger, d'autant plus que ma compagne me paraît si grande, si forte, que je suis persuadée que nous ne risquons rien. Ce faux sentiment de confiance ne dure que quelques minutes. Plus exactement, jusqu'au moment où la voiture s'engage dans un chemin de forêt qui ne me semble pas familier du tout. Je leur pose la question.

— C'est vraiment la bonne route ?

Le cousin junior se retourne, avec un regard narquois, limite sadique :

— Nous allons nous amuser un peu…

Un vent de panique se lève en moi. Tout en moi crie : « Ça n'arrivera pas ! » Je m'adresse à l'ancien pour tenter de toucher sa conscience.

— Tu pourrais être mon père ! Et quelle honte, moi qui rentre au pays pour retrouver les miens ! Et cette femme qui vient rejoindre son homme… Et tout ça dans mon pays, tout près de mon village !

Je sens que je fais douter sa conscience. D'un regard sombre et sans équivoque, le jeune me demande de me taire. Tout en moi ressent le danger imminent, la menace sur ma vie. Mais que faire ? Comment allons-nous nous en sortir ? Quand je dis « nous », je suis optimiste, car ma compagne ne bouge pas d'un iota. En remarquant la frayeur qui marque son visage, je comprends que je ne pourrai pas compter sur elle si je tentais quelque chose. Mais tenter quoi ? Les étrangler à mains nues ? Ne rêvons pas… Il me faudrait une arme ou quelque chose du genre. Tout à coup, mes mains savent. Elles savent que dans mes bagages se trouvent ce tableau offert et ce sous-verre brisé ! Le film de ma contre-attaque défile dans ma tête : le morceau de verre sera une arme redoutable. Je vais tirer sur le frein à main et, comme je me trouve derrière le conducteur, je vais lui trancher la gorge ! Et l'autre, je m'en chargerai ensuite ! Je m'entends dans le coin le plus affirmé de mon être me garantir au plus profond de moi, avec cette force guerrière, de survie, que moi, vivante, jamais personne ne me souillera ! Tout en moi sait, je le sens et je le vois. Jamais il ne me touchera, jamais ils ne me toucheront. Je m'apprête à mettre mon plan à exécution. Mais, au moment où je vais tirer sur le frein à main, voilà que je ne me sers pas de ma main droite mais de ma main gauche et que j'ouvre la portière de la voiture en marche juste au moment où une voiture nous dépasse. Son conducteur manifeste sa surprise et sa colère, puis ralentit et s'arrête devant nous. Je saute de la voiture et me dirige vers l'autre véhicule. J'explique la situation au conducteur et à ses passagers. C'est un appel au secours ! Et là, contre toute attente, je perçois dans ses yeux une envie de fuite. Je pose mes mains sur le rebord de sa fenêtre. Je m'y agrippe. Plutôt mourir, mais pas ça ! Ma détermination a gain de cause. Ils sortent de la voiture, je cours secourir ma compagne et récupérer nos bagages. Malgré sa taille et sa corpulence, elle est tétanisée. Je dois employer toute ma force pour la sortir de la voiture... Nos sauveurs nous ramènent à la gare, où se trouve enfin un vrai taxi. Ma grand-mère Domitila et ma tante Maria-Antonia nous accueillent à bras ouverts lorsque nous arrivons enfin au village. Bien sûr, elles ne sauront rien de nos mésaventures. Ce dont je me souviens, c'est la pointe d'honneur concernant les règles de l'hospitalité dans la famille : l'invité est un messager de Dieu. Tel le pèlerin vers Compostelle, on lui réserve le meilleur. Pour ma compagne, le meilleur, c'est un lit. Domitila partagera la chambre de Maria-Antonia, et moi, la chambre de ma grand-mère, avec mon amie traumatisée. Je mets beaucoup de temps à trouver le sommeil. Comment ai-je pu me tromper de main, comment cet ordre a-t-il pu être donné par mon cerveau alors que je n'avais même pas vu cette voiture nous doubler ! Un réflexe qui m'a protégée, qui nous a protégées… Ce qui est sûr, c'est que si je me vois comme une « vraie poule mouillée » dans bien des situations, en cas de danger, quand ma survie est en jeu, je me transforme en une redoutable guerrière. À la vie, à la mort ! Et ça, ce n'est pas pour de faux !

Les tambours et les chants me ramènent dans l'ici et maintenant. Je m'y sens entourée et portée par la danse avec l'ours, le serpent, le rat, le jaguar, le condor, le chien, le cheval… Bien que baignant dans une douce tranquillité, je ressens un profond besoin de me poser dans ma chambre. Comme mes compagnes de chambrée font partie des « anciens », elles accompagnent les voyages des novices dans les pratiques chamaniques. J'ai donc la chambre pour moi.

Le lendemain sera une journée de repos et de réflexion pour moi. Une journée ponctuée non pas de visions, mais de souvenirs, d'interrogations, qui surgissent des pensées nées de ces moments de silence imposé, si propices à l'introspection. Comme à propos de cette rencontre impromptue avec des Indiens Séminoles en plein rituel de chasse. Ce jour-là, je suis arrivée avec Michel, mon chauffeur et ami, sur les lieux du séminaire, un jour en avance, afin de me poser et préparer l'espace. Nous retrouvons « Terre-Mère », animés d'une joie immense. « Terre-Mère », sa magie, ses tipis, sa sweat loge, sa cascade, sa forêt. Mais, surprise, la clé n'est pas dans sa cachette habituelle, et, comble du comble, la maison est occupée ! Je téléphone aussitôt à la propriétaire qui confirme avoir oublié notre arrangement et confesse avoir loué tout l'espace à d'autres personnes ! Ces dernières se présentent et s'excusent. Mais le rituel de la chasse selon la tradition des Indiens Séminoles a déjà commencé, et ils ne peuvent plus revenir en arrière. Frustrée, je me retire avec Michel sous le tipi. Nous allumons un bon feu et jouons du tambour jusqu'à la tombée de la nuit, en attendant Roland, l'autre assistant. Le froid et la faim ont raison de nous, et c'est avec détermination que je vais revendiquer mon territoire. Je suis de nature conciliante, mais il ne faut pas exagérer ! Je frappe à la porte du gîte pour prévenir et j'entre. Enfin, nous entrons… Une immense nausée me submerge. Je n'en crois pas mes yeux : sur la table, une biche, enfin ce qu'il en reste… Je me sens défaillir. Je cours à l'étage. Vomir me libérerait, mais c'est autre chose qui me bouleverse. L'odeur du sang, le silence religieux qui entoure ce carnage. Michel et Roland ne sont pas trop de deux pour m'aider à pouvoir rester en ce lieu souillé par la mort. Ils s'occupent de moi et de ma sensibilité, me prodiguent des soins avec une infinie délicatesse. Ma nuit est peuplée de rêves autour du feu, de danse, de chasse et de présence, des esprits. Mais aussi de prières, de remerciement pour l'animal qui s'est offert. Au petit matin, je me sens apaisée. Et je vais prendre le petit-déjeuner avec le leader du groupe. Nous discutons longuement, et il me décrit certains rituels chamaniques. « La tête de la biche est utilisée pour la confection d'objets, et le cœur est offert à la Terre-Mère, afin que les esprits protègent le lieu et le nourrissent de leur présence. » Je lui parle de mon enseignement et des interrogations entre « le pouvoir et le don » et de la sexualité, comme si l'un ne permettait pas l'autre. Le séminaire, qui débutera le lendemain, s'avérera une magnifique rencontre. Avec d'incroyables messages et le souvenir troublant dans mon corps et dans ma bouche de cette force guerrière et animale pour la survie, touchant des espaces proches de la jouissance. C'est la vie qui l'emporte sur la mort. C'est la mort qui nourrit la vie. C'est la Lune et le Soleil. Ce sont des mondes parallèles qui communiquent et se dévoilent dans un langage subtil que l'on nomme « synchronicité ».

Le soir, je retrouve la plante et ses vertus pour un long et épuisant voyage qui m'emmènera au bout de la nuit. Au réveil, tard dans la matinée, le soleil est déjà haut, et il fait chaud. Je regagne ma chambre à grand-peine. Je me demande quel jour on peut bien être… Comme on ne peut plus s'échapper par le regard et la parole, on finit par perdre la notion du temps, du jour, de la nuit. Bon, une douche fraîche, et au lit !

Le soir à la *maloca*, les nausées s'amorcent dès que la plante est dans la pièce. Quand je lui parle, c'est en espagnol. C'est ma langue maternelle, mais pas celle de mes rêves, car je rêve en français. L'ayahuasca ravive les souvenirs. Tous les souvenirs. Elle me ramène sans cesse des choses de mon passé. Alors j'ai peur. J'ai aussi très chaud dans mon corps, je sens comme un feu brûlant à l'intérieur de moi. Je respire, je m'agite et, dans cette agitation, naît en moi l'idée que je suis folle. D'autant plus qu'autour de moi les autres semblent tranquilles sur leur matelas. Retour de l'abeille. Je redeviens l'abeille, comme j'étais devenue la tortue en Calabre. Je me sens légère et aérienne, contrairement à l'épisode de la tortue où je me sentais très dense. Dans l'agitation des milliers de facettes des yeux de l'abeille (tous ces yeux dans deux yeux !), je retrouve ma propre agitation. Puis un autre souvenir animal me revient. Au galop, celui-là : le cheval au Grau-du-Roi. Je monte un canasson à touristes, un cheval pépère qui accomplit son travail de manière mécanique, sans surprise et sans risque. Sauf pour moi… Car, sur le chemin du retour, la gourmette sort de la bouche du cheval, et aussitôt il se lance au triple galop ! Impossible de le retenir, même notre accompagnant ne parvient pas à l'arrêter ! Par miracle, j'évite la chute. Je ne me démonte pas pour autant et décide de prendre quelques heures d'équitation dans un ranch à proximité. Je n'ai pas le temps de descendre de cheval qu'une autre mémoire s'immisce en moi. Celle de la chevelure d'un Tahitien. Je me trouve à l'aéroport de Papeete avec Éric. Nous attendons notre avion. L'homme se pose sur un banc derrière moi, tel un gracieux et puissant félin. Je capte sa présence, puis je le contemple, fascinée. Je ressens une furieuse envie, presque un appel viscéral, d'enregistrer cette image pour la conserver précieusement. Cependant, je n'ose pas lui demander si je peux le prendre en photo, car je crains d'essuyer un refus. Patiente, j'attends le moment où il bougera pour le photographier à son insu. Je suis consciente que, dans l'esprit amérindien, prendre une photo équivaut un peu à prendre l'âme de quelqu'un. Mais je veux simplement une photo de cet homme, pas son âme… Ce n'est pas sa plastique qui m'attire, mais une sorte de magnétisme. Quelque chose qui parle de la Terre. Je ne sais pas encore que ce sont aussi les prémices d'une rencontre avec un guerrier.

Néanmoins, j'hésite. Est-ce vraiment une bonne idée ? Finalement, ma fascination l'emporte sur mes réticences. Le clic est discret ; mais le flash, beaucoup moins. Et c'est un homme manifestement très en colère qui fait volte-face et s'avance vers moi. J'avale un demi-litre de salive. Il semble profondément blessé dans son honneur. Dans ses yeux brille une force guerrière, une détermination à la fois sauvage et sereine. C'est encore plus impressionnant… Mais quelque chose de moi se voit, se reconnaît en lui… Je suis incapable de le lui expliquer, je suis à cet endroit de moi qui est, qui sent et qui observe à la fois. J'accueille également l'expression des visages de réprobation des personnes alentour, dont celle d'Éric. Je garderai pour moi ce qui m'a poussée à le faire et accueillerai aussi cette joie ; moi, si timide et si audacieuse à la fois. Je suis un paradoxe à moi toute seule…

Mes mémoires me gardent à Tahiti. Quelques mois plus tard, sur l'île de Moorea avec un Maxence fraîchement tatoué et un Éric très enjoué. Après la visite des différents pôles d'artisanat de l'île, nous assistons au spectacle polynésien du Tiki Village. Le personnel est en train de servir le repas avec grâce et générosité quand mon regard est absorbé par la vue d'un des danseurs dont le visage ne m'est pas inconnu. Il me semble que c'est lui ! Et Éric le confirme : c'est bien l'homme à la longue chevelure que j'ai pris en photo à l'aéroport de Papeete ! C'est incroyable ! Je l'observe pendant un long moment, toujours aussi fascinée par son apparence. Il émane de lui force et connexion. Enfin, nos regards se croisent, et je lis l'étonnement dans ses yeux pendant qu'il danse avec le feu.

Pleine de toutes ces réflexions qui sont autant d'interrogations, ma tête ressemble à un shaker. Un shaker qui tourne à fond toute la journée.

Le lendemain soir, en entrant dans la *maloca*, je sens que quelque chose a changé. Mais je ne saurais dire quoi. Peut-être est-ce moi… Ou nous tous… Bonne nouvelle : « Ce soir, c'est relâche ! Pas de plante, sauf pour ceux qui le souhaitent. » C'est vrai, ce soir est le dernier de notre séjour en ce lieu ! J'avais oublié de cocher les jours sur mon calendrier et j'ai perdu le fil du temps. Soudain, un *addendum* à la nouvelle : « La plante sera à disposition de ceux qui veulent ; toutefois, les personnes suivantes sont appelées par Loup Argenté pour la prendre. » Mon cœur bat si fort que j'ai failli ne pas entendre mon nom. Comme je le craignais, je fais partie des appelés… Je négocie haut et fort mon besoin de pouvoir boire de l'eau après la prise de la plante. Loup Argenté pose sur moi un regard doux et profond : « Courage, c'est ce soir que tu meurs ou jamais ! » Il me tend le breuvage, non pas dans un petit verre à apéritif, mais dans une coupelle. Les yeux malicieux, il s'exclame : « Surprise, ce n'est pas la plante, c'est du tabac ! C'est plus facile. Enfin, pour certains. » J'accueille la nouvelle avec réticence, car j'ai entendu des témoignages de personnes affirmant qu'avec le jus de tabac, c'était encore pire qu'avec l'ayahuasca au niveau des vomissements, diarrhées et autres effets secondaires. D'un autre côté, ce serait effectivement une façon de terminer en beauté. Durant les vingt jours du séjour, je n'ai vomi que deux fois, alors que j'espérais que cela se produise tous les soirs. Pour ce dernier voyage, j'invoque la totale : me vider totalement et tout laisser ici sur cette terre de guérison – mes interrogations, mes doutes, mes colères, mes angoisses, mes peurs, mes rancœurs…

Je laisse couler ce nouveau breuvage avec le même sens du sacré, accueillant cette nouvelle médecine comme un cadeau offert par la bienveillance et la sagesse de Loup Argenté. Dès les premières minutes qui suivent la prise, je sens combien le voyage est différent : pas de dégoût et, pour la première fois, pas de montée de chaleur submergeante, mais plutôt quelque chose qui me pose dans ma verticalité. Je me sens vitale mais pas explosée. Le feu m'appelle, je le rejoins, je l'observe ; mon regard se perd dans les flammes. Commence alors un dialogue entre lui et moi. Il me parle et je l'entends : « Qu'est-ce donc que le feu ? Des bûches et des flammes, puis de la cendre ? C'est la mémoire de nos ancêtres ! » Aussitôt, la vision arrive. Je me vois nue, en train de me couvrir de cendres. La vision est agrémentée de sensations douces, légères et volatiles, comme si un passage vers le ciel s'ouvrait et m'aspirait vers le haut. Dieu que c'est bon ! Je reste longtemps à cet endroit-là, près du feu, les yeux rivés sur les bûches, les flammes et leur danse, les cendres… Toujours aucun inconfort ni de nausées, et cette sensation de légèreté. Loup Argenté m'invite à m'allonger. Il me prend l'envie de me faire une natte, que je tresse avec lenteur et conscience. Un Indien apparaît. Lui, porte deux nattes. Rapidement, l'Indien et moi ne faisons plus qu'un. Je (peut-être devrais-je dire « nous » ?) reçois des offrandes de fumées, des fumigations, des prières qui m'élèvent et me déposent sur une couche surélevée… Dans ma conscience, je redeviens Marie Jésus, traversée par le souvenir de ma première rencontre avec Loup Argenté. Il m'avait fait un soin énergétique, une harmonisation de mes énergies sur plusieurs plans de la vision d'un bûcher, au cours de ce qui devait être un rite funéraire amérindien. Le voyage avec la plante-médecine « tabac » et le souvenir se ressemblent, mais ce qui change, c'est qu'il ne s'agit plus d'un rite funéraire. En effet, je ne me sens pas morte mais honorée, purifiée, allant vers une guérison profonde dans une douceur enveloppante comme la fumée. Je ressens une agréable chaleur, celle de la bienveillance et de l'amour des ancêtres, qui me font l'offrande de leurs fumées, de leurs pipes, de leurs bénédictions. Quel cadeau et quelle grâce pour cette vingt et unième et dernière nuit ! Une nuit suave qui accouche d'un réveil dans le même état de grâce. Cette légèreté m'enveloppe comme un cocon protecteur, générant en moi une profonde confiance en qui je suis et en ce qui m'habite. Je prépare mes bagages en conscience et me prépare à quitter ce lieu en revisitant tous les espaces, d'un pas lent et posé. Je veux emporter, comme un trésor, la générosité de cette nature luxuriante, les odeurs, les couleurs, la musique, les mystères de ce lieu qui aura marqué un tournant dans mon existence.

Trois semaines ont passé. Nous repartons. Enfin ! Déjà ! Lorsque nous arrivons à l'aéroport de Tarapoto, une femme se rend compte qu'elle a oublié son sac à main au village. Les organisateurs y retournent avec elle. De toute façon, notre vol est annoncé avec une heure de retard…

Comme je parle espagnol, je vais voir l'hôtesse au guichet et je lui explique la situation.

— Soixante-dix personnes à enregistrer, ça prend du temps ! Nous allons préparer tout ça ensemble.

Des hommes du groupe voient mon initiative d'un autre œil et tentent de prendre le pouvoir.

— Non ! les invective l'hôtesse, c'est à Marie Jésus que je parle !

Bienvenue dans le monde de la parole…

— Les bagages, à gauche ; les personnes, à droite !

Une voix off me dit : « Tu vois ce qu'on te demande de faire ? Les organisateurs ne sont pas là, c'est toi qui dois prendre les choses en main ! » Je me vois donc, après vingt et un jours de silence, hurler dans l'aéroport, transmettant les consignes, donnant la direction à tout le groupe. Je suis contrainte de me positionner en tant que leader, comme à l'arrivée quand la pancarte à mon nom était apparue. Je m'observe faire et je me dis : « Pourquoi me demande-t-on ça ? Ce n'est pas ça que je veux faire ! Je ne veux pas de cette place ! » Néanmoins, je continue à m'occuper du groupe. Je préviens les hôtels à Lima, je commande les taxis.

À l'aéroport, je m'aperçois que j'ai égaré le papier de l'immigration dans mon passeport. Je dois me rendre à un bureau spécifique pour en acheter un. Dans la file d'attente, je remarque une jeune femme avec un bébé. Elle a l'air très anxieuse. Intuitivement, je reconnais en elle le même genre de détresse que celle que j'avais vécue en me retrouvant toute seule avec Maxence. Sans rien lui demander, je lui donne de quoi payer son document. Par ce don, c'est comme si je guérissais quelque chose en moi. Là aussi, je fais et je m'observe en même temps. Mais en instantané, pas après coup. Le visage de la jeune femme s'éclaire, et elle me remercie d'un sourire un peu gêné.

Puis notre groupe prend place dans un coin restauration en attendant notre vol. En cherchant le thé, un grand Black me sourit et me parle en anglais. « Beautiful, beautiful ! » Puis il me dévisage et ouvre ses bras. Je vais vers lui sans hésiter, et il me serre contre lui. Ses rastas me rappellent aussitôt mon fils, Maxence. C'est lui que je tiens dans mes bras ! Et c'est bon de le sentir contre moi. Mon fils, comme tu me manques !

Dans l'avion, Séraphin est assis à côté d'une certaine personne. La même qu'à l'aller. Je sens que quelque chose les rapproche. Et c'est encore plus flagrant au retour, d'autant plus que, cette fois, le hasard a voulu qu'ils se retrouvent l'un à côté de l'autre, même si les places sont numérotées.

— Que vois-tu en les voyant ensemble, je demande à l'une des participantes.

— Eh bien, ils ont l'air de bien s'entendre…

— Et en observant un peu plus intensément, que vois-tu ?

— Je pense qu'ils ont quelque chose en commun et qu'ils pourraient être ensemble.

Exactement ce que je ressens ! Le constat est amer pour moi, car je pense que la coupure entre nous est consommée et que cette femme va venir vers lui. Et je ne me trompe pas. Au Pérou, ils se côtoyaient dans le silence, sans aucune intimité. Avec le retour au monde, quelque chose dans leur énergie s'est modifié. En rentrant, je mets les verrous pour que Séraphin ne vienne plus se connecter à moi. Même si je ressens ses souffrances, je ne peux plus rien lui donner.

Pendant quelque temps, tous les bruits autour de moi paraissent amplifiés ; la plante est toujours en moi. Je me sens à la fois très terrestre et très aquatique, comme si eau et terre ne faisaient qu'un. Et j'ai l'impression de marcher sur l'anaconda. Je tourne un peu au radar, pour préparer le nouveau stage. Impossible de passer la vitesse supérieure. Je ne me sens ni nauséeuse ni prise de vertiges, mais j'ai cette impression de voguer entre deux mondes, deux plans, deux éléments superposés. Néanmoins, cet état présente aussi quelques avantages. Notamment, celui d'exacerber mon intuition et de rendre mon travail avec les stagiaires plus efficace. Comme si la plante me pilotait. Je me connecte plus facilement à eux, à leur histoire, grâce à une sorte d'aptitude à lire dans le livre de leur vie. Et je trouve cela tellement beau que je suis même tentée de retourner prendre la plante au Pérou... Qui aurait cru que je dirais ça un jour ? Certainement pas moi...

Ces facultés restent en moi plusieurs mois, avant de s'atténuer peu à peu avec le temps.

LE CANYON

Une extraterrestre

Marie Jésus

Il est vingt-trois heures, et il fait nuit noire lorsque l'ambulance parvient au lieu d'hébergement. Gabriela m'accompagne à l'intérieur. Quand j'entre, tout le monde me regarde bizarrement. Puis, peu à peu, le degré d'excitation monte autour de moi. Bien qu'ils soient tous dans une démarche spirituelle, les Isabel, Angel, Mercedes, Miguel, Rebecca et Paco me regardent comme une extraterrestre. Mais ça ne dure pas. Nous retrouvons rapidement nos connexions et nos énergies entrent à nouveau en communion. Les autres femmes présentes crient au miracle. « Tu te rends compte, elle est revenue de cet endroit d'où on ne revient pas ! » Mille questions surgissent sur leurs lèvres, mais je demande la tranquillité, afin que je puisse conserver cet état de calme dans lequel je baigne depuis peu. Une voix résonne en moi. Cette fois, elle est apaisante, enveloppante : « Tu as accompli ta mission. » Je me rends compte qu'à aucun moment je n'ai pensé à mon fils, à mes parents ou à mon compagnon, Jean-Gabriel. J'étais sans inquiétude, sans combat intérieur, me disant que, finalement, c'était un beau jour pour mourir. Une sérénité inconnue pour moi qui suis si peureuse. Même si, dans des situations extrêmes j'ai déjà fait preuve de courage, là, il n'y avait simplement rien à faire, si ce n'était de se laisser faire.

Nous sommes nés des désirs
que nos ancêtres ont envoyés dans les étoiles,
ces désirs fous qui gonflaient leurs cœurs
pour une humanité meilleure.

EDMÉE GAUBERT, *DE MÉMOIRE DE FŒTUS*[1]

1. Edmée GAUBERT, *De mémoire de fœtus,* Le Souffle d'Or, 2011.

La Vallée du bonheur

Le retour du Pérou, c'est l'amorce d'un nouveau temps de ma vie, même si je ne sais pas encore de quoi il se composera. Ce qui est sûr, c'est que je me sens déterminée et animée d'une direction intérieure claire et limpide. Ma séparation avec Séraphin m'amène à quitter la maison de son père, et plus précisément son ancienne chambre qui était devenue ma salle de soin énergétique. Je me rends au cimetière pour lui demander de me laisser partir, de comprendre que j'ai fait tout ce qui était en mon pouvoir, mais que là, c'était une question de survie, chose dont je n'avais pas conscience avant de prendre la plante. Je me donne tout entière, nourrie de cette force nouvelle en moi auprès des miens, de mon fils, de ma famille et surtout de ma mission de vie. J'intègre dans mon enseignement ce que les conquistadors et l'Inquisition ont enlevé aux peuples premiers du Pérou : la connaissance de l'Énergie vitale, l'innocence au travers de la sexualité, la communication avec leur nature profonde d'être humain et la nature environnante. Accompagnée de Jean, Jacques et Marie-Reine, je verrai ainsi grandir les groupes comme une partie de moi qui a grandi, elle aussi.

Un rendez-vous peu banal se prépare à Seminarparadies : la visite d'un rinpotché. Pour la première fois, Rinpotché Nuptul Tenpei Nyima fera étape au Seminarparadies, à l'invitation des deux gérants, Ravi et Wolf. Le couple fait partie d'une association qui soutient son monastère au Népal. Je suis en train de diriger un atelier au moment où il arrive sur les lieux. Lorsqu'il entend la musique tibétaine du mantra que notre groupe travaille, il entre dans la salle. Il découvre avec étonnement l'espace que nous avons créé. Plus tard, il nous rejoint à table et me parle du tantra.

— C'est un symbole. Ce n'est ni une femme ni un homme, mais le côté féminin et masculin à l'intérieur de nous.

Je suis enchantée de recevoir les enseignements de ce très jeune maître avec autant de simplicité. J'apprends que Rinpotché est né un 25 décembre 1984 à Nubri, au Népal. Et que, tout jeune, il avait montré des caractéristiques distinctes de sa vie passée. À l'âge de sept ans, il a été reconnu par Sa Sainteté Ne Droupchen comme la réincarnation du grand méditant, Khedrup Tenpei Gyaltsen. Rinpotché s'est ensuite engagé dans les études du dharma à travers l'écoute, la contemplation et la méditation. À l'âge de dix-neuf ans, il a terminé la traditionnelle retraite de trois ans, trois mois et trois jours dans le monastère. En plus de voyager et de partager la connaissance du dharma du Bouddha, Nuptul Rinpotché étudie au Hampshire College, aux États-Unis, grâce à une bourse de l'institut Tenzin Gyatso basé à New York.

Lorsqu'il évoque le monastère Sangchen Rabten Norbuling (« Grand Secret »), situé au fond de l'Himalaya dans une vallée d'une beauté incroyable, appelée « Kyimolung » (« Vallée du bonheur »), près de la frontière Népal-Tibet, je comprends aussitôt que je dois m'y rendre. Une sorte d'appel subliminal m'aiguille vers ce lieu pour y travailler avec les moines sur les énergies de la Terre. Je ne suis pas la seule dans ce cas, car Ravi et Wolf en ont déjà fait le projet. Je me dis alors que je pourrais me joindre à eux. Et je commence tout de suite à collecter de l'argent pour l'association de soutien au monastère. La cagnotte grossit au fil du temps. Un jour, mon ami Dimitri expose ses sculptures de *yonis*. Mais il se fait éjecter des lieux d'exposition. Dépité, il me fait cadeau de ses œuvres. Je les distribue aux participants à mes stages, en échange d'un don dans la cagnotte.

Avant de repartir, Rinpotché offre à tout le groupe un *dorje*[1] – le symbole de la foudre et du feu, dans les enseignements tibétains.

1. Le dorje est un objet rituel. Dans le bouddhisme tibétain, il est inséparable de la cloche. Dans le bouddhisme tantrique, la cloche représente le féminin, et le dorje représente le masculin.

Je ne participe pas au premier voyage, mais je me sens reliée au monastère à travers le don et le lien avec Rinpotché. Un deuxième voyage est prévu en octobre 2010, à l'occasion d'un séminaire organisé au monastère. « Celui-là, je le ferai ! » me dis-je. En guise de préparation, je m'entraîne régulièrement à la marche en montagne avec Jean et Marie-Reine. Je sais que l'épreuve physique qui nous attend est de taille : huit jours de marche à très haute altitude. Je vais m'acheter des chaussures, puis je prends rendez-vous chez le podologue, le cardiologue, le pneumologue. Ce dernier me fait respirer dans un tube, ce qui provoque un spasme.

— Si vous respirez comme ça, vous allez avoir un malaise. Je vous fais une prise de sang dans l'artère pour vérifier à quelle vitesse l'oxygène passe dans le sang.

Pour la première fois, je refuse.

— Non, je ne veux pas de votre piqûre ! Vous me prescrivez un patch anesthésiant, vous me dites où je dois le poser, et je reviens pour la prise de sang !

Je demande où je dois mettre le patch, mais personne ne me répond, ni le médecin ni la secrétaire occupée à autre chose. Un autre médecin arrive, sort un feutre et marque l'endroit. Je vais chercher le patch, mais finalement je ne retourne pas chez le médecin. Mauvaise nouvelle pour moi : Marie-Reine jette l'éponge, deux mois avant le départ, pour raisons financières. « Bon, je devrai me débrouiller toute seule, comme une grande… »

LE CANYON

Enfin, la chaleur !

Marie Jésus

Je n'ai envie que d'une chose : un bon bain chaud ! Bien sûr, les chocs reçus et les hématomes gros comme des continents réclameraient plutôt du froid, mais mon esprit veut un bain chaud, et ce sera donc un bain chaud ! Car, à présent, j'écoute ma petite fille intérieure, elle a tant de décisions à rattraper... Je vais – ou plutôt, on m'emmène – dans ma chambre. Gabriela me tient le bras. Dans le regard de la doctoresse, je lis une profonde interrogation. Sa déontologie doit être sérieusement bousculée. Ma *mala* l'intrigue. Juste à côté, la représentation de la Vierge de los Dolores. Cette image, je l'avais reçue au cours du voyage en train à l'aller. En escale à Bobadilla, je m'étais rendue dans une église qui abritait une grande Vierge vêtue de sombre. Je m'adressai au curé :

— Est-ce une vierge noire ?

— Non, c'est la Vierge de los Dolores. La Vierge des douleurs.

L'homme d'Église me tendit l'image pour me l'offrir. Depuis, elle trône sur ma table de chevet. J'ai appris un peu plus tard que mon arrière-grand-mère s'appelait « Maria de los Dolores »...

L'étonnement de Gabriela devant cette image fait place à la stupeur quand elle commence à m'examiner. Dans sa tête, je devine un chapelet de questions qui bouleversent ses convictions scientifiques.

— Je n'ai jamais vu ça ! dit-elle. C'est un vrai miracle !

La doctoresse est intéressée par mes pratiques.

— Qu'est-ce que tu fais avec les femmes ? Quel est ton métier ? C'est incroyable que tu sois dans cet état de santé ! Inimaginable !

Les gens du village, aussi, se posent des questions sur la miraculée que je suis. « Marie Jésus, sais-tu d'où tu reviens ? Le canyon a déjà tué plusieurs personnes, c'est un endroit devenu maudit, d'où on ne revient pas vivant ! Les pierres sont pointues, et ont fait plusieurs victimes par le passé. » Quand je l'entends, je me sens redevenir vautour, planant au-dessus du canyon. Je le vois autour de moi, mais je le perçois aussi en moi, comme si mon corps volait.

Une fois Gabriela repartie, je prends enfin mon bain chaud. Un bain d'argile. Je m'amuse à « beurrer » ma peau avec de la terre rouge et, plus que jamais, j'ai l'impression d'être une Peau-Rouge. Cela me fait sourire et me détend. Enfin, de la chaleur, après tout ce froid !

Transmission ou transe-mission...

Quelques mois avant mon voyage pour le Népal, Margot Anand me fait savoir, par l'intermédiaire de sa représentante Nital Brinkel, qu'elle projette de se retirer dans sa maison à Bali. Et, par conséquent, elle désire passer le flambeau des enseignements tantriques de son école. Pour la représenter dans cette transmission, elle souhaite honorer mes qualités de personne, de chamane et d'enseignante. Cette invitation inattendue me va droit au cœur, et je l'accepte avec joie. En juin, je participe à cette cérémonie en présence de certains membres de son groupe. Avec un moment très fort pour moi, lorsque Margot me propose de tirer une carte du jeu de tarot qu'elle a créé. Les cartes de ce jeu portent sa photo au dos. Une photo qui me rappelle des souvenirs. Pas étonnant : c'est moi qui l'avais prise. Sur l'autre face des cartes, des symboles représentant le parcours de vie de Margot et ce qu'il lui a enseigné. C'est en toute sérénité que je tire de la main gauche une carte. Je la tends à Margot, qui la retourne lentement, les yeux mi-clos. Lorsque la face de la carte apparaît, mon cœur fait un bond. Elle représente Padmasambhava, fondateur du bouddhisme tantrique himalayen. Ce maître bouddhiste a séjourné dans le monastère Norbuling Rabten Sangchen dans la Vallée du bonheur. Un monastère qui lui est dédié et qui est précisément l'endroit dans lequel je me rendrai dans quatre mois ! À cet instant, je me sens reconnue et choisie par cette femme d'exception et par l'invisible qui nous relie avec ce cadeau du ciel. Le canal de cette voie du diamant, mais aussi de la voie chamanique : le tambour.

LE CANYON

Le miracle est total !

Marthe

Il est environ vingt-deux heures lorsque nous sommes de retour à l'hébergement. Je n'ai qu'une hâte : rentrer chez moi, retrouver le calme et la sécurité de mon appartement. Sans tarder, je fais mes valises pour le départ du lendemain, car j'ai besoin de m'occuper pour repousser toutes ces pensées, doutes et angoisses qui m'assaillent depuis que c'est arrivé.

Vers vingt-trois heures, le tenant de l'hôtel nous appelle : Marie Jésus est là ! Ça paraît totalement incroyable, irréel. Elle vient de frôler la mort, et la voir revenir parmi nous à peine une heure plus tard, ça rend le miracle total ! Un nouveau choc, mais dans le bon sens, celui-là !

Informées du retour de la miraculée, les femmes du village accourent pour lui appliquer des cataplasmes d'argile sur ses fesses toutes bleues. Marie Jésus est très calme et silencieuse. Mais elle veut absolument prendre un bain ! Il faut oser…

Tout se bouscule dans ma tête. J'ai l'impression de sortir du cinéma après avoir vu un incroyable film d'aventures. Avant d'aller me coucher, je vais ranger la salle de travail avec Sophie. Je suis épuisée et tombe raide de fatigue sur mon lit.

Quelque chose à déclarer

Peu avant mon départ pour le Népal, un des assistants, Jean-Gabriel, me fait une belle surprise. Cela se passe le week-end avant le départ. Avec le staff, nous faisons régulièrement le point. « Comment tu vas ? » « Qu'est-ce qui se passe ? » « Comment tu te sens dans les séminaires ? » etc. Histoire de savoir où chacun en est dans son histoire personnelle, et s'il a besoin de soutien. J'ai donc demandé aux assistants Jacques, Renato et Jean-Gabriel de venir. Peu avant qu'ils me rejoignent, je sens que « quelque chose » arrive. Mon hypersensibilité m'avertit que « quelqu'un » vient à ma rencontre. Un indéniable pressentiment de rencontre imminente s'empare de mon âme. « Un guerrier vient vers moi ! » Celui de ma vision, quand je nous ai vus tous les deux de dos, sur la voie du Diamant ? Je me souviens qu'il avait les cheveux très longs, maintenus par un rond de cuir et de perles, une grande plume dans ses cheveux et, chose intrigante, elle était tournée vers le bas. Et que nous nous tenions par la main, sur la voie de Diamant. Soudain, un flash ! Je réalise que cette vision que j'ai eue, il y a quelques années, c'est la même que celle que j'avais eue à l'hôpital quand j'étais petite fille ! Je n'avais pas fait le lien ! Je me souviens de cette image d'un homme qui me tenait par la main dans un long couloir, une sorte de tunnel à la fois sombre et clair, alors que j'étais hospitalisée pour mon problème pulmonaire. Je voyais cet homme et la petite fille de dos, mais je savais que c'était moi qui tenais la main de cet homme aux cheveux longs et qui portait une plume pendant vers le bas. Une autre révélation me secoue alors : la voie du Diamant du bouddhisme, c'est celle de Padmasambhava ! Le moine à qui est dédié le monastère dans lequel je me prépare à me rendre au Népal ! Tout se recoupe !

En imaginant ce guerrier, je m'attends à un maître ou quelqu'un qui a une solide expérience chamanique ou tantrique. En fait, non, c'est Jean-Gabriel que j'ai vu ! Sans le savoir…

— J'ai quelque chose à dire, mais je ne sais pas quand je dois le dire…, me dit-il, l'air un peu gêné, et si c'est à toi seul à seule ou devant toute l'équipe.

— Tout à l'heure, quand nous aurons terminé, lui dis-je, sentant le trouble monter en moi.

Jacques et Renato arrivent à leur tour, et nous entamons la discussion.

— Avec tout ce que tu donnes aux autres, tu mériterais aussi qu'on prenne soin de toi, proposent-ils, unanimes, dans un bel élan de complicité. Nous pourrions te faire un massage !

— Sérieux ?

— Oui, un massage à six mains que tu ne seras pas près d'oublier !

Commence alors pour moi un moment de relaxation, de pure détente, de reliance avec mes trois aides qui sont autant d'amis chers à mon cœur. Même si mes pensées ont tendance à faire du nomadisme dans les nuages de la vision de mon guerrier. Jean-Gabriel me dévisage bizarrement, et les deux autres s'adressent des sourires complices. Je ne comprends pas, mais je me sens bien avec eux. Je sens qu'ils mettent toute leur douceur dans ce massage. Je les remercie du fond du cœur pour ce magnifique moment.

Après la séance, Jacques et Renato s'en vont. Jean-Gabriel reste là, assis calmement, du moins en apparence. Je ne sais pas encore ce qu'il veut me dire. Soudain, je deviens un ours. Je saute sur lui, je le plaque au sol et je l'invective, c'est comme si mon âme lui demandait : « Qu'est-ce que tu me veux ? » Et que la sienne me répondait : « Toi ». C'est ainsi que notre relation est née. Une relation qui commence par une absence, car, quelques jours plus tard, je pars pour un long voyage en terre népalaise.

LE CANYON

Ça dérange la mort

Béatrice

Lorsque j'arrive au chalet, tout le monde est déjà là.

Paco le cuistot a préparé le repas, et Marie Jésus se gave de Rescue. L'ambiance est au miracle, dans le chalet. Beaucoup de discussions résonnent autour de moi. Je remarque Catherine en crise dans un coin. Le contrecoup. Les émotions tant retenues peuvent enfin sortir… Moi, je me sens simplement heureuse que Marie Jésus soit de retour. Là, elle se repose dans un bain d'argile, me dit-on. Ça devrait la ressourcer un peu…

Je laisse le groupe, pour rejoindre Delphine. Nous sommes du même avis : n'importe laquelle d'entre nous n'aurait pas survécu. Quelque chose de magique s'est produit. Peut-être nos pensées et nos énergies l'ont-elles portée dans sa chute ? En tout cas, la mort a manqué son rendez-vous avec Marie Jésus. Tout à l'heure, elle aurait dit qu'on avait provoqué la mort avec les guérisons de nos zones d'ombre. On avait dérangé la mort…

Au coucher, je me repasse le film de cette journée, histoire de l'ancrer en moi comme un des moments forts de ma vie. Je prends conscience du changement que ce stage opère peu à peu en moi. Outre le vécu hors du commun de cette dernière journée, le travail de la semaine sur la guérison commence à porter ses fruits. Une chose est sûre : il y aura un « avant » et un « après » Malaga dans ma vie !

En route pour le Népal

Pour moi, et pour toujours, le Népal sera lié à Jean-Gabriel ! En gage d'amour et pour qu'un peu de sa présence m'accompagne, il me laisse son objet le plus précieux : sa *mala*. Bizarrement, je prends son paréo violet, mais j'oublie d'emporter la *mala*. De toute façon, mon guerrier est dans mes pensées. L'accompagnant Jean fait partie du petit groupe qui s'est joint à Ravi et Wolf pour ce périple en terre népalaise. Ce n'est que la deuxième fois qu'il prend l'avion, et c'est à nouveau avec moi. Son premier grand voyage. Je me souviens de ma rencontre avec Jean. Souffrant d'un cancer de la prostate, il était venu participer à un atelier yoga avec Swami Ji. Au cours d'un exercice effectué en commun, j'ai posé ma main sur son ventre et je l'ai entendu pleurer de l'intérieur. Je pense que nos âmes se connaissaient déjà. Jean s'est inscrit à mes ateliers en thérapie de couple. La maladie avait des répercussions sur sa relation amoureuse, ce qui constituait un obstacle important pour ce couple à la sexualité très épanouie. À cette période, cet homme traversait une grande souffrance. Au cours du premier séminaire en Andalousie, grâce notamment aux pratiques de respiration et au travail dans la rivière, il a commencé à ressentir de nouvelles sensations dans sa verge. Jean est rapidement devenu un fidèle participant et a suivi la majorité de mes stages. Il a effectué les pratiques chamaniques quotidiennement, jusqu'à deux ou trois fois par jour. Si bien que j'ai dû lui demander s'il n'en faisait pas trop… Mais, pour lui, c'était vital, de l'ordre de la survie. Au fil des ateliers et de la pratique, il est parvenu à développer une très grande sensibilité énergétique, et ses circuits explosaient dans son corps. Il a développé une vraie et profonde relation tantrique avec sa compagne. L'énergie passe, se transcende, monte, et ses sensations sont aussi jouissives qu'un acte charnel. Logiquement, il est devenu un des assistants. Avec Jean, nous sommes très complices, mais sans la moindre ambiguïté. Il est dans mon cœur. Très clair, il est capable de donner du courage à plein d'hommes dans les groupes.

À Katmandou, nous sommes accueillis par le rinpotché et rejoignons Ravi et Wolf, partis quelques jours auparavant. On nous remet des écharpes de bénédiction. Puis nous prenons le taxi jusqu'à la *guest house*, un gîte qui fait partie d'un temple bouddhiste, près du grand stupa de Katmandou. Le groupe y restera quelques jours. Au total, nous sommes une douzaine de visiteurs venus d'Europe.

Le lendemain, nous nous levons très tôt pour évoluer autour du stupa. Dans ce bâtiment, qui représente plusieurs niveaux de conscience, les moines font tourner les moulins à prière pendant que les gens tournent autour d'eux. La présence de personnes de toutes générations, venues pour prier, est très touchante. Toute cette beauté m'émeut profondément. Au cours de ce rituel, je sens comme une aspiration et je comprends alors qu'il serait impossible de tourner dans le sens opposé, tant cette aspiration est puissante. Nos circonvolutions génèrent une sorte d'onde qui nous pousse dans une sensation de légèreté.

Le rinpotché est venu avec un jeune lama. Ce dernier porte une robe rouge sur un chemisier jaune et arbore un parapluie multicolore pour se protéger du soleil. Il nous emmène dans des magasins pour acheter l'équipement pour le trek. Puis nous nous rendons dans différents lieux de prière, dont certains ressemblent à des dépotoirs, tant ils sont jonchés de débris divers. Nous écrivons des prières sur des écharpes que nous offrons au vent. Je prie pour toute ma famille : mon père, ma mère, mon fils, son père, sa belle-mère et ses demi-sœurs, mais aussi pour la Terre, pour l'eau, pour le feu, pour tout.

Le jour du départ pour notre grande randonnée dans l'Himalaya arrive. Le premier jour, nous marchons pendant de longues heures. Pour moi, ce n'est ni difficile ni facile, mais c'est fatigant. Je suis impressionnée par les sherpas. Malgré leur gabarit de poids plume, ces jeunes hommes portent, sans fléchir, de lourdes charges, et qui plus est, avec des tongs aux pieds ! Le soir, ils plantent la tente et creusent des trous pour nos besoins, puis nous préparent à manger. L'un d'eux joue de la guitare. Quand je dévisage le guide du groupe, j'ai l'impression de voir mon oncle Simon. Mêmes traits, même profondeur dans le regard. Mais Simon s'est contenté de traverser les Pyrénées alors que cet homme se promène sur le toit du monde.

Jour après jour, l'ascension se poursuit. D'interminables escaliers semblent mener au ciel. Le chemin est long et ardu, et devient très éprouvant pour moi. À certains moments, le rinpotché chante, et je chante avec lui. Ça me redonne du courage. Mais l'altitude et le manque d'oxygène se révèlent de terribles obstacles pour mon poumon rescapé. Seules taches dans un ciel bleu immaculé, des rapaces tournoyant en quête de proies.

J'ai une pensée pour Marie-Reine qui aurait tant souhaité m'accompagner une fois de plus. Au long de cette interminable ascension, je ferme la marche. Je souffre, mais je m'accroche, grâce notamment aux encouragements de mes compagnons de voyage et à des forces venues d'ailleurs. Car je suis certaine d'être soutenue par les esprits.

Si les journées sont chaudes, les nuits sont fraîches, et la laine est de rigueur. Ce soir, nous allons voir un film chez les habitants. Bien sûr, c'est un Bollywood[1]. Et cela me rappelle mon voyage en Inde. Pendant une séquence particulièrement entraînante du film, je me mets à danser comme là-bas. Je vois le visage émerveillé du rinpotché, qui dans la foulée m'apprend le langage des signes. Nous rions beaucoup.

Par moments, je me sens très calme, très aérienne, comme si je planais. À d'autres moments, je suis rattrapée par la dure réalité

1. « Bollywood » est le nom donné à l'industrie cinématographique indienne basée à Bombay et dont les films sont réalisés en hindi (et en ourdou). Il s'agit de la composante la plus populaire du cinéma indien, le plus important au monde en nombre de films tournés.

physique. C'est comme si je descendais et remontais des escaliers sans arrêt, des escaliers de fortune. Mes genoux sont en coton, on me tient la main, car je perds l'équilibre. J'ai peur et je pense que je ne vais jamais y arriver, je suis épuisée. En même temps, je suis émerveillée par ces paysages à couper le souffle, par l'énergie des cascades, par le puissant rayonnement du soleil et les merveilleux sourires des Népalais et des Tibétains.

Certains passages s'avèrent particulièrement délicats. Plus encore quand nous y croisons une caravane de mulets. D'ailleurs, nos guides nous ont donné des consignes sur le sujet.

— Si vous croisez un mulet sur un sentier étroit, il ne faut jamais lui laisser le passage ! Collez-vous à la paroi !

Et c'est exactement ce que je suis en train de tenter de mettre en pratique face à un mulet chargé de sacs de sel, que je croise alors que nous nous trouvons sur un sentier à flanc de montagne. À ma gauche, la paroi ; à ma droite, le vide ; et face à moi un bestiau entêté qui n'a manifestement aucune envie de me laisser longer la paroi ! Je suis même obligée de défendre mon territoire. Le mulet tente même de me déloger de ma position. Je dois lui tenir tête et, finalement, l'animal cède. Ouf !

Un peu plus loin, nouvelle épreuve : la traversée d'un pont composé de quelques morceaux de bois de tailles et d'essences différentes, attachés de manière très rudimentaire avec des morceaux de fil de fer. Et, juste en dessous, une cascade qui gronde comme un monstre affamé réclamant sa pitance. Le passage des cours d'eau, ce n'est pas mon truc…

À mon plus grand soulagement, nous faisons halte dans un petit village. Parmi les quelques bâtisses de pierre qui se dressent là, je devine une épicerie. Sur le palier, deux petites filles qui nous regardent intensément. Une adulte leur remet un sachet, et elles s'approchent de moi. Les fillettes sont vêtues d'une sorte de tunique brune nouée par une ceinture de la même couleur et portent des sandales en plastique aux pieds. L'éclat des colliers multicolores à leur cou contraste avec leurs visages sales et leurs yeux tristes. Elles s'approchent, les mains ouvertes pour m'offrir des gâteaux et des friandises. Cette façon de venir vers moi me bouleverse, car elle me rappelle la *prasāda*, une offrande dédiée aux dieux dans un rituel en Inde. « Ce qui compte ce n'est pas ce que tu reçois, mais ce que cela représente », m'avait-on expliqué. Manifestement, ces deux fillettes avec leur conscience, leur cœur, représentent beaucoup pour moi. Sans doute qu'à travers elles je sens le cœur de ma petite fille intérieure entre la vie et la mort. En retour, je leur offre du gingembre confit.

LE CANYON

Je vous aime !

Marie Jésus

Après le bain, je retourne dans ma chambre en claudiquant.

— Tu ne pourras pas marcher, demain ! me font remarquer les femmes, au passage.

Je reprends quelques analgésiques avant de me coucher. Marie-Jeanne et Delphine demeurent à mon chevet. Elles suivent les directives de Gabriela, la doctoresse, que je ne sens pas vraiment rassurée de m'avoir épargné l'hôpital. Un traumatisme crânien, même sans perte de conscience, ce n'est pas anodin ! Les deux femmes sont chargées de me réveiller toutes les heures pour contrôler l'acuité de mon regard pendant toute la nuit. C'est bon de les sentir toutes les deux près de moi, d'autant plus que Marie-Jeanne est, elle-même, médecin. Sentir la présence de leurs mains me rappelle mon enfance à l'hôpital, où j'ai eu le bonheur qu'on me témoigne beaucoup d'amour, celui que je ne recevais pas de ma mère. Je le revis à cet instant, je le ressens, mais cette fois j'ai la possibilité de m'exprimer, de le reconnaître et de remercier. Si je pouvais tout recommencer, renaître…

Nous sommes en pleine nuit. Je n'ai rien avalé depuis midi et je ne parviens pas à m'endormir. Et, comme je ne dors pas, c'est moi qui réveille mes deux gardiennes pour leur rappeler de contrôler mes yeux…

Au matin, les douleurs sont toujours présentes, mais je suis déterminée à prendre l'avion pour rentrer chez moi. Je reprends ma place de chef dans la salle à manger. Je contemple toutes ces femmes autour de moi avec énormément d'amour, de tranquillité, de confiance, en silence. Je m'adresse à elles avec le cœur en fête : « Je suis si heureuse de sentir combien c'est important pour moi que vous soyez toutes saines et sauves ! Quel grand pas nous avons franchi ensemble ! Je vous aime ! »

Le chien de mes rêves

Au cours de la quatrième nuit du trek, je rêve d'un chien. L'animal qui m'apparaît est tout blanc et auréolé d'une lumière. Une image très forte, encore bien imprégnée dans mon esprit, le matin au réveil. Je raconte mon rêve à Ravi, histoire de valider ma perception. Avec les rêves, on ne sait jamais...

Peu après, le rinpotché se pointe avec... un petit chien ! Un chiot abandonné qu'il vient de recueillir. Mais, contrairement à celui de mon rêve, le petit animal est tout noir. Comme il est plein de puces, on décide de le laver, ce qui semble énormément l'exciter. Et, quelques minutes plus tard, le petit chiot est recouvert de mousse et... tout blanc ! Ravi est... ravi et me jette un regard ébahi.

Je prends le chiot dans mes bras pour le cajoler. Il a l'air de se plaire avec moi, car il devient très calme. Je suis en pleine appréciation de ce moment de tendresse, lorsque soudain j'ai la sensation que le petit animal s'allège ! Que quelque chose de lui est en train de partir, comme s'il était en train de se laisser mourir. Inquiète, je place ma main sur la base de son coccyx et de sa tête, sur le chakra coronal et le chakra racine, et j'appelle les esprits. J'ouvre mon cœur et je lui envoie beaucoup de lumière. Soudain, il a un sursaut, comme s'il était à nouveau là. Je le cajole un moment, puis je lui donne un peu de mon riz au lait.

— On dirait Marie et l'Enfant Jésus ! s'exclame une femme du groupe.

Mon cœur s'emballe. Cet épisode fera partie des moments forts de ce voyage. Peu à peu, je ressens ce voyage comme un pèlerinage. Et cette impression grandira au fil des jours.

Le cinquième jour, le paysage change. Des cimes enneigées apparaissent au loin. Une caravane de mulets passe. Un des mulets commence à mordre dans du linge suspendu, mais, curieusement, personne ne bouge. Je me lève pour l'empêcher de continuer. Les mulets, je commence à savoir les mettre au pas ! Une heure plus tard, le lama nous harangue :

— Regardez et sentez, c'est une autre énergie qui arrive, nous franchissons une porte !

Ce passage vers un autre niveau d'énergie est très perceptible pour moi. Mon taux vibratoire s'en trouve boosté, et cela me redonne de la force et de la vitalité. J'en ai besoin…

Au bout de six jours de marche, nous parvenons à un sentier à la frontière du Népal avec le Tibet. Nos guides se méfient, personne ne doit connaître le chemin d'accès au monastère Sangchen Rabten Norbuling, miraculeusement préservé des Chinois. On raconte qu'il y a bien longtemps le roi du Népal a eu une vision de l'invasion chinoise et qu'il a annexé ce territoire pour empêcher qu'il ne soit pris. La vallée secrète qui abrite le monastère ne figurerait sur aucune carte. Les sherpas se sont engagés à ne pas en dévoiler le chemin. Les guides scrutent la montagne pour vérifier si personne ne nous a suivis.

Ce soir, dernier camp ! Demain, les nonnes descendront pour nous accompagner dans la montée finale vers le monastère de huit cents mètres de dénivelé. Je me sens épuisée et je regarde avec anxiété cette ultime ascension. En attendant, je profite de cette dernière halte pour me ressourcer près de la cascade à proximité.

— Ses eaux descendent droit de l'Everest, m'explique le lama.

J'y trempe l'orteil et constate que l'eau est glacée. La sensation est carrément celle d'une coupure ! Cela n'empêche pas les sherpas de s'y jeter, en gardant leur caleçon. Je suis sidérée ! Mais je me dis que, s'ils en sont capables, pourquoi ne le serais-je pas ? Et que cela pourrait peut-être me donner de l'énergie. Ô Everest, donne-moi un peu de ta force ! J'ai l'habitude de me baigner dans les rivières, et leurs eaux ne sont pas toujours très chaudes. Bon, pas aussi froides que celle-là, c'est sûr… J'imite les sherpas, au grand étonnement de tous mes compagnons de voyage et entre dans l'eau. Après quelques instants, mes pieds sont comme anesthésiés. Je ne sens plus la coupure. J'avance jusqu'à avoir de l'eau jusqu'au haut des cuisses. Je sens que cette eau me donne de la force et je m'en emplis, car je sais que demain j'en aurai besoin.

Pour revenir de la cascade, nous empruntons un petit pont. Wolf ramasse un caillou et nous invite à en faire de même.

— Que voulez-vous laisser derrière vous ? s'exclame-t-il, avant de charger la pierre de ses pensées les plus lourdes et de la poser au sol.

Bonne idée, me dis-je. Je décide de laisser dans ma pierre la peur de ne pas y arriver, de me sentir prise à la gorge…

Au petit matin, je perçois des rires, des cris à travers la toile de tente. « Des enfants qui vont à l'école », me dis-je. Quand je sors de ma tente, je constate que ce ne sont pas des enfants, mais les nonnes qui arrivent. Elles sont accompagnées de quelques lamas.

Rinpotché s'adresse au groupe. Mais il parle en anglais, et je ne comprends rien. Personne ne prend la peine de traduire. Il faut dire que c'est devenu lassant pour mes traducteurs habituels, obligés de passer par l'allemand pour traduire l'anglais en français… Je comprends quand même que chacun de nous « a droit à une nonne » et qu'on laisse tout l'équipement en bas.

Lorsque Rinpotché me confie à la sœur qu'il m'a attribuée, il ne peut réprimer un rire.

— Elle sera bien pour toi ! m'annonce-t-il, en serrant le chiot contre son cœur, avant de le confier à une nonne.

Nous entamons l'ultime ascension. Elle se transforme rapidement en vrai calvaire pour moi. J'avance à grand-peine, mètre après mètre. Mon cœur bat à tout rompre, et mon poumon est sollicité comme jamais. Quand je regarde ma nonne, je comprends mieux pourquoi

Rinpotché m'a annoncé : « Elle sera bien pour toi ! » En effet, elle se révèle rapidement la plus vitale et la plus rigolarde d'entre toutes. La plus énergique aussi. Car elle est comme un chien fou qui avance et revient sans cesse, elle ne fait que ça, et moi, je peine tant à avancer… Je la baptise la « crazy nonne ». Je souris à Rinpotché :

— Oui, c'est vraiment la bonne nonne pour moi !

Sans elle, je n'y serais jamais arrivée. Mais, malgré cela, je suis à la traîne, et le groupe s'arrête régulièrement pour m'attendre. Puis nous repartons ensemble, en admirant, au passage, des pierres millénaires portant des inscriptions et des représentations de visages, jusqu'à ce que je décroche à nouveau. Je puise dans mes dernières ressources pour me hisser en haut de cette terrible montée. Grâce aux encouragements de mes camarades et de ma « crazy nonne », à l'énergie de l'eau, aux messages des pierres, à la vue des rapaces qui tournoient dans le ciel et au soutien des esprits, je me sens portée. C'est un chemin de transformation, d'autant plus que les moines prient pour nous depuis notre départ du monastère dédié à Padmasambhava. Des prières personnalisées, basées sur nos dates de naissance. Bien avant d'y parvenir, nous sommes donc déjà connectés avec le lieu saint.

Dans cette dimension, à la fois chamanique et bouddhique, je parviens au bout de mon ascension. J'arrive la dernière, certes, mais je le fais ! Lorsque je rejoins les autres, tout le monde me sourit et me félicite du regard. Un vieux souvenir remonte alors du fond de ma mémoire. Lorsque j'avais passé mon brevet sportif au collège, j'avais tenu à faire l'épreuve de natation qui consistait à nager cinquante mètres. Et cela, contre l'avis du médecin. Tout le monde m'encourageait, me soutenait, m'applaudissait, « Vas-y Marie ! », et je me sentais portée par tous ces gens. On m'a même remis un diplôme du cent mètres, alors que je n'en avais nagé que cinquante ! Au vu de ces encouragements et de l'enthousiasme général, le jury avait cru que j'en avais accompli le double !

Là aussi, tout le monde est en joie en m'accueillant. Je remercie les esprits de m'avoir portée jusqu'à cet endroit, de m'avoir permis de parvenir au bout de cette épreuve. Car ils étaient bien là. Sinon, comment expliquer que j'aie réussi à aller au bout de cette terrible ascension ?

Le monastère est en vue. Il semble bien frêle face à l'immensité des sommets de l'Himalaya qui le bercent dans leur écrin de nacre. Au loin, j'aperçois une tour carrée blanche de trois étages construite dans le pur style tibétain, sur un petit plateau idyllique. Lorsque nous ne sommes plus qu'à une centaine de mètres du lieu, je distingue nettement plusieurs bâtiments en bois, très colorés, autour du monastère, au milieu de fleurs sauvages, de rhododendrons, de genévriers et de pins. Un peu partout, une multitude de fanions multicolores bardés d'inscriptions en sanscrit et accrochés à des fils tendus entre des mâts flottent au vent de l'Himalaya. Un troupeau de chèvres des montagnes broute les rares herbes sèches à l'entrée des lieux. En arrière-plan, tel un mur infranchissable, se dresse la montagne protectrice sous une chape de nuages en guise de voûte céleste. Le jeune lama me parle du monastère.

— Notre monastère est connu par les pratiquants bouddhistes tibétains comme Beyul, ou « vallée cachée ». Actuellement, une soixantaine de moines et quarante-cinq nonnes y vivent.

En découvrant ce lieu perdu en pleine montagne, je me demande ce qui peut bien pousser les hommes à s'établir en un tel endroit. L'espoir de se rapprocher de Dieu ? Le lama doit lire dans mes pensées, car voilà qu'il se met à me relater l'histoire du monastère.

— Il a été créé il y a bien longtemps, par Padmasambhava, ou Guru Rinpotché, maître bouddhiste du IXe siècle qui était une manifestation du bouddha Shakyamuni. Plusieurs siècles plus tard, Jetsun Milarepa, le légendaire yogi du Tibet, connu pour sa diligence dans la méditation qui l'a amené à atteindre la bouddhéité en une vie unique, y est également venu et a fait sa pratique ici au XIIe siècle. Aujourd'hui, Sangchen Rabten Norbuling est toujours un lieu de retraite. On y pratique la contemplation et la méditation.

Le premier contact avec les moines, une rencontre front contre front, les bras ouverts, restera à tout jamais gravé dans mes souvenirs.

— Bienvenue au monastère !

Après une photo de groupe, l'équipe des sherpas s'apprête à repartir. Comme ils le font chaque fois, les porteurs s'engagent à effacer toutes les traces de notre passage sur le chemin du retour. Mais ils garderont de précieux souvenirs dans leur cœur. Ceux de liens quasi familiaux qu'ils ont tissés avec nous tout au long de cette longue ascension. Des liens qui vont bien au-delà de simples accompagnants de touristes. Je sens un pincement au cœur lorsqu'ils disparaissent au détour du chemin, comme avalés par la montagne.

Nous allons rester dix jours au monastère. Quelle tranquillité ! J'ai l'impression de me trouver dans un espace hors du temps. Nous découvrons cet endroit riche d'une magnifique végétation, et doté de ses propres cultures de thé et autres légumes. Ne bénéficiant d'aucune subvention, le monastère est tributaire de son travail et de la charité.

Je partage ma chambre avec Jean. Il est aux petits soins pour moi ; il a même apporté de quoi me préparer du café. Moi, je ne lui avais rien demandé, et cette situation me gêne profondément.

La température est plutôt fraîche, surtout la nuit. Ravi et Wolf tombent malades, victimes de maux de tête et de nausées. Un mal sans doute lié à l'altitude, qui a débuté en cours de chemin. Et qui, petit à petit, touche tous les autres. Moi, ça va plutôt bien. Mon rythme est au ralenti par rapport à mon rythme habituel, mais je me sens en forme. Ce n'est pas le cas de Jean. Il est également pris de fièvre et de maux de ventre. Alors je m'occupe de lui, je deviens son infirmière. J'éprouve une joie profonde en prenant soin de lui comme il avait pris soin de moi. Quand je lui prépare sa bouillotte, je sens qu'il n'apprécie guère de se retrouver dans cette situation… Mais je lui fais comprendre que c'est comme ça, et puis c'est tout ! Les malades sont pris en charge par les moines, qui leur administrent de la médecine tibétaine sous forme de pilules fabriquées au monastère. Ces remèdes à mettre sous la langue sont chargés de centaines de mantras et de bénédictions. Ce qui déclenche en moi une sorte de crise de jalousie et me pousse à mendier des pilules. Mon attitude de petite fille me fait sourire intérieurement.

Nous circulons librement dans le temple et sommes traités comme des dieux. Nous assistons à des offices chargés de rituels, nous recevons des offrandes, nous sommes nourris avec des repas faits avec amour, on nous donne des pétales de fleurs à lancer. Il est vrai que nous avons apporté de l'argent, mais cela n'explique pas tout.

Deux jours après notre arrivée, je remarque que la plupart des moines sont affairés sur le parvis du monastère à créer des statues en terre colorées. Sans doute des offrandes pour une fête plus importante que les autres cérémonies, me dis-je, en remarquant également de nombreux symboles tibétains.

— C'est pour la cérémonie en l'honneur de Vajrakilaya, m'explique-t-on.

Divinité du panthéon bouddhiste, Vajrakilaya est une déité assez effrayante qui a pour mission de repousser l'ombre. Voilà qui me parle... La fête se prépare, et je me sens un peu inutile. J'aimerais tant les aider. Ne connaissant pas les traditions tibétaines, je suis le mouvement, tout comme mes camarades. La cérémonie débute. Les femmes sont d'un côté, les hommes d'un autre. Les moines forment un groupe à part. C'est le moment de saluer et d'honorer les divinités, y compris celles qui sont en nous. Soudain, tout le monde se met à pleurer, sans raison apparente. Alors mes yeux et mon âme pleurent avec eux. Je suis prise dans le mouvement cérémonial, emportée par la liesse collective et grisée par l'absorption d'alcool de riz – un breuvage incolore servi dans un récipient fait avec ce qui était autrefois un crâne humain.

Les journées passent, remplies de cette lenteur et de ces temps avec des chants, des rythmes de tambour, des moments près du feu, avec ces visages, avec ces nonnes qui nous prennent par le bras et qui nous remercient à leur façon. Le rinpotché se met à chanter, ce qui déclenche aussitôt mes larmes.

Depuis plusieurs jours, les moines et les nonnes créent des mandalas[1], éphémères représentations en sable, que je prends en photo sous tous les angles. Deux jours plus tard, c'est mon anniversaire. Sa date coïncide avec la fête du feu. À cette occasion, les moines recouvrent le mandala avec des bûches et, le soir venu, ils allument le bûcher. À l'aide de grandes perches avec des récipients attachés au bout, ils versent de l'alcool dans le feu. De soudaines et immenses flammes montent dans la nuit à l'assaut de la voûte céleste. Soudain, au beau milieu des flammes, j'aperçois Vajrakilaya ! La divinité, que beaucoup trouvent hideuse, se confond avec le feu. Exactement la même vision que j'avais eue, il y a deux ans, quand Ravi et Wolf m'avaient montré les photos du monastère ! Incroyable ! Bien entendu, je suis la seule à l'avoir vue. Les autres me regardent bizarrement. Mais pas Rinpotché. Lui me croit, j'en suis sûre.

Un peu plus tard, j'ai droit à un gâteau surprise. Je me sens profondément émue. Je suis au centre des attentions alors que nous sommes en pleine fête du feu. Pour remercier tout le monde, je récite un mantra – le mantra des cent syllabes –, mon cadeau pour leur exprimer mon bonheur d'être là, avec eux, maintenant. Je sens qu'il ne manque qu'une chose pour que mon bonheur soit parfait à cet instant : le petit chien. À peine cette pensée m'a-t-elle traversé l'esprit que le chiot surgit de dessous la table. À ce moment précis, je me sens vraiment et totalement reliée à l'univers.

Puis, solennellement, le rinpotché coupe un morceau de gâteau. Il le bénit de ses prières et souffle dessus, avant de me le tendre. Je devine une pratique de guérison, voire d'exorcisme, et je le remercie du fond du cœur.

— Si tu es là, c'est qu'il y a quelque chose d'important pour toi, me dit-il, tout simplement.

L'émotion me submerge, et je fonds en larmes.

---

1. Le mandala est un diagramme circulaire représentant l'univers tout entier. Dans la religion bouddhiste, il permet de conduire sur le chemin de l'éveil spirituel.

Au coucher, nous évoquons la présence de rats dans les lieux. Mes compagnes de voyage en ont une peur bleue.

— Tant qu'ils ne me marchent pas sur la tête, je n'ai pas peur des rats !

Je dis cela comme je dirais n'importe quoi. Sauf que je fanfaronne un peu... Car, dans la même nuit, une chose molle et chaude sur mon crâne me tire du sommeil. Alerté, mon cerveau identifie l'information, et quelque chose en moi qui m'avertit : « Un rat ! » Je hurle, mais mes cris restent à l'intérieur de moi. Je comprends qu'un rat vient de marcher sur ma tête. Mon cerveau poursuit sa cogitation et me rappelle mes paroles en soirée à propos du rat... Je les regrette aussitôt. Lorsque je raconte ma mésaventure, au petit matin, tout le monde éclate de rire.

Au cours d'une de leurs danses, les moines m'appellent dans leur cercle masculin. Comme en Inde, je me retrouve invitée à rejoindre des moines dans une danse. Pour moi – femme, en plus d'être étrangère –, entrer dans un cercle purement masculin et habituellement fermé, dans ce décor mystique, a quelque chose de surréaliste. Je m'exécute, mais plutôt maladroitement, ce qui fait bien rire les nonnes.

Autre situation curieuse, celle d'une jeune femme aux cheveux très longs, qui demande à entrer au monastère. Elle passera plusieurs jours à attendre que sa requête soit examinée. Lorsque sa demande est enfin acceptée et qu'elle entre dans les ordres, nous assistons à sa tonte. Un moment très émouvant pour moi, qui remue bien des souvenirs. Celui de la jeune femme que j'étais quand j'ai quitté le domicile de mes parents sous leur opprobre. Parmi mes délires du moment, je m'étais vue avec un crâne rasé. Avec un soleil et une lune tatoués sur ma peau. Cette jeune femme, la tête sous le robinet, me ramène à ces instants de folie.

Peu avant la fin de notre séjour, le rinpotché nous rassemble dans un coin du monastère, légèrement à l'écart. Après nous avoir placés en cercle, il nous prodigue un de ses enseignements, puis s'adresse à nous de manière très solennelle :

— Vous êtes un groupe très particulier. Aussi ai-je décidé de vous transmettre un mantra très spécial, à ne réciter qu'à des moments bien choisis et à ne transmettre à personne. Il n'est que pour vous !

Mon cœur fait boum, et mes yeux se remplissent de buée. Je lis également l'émotion dans les regards de mes camarades.

La veille du départ, Rinpotché demande à chacun de choisir une pierre. Je devine qu'il désire y graver quelque chose. Je lui apporte une première pierre. Il secoue la tête :

— Trop petite !

Je vais en quérir une plus grande.

— Trop friable.

« Bon... », me dis-je en partant en quête d'un troisième caillou. Mais je n'en ai pas le temps, car Rinpotché envoie un lama en chercher une. Finalement, j'ai la plus grande pierre de tout le groupe. Tenant la pierre avec ses pieds, Rinpotché y grave un célèbre mantra de protection pour les transgressions, à l'aide d'un marteau et de clous.

— Ce que tu fais dans cette vie, tu l'as déjà fait dans une autre, me dit-il en me remettant la pierre.

Pour honorer notre départ, un grand pique-nique festif est organisé devant le monastère. Tous les habitants du coin sont invités. Cela ressemble à une fête de famille, avec plein d'enfants et de ballons multicolores. À cet instant, je me sens complètement en lien avec ce lieu perdu dans l'immensité de l'Himalaya, et dans lequel j'ai l'impression de traverser le temps.

L'heure du départ arrive, et mon chez-moi m'attend. Un hélicoptère vient nous prendre pour nous ramener au point de départ. Les nonnes m'offrent des cadeaux, dont un sac arc-en-ciel confectionné au monastère, ainsi qu'un objet qui représente un stupa. À mes pieds, le chien « Lady pupser ». Ses yeux semblent me supplier. Je ne veux pas me séparer de lui. Je jette un regard au rinpotché : notre enfant... Il me sourit et acquiesce silencieusement. Je place le chiot dans le sac kangourou et je m'engouffre dans l'hélicoptère. Au moment du décollage, en plus des émotions du départ de ce lieu, une étrange sensation, bien physique, elle, investit mon corps… Rapidement, je la reconnais, je l'avais vécue en prenant l'ayahuasca au Pérou : c'est la perception de la présence des trois guerriers hommes-chiens sur leurs chevaux. Et, lorsqu'ils se mettent en mouvement, cette sensation d'être l'un d'eux et de ne faire qu'un avec ma monture, tel un centaure. C'est ce que je ressens au plus profond de moi lorsque l'hélicoptère décolle et que je porte sur mon ventre, sur mon cœur, comme mon enfant, ce bébé chien de mes rêves.

Après plusieurs escales champêtres, au cours desquelles nous embarquons et débarquons des passagers, l'hélicoptère se pose sur un vrai aéroport. C'est là qu'on m'arrache Lady pupser. Je sais que je ne le verrai plus. Plus jamais. Je suis triste de n'avoir pas eu le temps de lui dire adieu. Je grave ce moment au plus profond de mon cœur et, peu après, je fais le lien avec mon désir d'un deuxième enfant. Aussitôt, le flot des souvenirs déferle comme la marée montante. Je suis avec le papa de Maxence, quelques mois avant que Patricia ne débarque chez nous. Patrick me parle d'un deuxième enfant, et je lui rétorque que ce n'est pas le moment. Nous nous comprenons : je sens son désir sincère, et il entend mon inquiétude. Puis nos vies basculent, avec l'arrivée de Patricia. Pourtant, dans les mois qui suivent, je tombe enceinte bien que je prenne régulièrement la pilule. C'est la mort dans l'âme et dans un profond état d'épuisement et de désespoir que je prendrai la décision d'avorter. Cette douleur sera si grande et si destructrice que la simple vue d'un enfant, d'un berceau, d'une poussette fera de moi une criminelle dans mes pensées.

Après cette rencontre avec ce bébé chien, c'est comme si l'âme de ce deuxième enfant se matérialisait et que je pouvais la laisser partir à nouveau sur le toit du monde, au monastère. Je danserai sa présence en moi et avec moi, avec son frère Maxence et leur père, comme une acceptation de cette constellation familiale que nous représentons. Oui, je suis mère de deux enfants, un qui vit sur Terre, et l'autre dans les « cieux »…

Avec Jean et le groupe, nous restons quelques jours à Katmandou. Nous rayonnons dans la ville, à la découverte de ses nombreux trésors. Nous visitons le grand stupa que nous emplissons de nos prières pour le monastère, ses habitants et pour le monde entier. Je décide aussi de donner tous mes vêtements, même ceux portés en Inde. Je dois juste trouver qui les recevra. Un matin, en me promenant près du grand stupa, je la repère. C'est une mendiante. Elle est assise au bord du chemin, les yeux dans le vague. Je ne sais si elle est droguée ou complètement « à l'ouest », mais je sais que c'est à elle, et à personne d'autre, que je dois donner mes vêtements. Le lendemain, nous retombons sur elle, et je lui donne mes affaires que j'ai apportées. Lorsque je lui tends les vêtements, elle me dévisage sans vraiment y croire. Ses yeux ressemblent à une bougie dont la mèche est sur le point de s'éteindre. Elle murmure un vague remerciement et retombe dans sa léthargie.

En repassant à cet endroit, le jour suivant, une vague de tristesse déferle sur moi : la mendiante est là et elle porte bien mes habits, mais je constate qu'elle est sous le joug d'une maquerelle. Le quartier est rempli d'hommes, et la pauvre fille se fait engueuler par l'odieuse femme. C'est une prostituée. Ici, encore plus qu'ailleurs, le destin des femmes est sans pitié.

Nous retrouvons le groupe et Rinpotché pour faire des achats en ville. Notre camarade anglaise offre des tenues neuves aux enfants du monastère. Puis nous entrons dans un magasin qui vend des statuettes et autres représentations de divinités. Chacun choisit la sienne en fonction de critères qui lui sont propres. Les miens doivent être hors norme, si j'en crois la tête des autres lorsque mon choix se porte sur une statuette de la divinité Vajrakilaya. En réalité, c'est elle qui m'a choisie, car je me suis sentie attirée, aimantée par son aura. Bien entendu, je suis la seule du groupe à l'acheter. Tout le monde la trouve très moche. Moi aussi, mais c'est elle que je choisis. Le rinpotché garde le silence. Cela veut-il dire quelque chose d'important ? Je n'en sais rien. Toujours est-il qu'en tenant cette statuette dans mes mains, je sens une énergie de paix entrer en moi. Puisse-t-elle m'accompagner tout au long de ma vie ! On n'a jamais assez de paix.

Le jour du départ arrive, du moins est-ce ce que nous croyons. Lorsque nous arrivons à l'aéroport, Jean et moi constatons que nous sommes... un jour en avance ! Notre avion ne partira que le lendemain ! Nous jouons donc les prolongations à Katmandou. Le lendemain, nous nous préparons à nouveau pour l'aéroport. Cette fois, c'est sûr : nous allons partir et rentrer chez nous !

C'est compter sans les voies impénétrables de l'aviation indienne... Lorsque nous arrivons dans l'aéroport, des policiers en civil posent des scellés sur les bagages à main des passagers. Étrange, me dis-je. Il y a beaucoup de monde, et je perçois une certaine agitation, comme si quelque chose d'important se préparait.

À Katmandou, j'ai aussi acheté une petite Cocotte-Minute pour potée ayurvédique. Comme elle est lourde, je l'ai mise dans mon bagage à main. Bien sûr, elle est repérée au passage aux rayons X, ce qui ne m'inquiète pas. Du moins jusqu'à ce qu'un des douaniers me dise qu'il faut que je m'en sépare. Quand je demande pourquoi, il m'explique d'un air convaincu, mais peu convaincant, que la poignée pourrait servir à assommer quelqu'un ! Je n'en crois pas mes oreilles. Je me retiens de la lui arracher et de la remettre d'autorité dans mon sac. Je ne sais pas encore que ce n'est que la première perte de ce voyage.

Tout au long de notre interminable traversée de l'aéroport, nous sommes fouillés sans arrêt. Un rythme éprouvant se met en place : fouille, attente, fouille, attente plus longue, fouille, attente encore plus longue. Les heures passent. Lassée, je finis par lâcher ma colère de cocotte sous pression. Nous comprenons enfin la raison de cette agitation et de ces interminables séances de fouille et d'attente : une grande fête religieuse se prépare, et les représentants religieux craignent un attentat. J'aurais peut-être préféré ne pas savoir. L'attente devient encore plus angoissante. Finalement, la situation se débloque, et nous parvenons enfin sur le tarmac. Nous sommes fouillés une énième fois avant d'entrer dans le bus, puis à nouveau en ressortant du véhicule. Des fois qu'un agent secret aurait planqué des grenades dans le bus... Mais bon, nous sommes au bout de nos peines ; cette fois, nous allons bel et bien partir, rentrer chez nous. Ce n'est pas trop tôt !

— Vous devez retourner dans vos hôtels.

Ai-je bien entendu ? Ce type devant l'avion vient-il vraiment de nous annoncer que nous ne partirons pas ? Je dois halluciner, ce n'est pas possible ! Et pourtant si.

— L'avion partira demain, annonce-t-il, sans la moindre considération pour notre patience mise à mal par toutes les heures d'attente et les innombrables fouilles.

J'ai envie de l'offrir en sacrifice aux dieux et de passer sur son corps pour monter dans l'avion. Encore plus lorsqu'il donne la raison de l'annulation du vol, que le peuple voyageur en colère a exigé de connaître.

— Le pilote ne peut pas voyager la nuit.

Je n'en reviens pas. C'est un mauvais rêve, un cauchemar, je vais me réveiller dans l'avion, en route pour la civilisation. Mais non, nous ne partons pas et nous n'avons plus qu'à faire demi-tour. Dans l'aérogare, nous récupérons nos bagages et une certaine lucidité. Où allons-nous passer la nuit ? Personne ne nous a rien dit à ce sujet. La révolte commence à gronder parmi les passagers. Deux femmes donnent de la voix. L'une d'elles est employée dans une compagnie aérienne européenne et sait donc ce que l'on peut espérer en pareil cas. L'autre est une autochtone et vient de retrouver sa valise dans un triste état. On dirait qu'elle a explosé. Y aurait-il vraiment eu un attentat ? En tout cas, on a attenté à ma patience et à celle de tous les passagers. Mais ces deux femmes nous surclassent tous. Elles font un scandale qui retentit dans tout l'aéroport. Nous les appuyons du mieux que nous pouvons. Tour à tour, elles posent leurs exigences avec détermination : un bus, une nuit d'hôtel, un repas. Et une valise neuve. Les autorités aéroportuaires les prennent d'abord à la légère, mais les deux femmes n'en démordent pas. Leurs cris deviennent de plus en plus menaçants et prennent même une tournure hystérique. Hystérique, mais pleine de tact et de malice, me dis-je, admirative. Infatigables complices, elles se relayent dans cette tentative d'érosion de l'impassibilité affichée des responsables. Pas facile pour ces derniers, néanmoins, car pas un seul représentant d'Air India n'est présent… Au bout d'une heure de ce cirque, un bus est annoncé. Nous avons obtenu gain de cause. Les deux femmes sont applaudies par l'ensemble des passagers. Elles mériteraient le César de la plus belle scène de revendication. Syndicalistes, prenez-en de la graine !

Le matin, à l'hôtel, je décide de réorganiser mes bagages. Je place tous les objets de valeur dans ma valise de soute. Souvenirs, cadeaux de Noël pour la famille, les amis et l'association, et la statuette de Vajrakilaya. À l'aéroport, rebelote pour le passage des bagages, nouvelles fouilles. Si bien que je commence à me dire que nous ne partirons pas, que je ne réussirai jamais à quitter ce pays, que je finirai mes jours ici… Mais, finalement, nous parvenons en salle d'embarquement. L'avion met un temps fou à bouger, mais il finit par s'ébranler et réussit même à décoller. Il fait jour… Bien entendu, nous arrivons très tard à New Dehli, et nos correspondances sont parties depuis longtemps. Nouvelle épreuve de patience pour tous. Encore plus pour ceux qui ont définitivement perdu leur vol et doivent en racheter un. Heureusement, ce n'est pas notre cas. Nous pourrons prendre le vol de correspondance suivant.

— Vos bagages vont suivre, tout est OK, nous confirme-t-on au guichet.

Je leur demande tout de même de nous noter les numéros de nos bagages. Jean et moi sommes les derniers passagers du dernier vol pour Francfort. La chance nous sourit enfin… Jusqu'à l'atterrissage seulement, car nous constatons, peu après, que nos valises ne sont pas arrivées. « Vos bagages vont suivre, tout est OK », avait annoncé l'hôtesse à New Dehli. Une noire colère monte en moi. Heureusement qu'elle n'est pas devant moi… Néanmoins, l'espoir demeure, car les responsables de Francfort m'assurent que c'est chose courante et que, la plupart du temps, les bagages manquants arrivent quelques jours plus tard. Quand je pense à tous les trésors que mes valises contiennent, je me dis qu'il vaudrait mieux…

Quand je rentre, les travaux de la maison en chantier qui devaient être terminés ne le sont pas. Nouveau coup dur pour mon moral déjà bien entamé. Quelques jours plus tard, on me téléphone pour me rapporter mes bagages. Le soleil revient dans ma vie, me dis-je en me réjouissant de déballer toutes ces merveilles ramenées de cet inoubliable périple. Mais ma joie est de courte durée. En effet, je ne récupère qu'une seule valise, mais ce n'est pas celle qui contient mes précieux souvenirs ! Je suis effondrée, et il me faudra beaucoup de larmes pour évacuer ma peine. Je me demande quelle est la symbolique de tous ces événements. Ne serait-ce pas une invitation à lâcher prise ? Perdre tous mes souvenirs, lâcher les valises de mon passé…

LE CANYON

Plus jamais !

Marie Jésus

Les bagages sont prêts, les femmes se sont occupées de tout. Nous prenons le chemin de la gare en autobus. J'éprouve à la fois une envie de silence et le besoin d'écouter mes compagnes. Je réalise qu'elles ont vécu chacune un voyage très différent, mais un voyage qui aura un impact sur la vie de chacune d'elles. Marie-Jeanne me tient la main.

Aujourd'hui, je remercie la Vierge des douleurs d'avoir atténué l'impact des coups et de m'avoir protégée. Je reste humble, très humble, sans être sûre d'avoir tout compris de ce voyage, mais ce n'est pas le plus important.

Du paradis au château

Rinpotché Nuptul Tenpei Nyima nous offrira, dans les mois qui suivront, un inestimable cadeau en revenant chez Ravi et Wolf. Il tient à nous remercier pour nos dons de soutien au financement des travaux au monastère. Pour cela, il nous propose trois jours de retraite dans le silence, avec le mantra que nous avons reçu. Ce qui me contraint à déplacer la date du séminaire que je prévoyais au Seminarparadies, ou alors de trouver un nouveau lieu. Comme cela fait plusieurs mois que je suis régulièrement invitée par Giovanni et Shyam à venir séjourner au domaine du Château Bellevue pour découvrir leurs prestations, je saisis cette opportunité en me disant : « C'est peut-être le moment de changer quelque chose. » Je prends rendez-vous. Marie-Reine doit me conduire à Châtenois, en Franche-Comté. Mais, en ce gris matin d'hiver, ma voiture refuse de démarrer. Alors je ne peux m'empêcher de me demander de quoi cela devrait-il me protéger... Je reste tranquillement à la maison et préviens Giovanni et Shyam. Nous convenons aussitôt d'un nouveau rendez-vous pour un séminaire au château. Je n'apprendrai que tard dans la soirée que ma jeune sœur Maria Del Pilar a failli perdre la vie dans un accident de voiture. Alors qu'elle se rendait à son travail, son auto a dérapé sur une plaque de verglas et a effectué une série de « tonneaux » sur l'autoroute. Les pompiers qui l'ont désincarcérée ont parlé de « miracle » à ma sœur en lui racontant qu'un camion l'avait évitée de justesse.

Mon arrivée au château, quelques semaines plus tard, est teintée de curiosité et de vigilance. Immédiatement, ma rencontre avec Verena se révèle douce, profonde et, surtout, chamanique. Me voilà rassurée et ravie de constater que nos agendas sont compatibles. Dans la journée, je découvre, dans la salle attenante à l'espace de travail, un vide-greniers. J'y découvre un tanka[1] avec la divinité Avalokiteshvara[2]. Incroyable ! Aussi incroyable et improbable que lorsque Jean avait tiré, parmi toutes les rangées de livres en sanscrit, en anglais ou autre, dans un magasin de Katmandou, un livre en français sur le même sujet. Livre que nous avions cherché en vain pendant tout notre séjour au Népal.

Le séminaire se passe à merveille, mais, malgré tout, mon cœur reste attaché à Seminarparadies. Entre-temps, les trois jours de retraite avec Rinpotché me procurent un enseignement d'une immense richesse. Toutes les trois heures, nous nous retrouvons en petit groupe, celui du monastère. Pas au complet, certes, mais suffisamment bien représenté pour nous permettre de réciter le mantra dans la pure expression de nos silences intérieurs. Pour qu'au fil des heures, il vive en nous ; et nous, en lui. Je le sens vibrer en moi, et le silence est l'écho de sa sagesse qui m'enveloppe dehors et dedans. Ces trois jours de silence, découpés en séquences de trois heures, jour et nuit, me rappellent mon expérience au Pérou. Quel voyage intérieur, quel bonheur, quelle grâce que la présence de Rinpotché en ce lieu pour nous ! En rituel de fermeture, nous attachons des liens de couleur autour de nos poignets, avec des nœuds particuliers appelés « nœuds sacrés de vajra ». Un cadeau, une protection ? En tout cas, les portes de l'enseignement de la Compassion sont entrouvertes. Mais je ne sais pas que leur mise en application sera immédiate...

---

1. Image religieuse bouddhique (surtout au Népal et au Tibet), le plus souvent exécutée sur une bannière textile. (Suspendu dans le temple, ou emporté par le moine voyageur, le tanka peut avoir une fonction didactique [le style est alors figuratif] ou être destiné à la méditation et représenter un mandala.)
2. Le bodhisattva Avalokiteshvara est sans doute le grand bodhisattva le plus vénéré et le plus populaire parmi les bouddhistes du Grand véhicule. Il est aussi utilisé comme *yidam* dans les méditations tantriques. Son nom est aussi traduit par « Considérant les voix du monde », « Qui considère les sons du monde », « Celui qui considère les appels ».

En effet, dans les semaines qui suivront, Ravi et Wolf me feront part de leur besoin de réduire le nombre de séminaires afin de laisser plus d'espace à d'autres activités. Tout semble me pousser vers le domaine Château Bellevue, aussi bien la demande de Ravi et Wolf que celles des futurs participants. Un lieu central, plus facile d'accès et avec une capacité d'accueil plus grande. Mais, en moi, le cœur le dispute à la raison dans un déchirant dilemme entre le nouveau lieu – plus pratique, plus adapté – et l'ancien – riche de tant de souvenirs. Attachement, quand tu nous tiens… Mais c'est compter sans le soutien de l'invisible, qui fait si bien les choses… En effet, en dépit de notre vigilance, une malencontreuse manœuvre verra le parquet de la magnifique salle du Seminarparadies maculé de vilaines traces de bougie. Il n'en faudra pas plus pour mettre le feu aux poudres. C'est avec beaucoup de compassion que je quitte ce lieu et me tourne vers une nouvelle destinée, qui a la silhouette d'un château en Franche-Comté.

LE CANYON

Le passé se répète

Marie Jésus

À l'aéroport, je finis par reconnaître que je suis « fatiguée »... Une des femmes demande un fauteuil roulant pour moi. Je me dis « pourquoi pas... » car je décide (enfin) de me ménager. Mes jambes, mon dos, mon cœur le méritent bien. Quand je dis que je suis transformée...

Toute cette sincère générosité envers ma personne me touche. Je suis si heureuse d'être entière ! Si j'étais revenue paralysée, je ne suis pas sûre du tout que je me serais acceptée ainsi. En méditant sur les événements, j'en retiens deux interprétations :

— Je suis allée à l'école des chamanes et j'ai passé un examen que j'espère bien ne plus jamais avoir à repasser. L'ai-je réussi ? De toute manière, je me fiche qu'on dise de moi que je suis une chamane ou non.

— Je me suis connectée à l'histoire du père de mon père, qui avait choisi de se donner la mort en se jetant dans un puits à Pielago. Dans sa chute, il s'est cogné aux pierres et a fini noyé. Un peu comme ce que j'ai vécu. Ce qui est dans ma mémoire cellulaire, est-ce l'âme de mon grand-père ? Une âme qui s'est libérée pour monter plus haut ?

Certaines des femmes parlent de ma confrontation avec la mort comme d'une épreuve sur la voie du chamanisme. L'une d'elles, Viviane, a vécu la mort de son beau-père dans la semaine précédant le stage. J'ai beaucoup pensé à elle lorsque je suis sortie de l'eau à l'issue de mon accident. J'avais terriblement peur pour elle, je me sentais tellement responsable d'elle que j'aurais préféré mourir s'il lui était arrivé quelque chose. Viviane était avec son beau-père, toute la semaine ; moi, avec mon grand-père…

En consultant le calendrier, je remarque que l'accident a eu lieu la veille de l'Ascension. C'est vrai, je m'appelle bien « Marie Jésus »…

Au moment où l'avion me ramène en France, mes parents suivent la même trajectoire, juste en dessous, dans un autobus qui les ramène d'Espagne. Je décide de ne rien leur révéler de ce qui m'est arrivé. En prenant cette décision, je me souviens que ma mère m'avait raconté qu'au cinquième mois de sa grossesse elle s'était rendue dans le cellier pour attraper des chorizos sur un escabeau, que ce dernier a basculé, et qu'elle est tombée sur le ventre. Ma première chute. Dans la rivière, j'ai vécu un choc comparable : sur les pierres, et dans le liquide amniotique… Le passé qui se répète…

La vie de château...

Je sens, je comprends, je sais, que c'est ici que je dois être. Et que ma présence ici a un lien avec quelque chose à découvrir. C'est en toute confiance en ma bonne étoile, et en l'invisible qui me prend par la main et me guide, que je m'abandonne. Ma tête n'a pas besoin de comprendre, du moment que mon cœur sait que c'est la bonne direction. Certes, je me sens un peu à l'étroit dans cette nouvelle salle qui manque de volume. De clarté, aussi. La présence de la montagne et du panorama vosgien qu'offrait Le Cornu me manque. Adieu, Seminarparadies… Ce petit coup de blues est atténué lorsque je revois l'expression de joie de Charlie, l'aide aux cuisines de Ravi et Wolf, quand je lui ai offert mon tambour. Je sais qu'à travers cet instant de bonheur mon cœur est toujours en ce lieu. Merci, Charlie, d'avoir une pensée pour moi à la pleine lune, quand le tambour t'appellera.

Très rapidement, je propose un marché à Giovanni et à Shyam, les représentants, avec Verena, du château :

— Je viendrai effectuer tous mes séminaires au château, comme fonds de garantie, et vous investissez dans la création d'une grande salle. C'est ce qui manque en ce lieu, un véritable espace de travail, plus spacieux, plus lumineux, mieux équipé. Je vous promets que ça contribuera à l'épanouissement du château !

Dans les mois qui suivent, le projet voit le jour, et ma vision se concrétise. Je dispense en ce lieu les enseignements du tantra et du chamanisme, que je porte en moi comme l'expression d'une union sacrée. Peu de temps plus tard, un festival tantrique suivi d'un festival chamanique verront le jour. La création de cette salle a été un élément important du nouveau rayonnement de ce lieu.

Au cours du premier festival chamanique, je décide de prendre du temps pour moi, histoire de bien me centrer et de m'ouvrir à d'éventuelles synchronicités. Je prends même tellement de temps qu'au matin j'arrive en retard au rassemblement. Je me retrouve debout en bout de tente. Pourtant, je me sens vibrante à cet instant. Peut-être le fait d'être debout et peut-être pas assez réveillée ? Même si je connais bien cette sensation, elle me surprend, dans ce contexte-là. Venu de je ne sais où, j'entends soudain le nom « Sandoval ». Puis, comme lorsque je prenais l'ayahuasca, son message : « Tu portes l'histoire, mais tu n'es pas l'histoire ! » Un message déjà entendu et qui revient, encore et encore, comme un mantra qui tourne en boucle. Puis je me sens comme absorbée par un des chamans que je vois de dos et qui semble courir dans la forêt. Je le reconnais : c'est l'homme-jaguar du Mexique, Ulises.

Au repas, je retrouve certains de mes amis, et c'est dans la joie que nous partageons nos ressentis. Tout en moi m'appelle à participer à un atelier avec cet homme-jaguar. En l'occurrence, un passage par la hutte de sudation. Ce que je fais dès l'après-midi. Comme il y a du vent et des ondées passagères, je m'installe, avec mon amie Sandrine, près d'un tas de bois qui fait office d'abri. Une jeune femme nous rejoint. Elle s'allonge, ce qui déplaît fortement à Ulises. L'Indien lui demande de se redresser en prenant exemple sur la grand-mère qui se tient bien droite dans sa force de femme. Je comprends rapidement que la grand-mère, c'est moi ! Dans la foulée, il m'invite à représenter une direction et à allumer le feu. Il me demande également de me placer en face de lui dans la hutte, pour marquer la limite des territoires du masculin et du féminin. Après cette belle expérience avec l'homme-jaguar, je m'inscris pour l'atelier de la soirée consacré à l'élément air, auquel il participera. Je dois confesser que le froid a également orienté mon choix en me faisant opter pour un lieu plus confortable que les prés ou les bois : la salle à manger du château. De plus, je me sens un peu chez moi, dans cette salle… J'arrive suffisamment tôt pour prendre place près de la cheminée. Elle ne fonctionne plus, certes, mais elle est ornée d'une magnifique tenture : un paon faisant la roue. Je me cale contre la porte et savoure la chaleur du lieu. La salle se remplit rapidement, puis les chamans arrivent et prennent place près de la cheminée. Ulises me tourne le dos et semble totalement absorbé par la salle. L'aigle, le condor, la sagesse et les qualités du vent sont invoqués sous forme de chants et de danses ponctués de moments de silence. Quelle belle fin de journée ! Petit à petit, la salle se vide, et j'ose enfin m'approcher d'Ulises. Je lui confie que j'ai beaucoup apprécié la magnifique expérience du Temazkal – la hutte de sudation – avec sa tonalité mexicaine si particulière, en soulignant mon bonheur d'avoir partagé sa joie et son humour. Il acquiesce, tout en continuant de ranger ses objets rituels dans des boîtes en bois peintes d'étranges motifs. Quand je lui demande ce que cela représente, il se met à me parler de ses origines aztèques. Je lui parle alors de mes origines espagnoles. Pendant que nous partageons nos expériences avec les plantes-médecines – moi, l'ayahuasca, et lui, le peyotl – je sens que progressivement quelque chose cherche à être dit et entendu. Cette sensation se confirme par des larmes qui montent à mes yeux, attisées par des souvenirs des conquistadors, qui envahissent ma conscience. Je lui parle de la vibration de mon nom, « Sandoval », et de ce qui a guidé mon choix de rencontre, ce matin. Sa réaction est fulgurante :

— Arrête ! Je ne veux pas que tu ailles plus loin !

Je suis étonnée, surprise, mais, en même temps, je me sens dans l'acceptation. Je peux sentir en lui le dialogue inconscient entre l'homme et le chaman. Je me dis que ce n'était sans doute pas le moment. Pas encore... La nuit porte conseil, dit-on.

Au petit matin, seul souvenir d'un rêve fugace, cette injonction : « Tu lui offres ta plume en remerciement pour le rêve ! Comment ça ? Ma plume de vautour trouvée dans le canyon et que j'ai dédiée au rituel du tabac et de la sauge ? Celle que j'ai ornée de pierres précieuses ? D'objets si chers à mon cœur ? Comme l'ours en pierre des États-Unis, la seule perle en quartz qui me reste de ma *mala* offerte pour mes quarante ans, la turquoise, le lapis-lazuli... » Je comprends combien je suis attachée à tous ces objets qui évoquent mon parcours, ma rencontre avec les esprits et les humains. Je ne peux offrir ça à personne !

En me rendant très tôt à la méditation collective, je suis dans les premiers rangs et je réserve des places pour mes amis. C'est important pour moi, ce matin, de me sentir entourée, enveloppée. J'ai emporté le cadeau pour Ulises, mais sans croire que je vais vraiment lui offrir. En moi, ça dit « oui », puis « non », puis « oui », puis « non », puis « on verra »… Je connais bien cette agitation. J'attends donc tranquillement le signe qui m'aidera à prendre ma décision… À la fin de la méditation collective, Ulises se trouve tout près de moi. Je le sens accessible. Le passage est ouvert, je le sens ! Je m'approche et le regarde dans les yeux :

— Bonjour, Ulises. Voilà, je viens t'offrir cette plume en remerciement pour le rêve de cette nuit.

Il me dévisage, un court instant, puis il ferme les yeux. Aussitôt, il s'effondre dans mes bras, en pleurs. Nous pleurons ensemble et mêlons nos larmes. Spontanément, mes amis me rejoignent et forment un cercle contenant autour de nous. Puis, après un indescriptible moment d'abandon, il se redresse, me regarde, et me confie : « Ça fait plusieurs jours que je vois les galions des conquistadors, leur débarquement, la hargne des Espagnols. » Puis, avec une fierté retrouvée, il clame haut et fort de sa voix de stentor : « Viens à moi, peuple d'Espagne ! Je suis enfin prêt ! Oui, je suis prêt, pour le Pardon. » Comme une conscience qui inonderait l'espace, tout contribue à un moment magique de pardon et de guérison sur plusieurs plans à travers nos deux histoires. Puis il m'offre ses plumes de condor, et ensemble nous invoquons les gardiens des quatre portes en mexicain : *Ometeotl ahoooo*. Entre-temps, d'autres personnes se sont regroupées autour de nous, tous des Espagnols, venus de différentes régions.

LE CANYON

J'expulse le passé

Marie Jésus

Le lendemain, Marthe m'emmène aux urgences. Nous y subissons une interminable attente durant laquelle je prends le temps de méditer. Je comprends alors que personne dans mon entourage n'a été prévenu de mon accident, jusqu'à présent. Je ressens soudain un impérieux besoin d'appeler Jean-Gabriel pour tout lui raconter. Silence, à l'autre bout du fil… Je me sens soulagée, libérée d'une partie du poids de ces souvenirs traumatisants. Dans la foulée, j'appelle mon frère. Je pleure et lui raconte tout. Je le conjure de ne rien dire à nos parents ni à nos sœurs. Je relate également mon histoire aux urgences lorsque les infirmiers me demandent ce qui m'est arrivé. Je me contente de décrire les faits, mais ça suffit pour que tout le monde me regarde avec de grands yeux. Ils me prennent pour une mytho, c'est sûr !

Le diagnostic est rassurant : aucune fracture, ni même de fêlure ! Marthe ouvre de grands yeux et esquisse un énorme sourire en secouant la tête ; incrédule, mais ravie et soulagée. On décèle tout de même une arthrose cervicale. Alors on me met une minerve. Mais cette minerve « m'énerve »… Je change de taille deux fois, car elle me rappelle trop les mains de ma mère sur mon cou. Voilà que je glisse vers une nouvelle régression…

Tout au long de mes démarches pour cet accident, je pleure beaucoup. J'expulse le passé, morceau après morceau. Je vomis ma jeunesse dans une gastro mentale.

Mon pèlerinage intérieur

Cela fait douze ans que je vais voir les gitans. Pour la première fois, j'y vais sans les femmes. Seule avec Jean-Gabriel. Je comprends que quelque chose a changé, une sorte de passation de pouvoir. À travers Marie-Reine s'exprimait quelque chose des générations de femmes de ma famille. Je peux maintenant partir sans elle et sans me sentir coupable.

Jean-Gabriel m'attend dans un restaurant, à mi-chemin entre Mulhouse et Lausanne. Je le rejoins et tombe dans ses bras. Il prend mes valises, comme s'il prenait le relais de Marie-Reine. Je l'embrasse avec fougue. Je confie à mon compagnon que je désire revoir les Saintes-Maries-de-la-Mer comme la toute première fois, à la mode gitane, sous la tente, pour écouter les moustiques, observer les lucioles, respirer l'odeur de la Camargue. Je lui confie également que j'ai fait le vœu de revenir chaque année.

La première chose que nous faisons en arrivant, c'est de nous rendre à l'église. En pénétrant dans la nef, je suis prise d'une immense émotion. Sans doute le résultat de la présence de Jean-Gabriel à mes côtés. Je lui présente Sara la noire, dans la crypte. Comme la première fois que je suis venue en ces lieux, j'effectue deux jours de pèlerinage au cours desquels je revis le chant de l'espoir et de la fraternité. Les cultures et les traditions des communautés les plus diverses cohabitent là. Elles se regardent et s'échangent, entre païens et chrétiens. Au-delà de la carapace et des dogmes naît un chant d'espérance, d'espoir… Ce pèlerinage me réconcilie avec moi-même et me redonne l'espoir d'une belle humanité. Mais, pour la première fois, Manitas de Plata n'est pas là, il est souffrant.

Plus tard, je me retrouve toute seule dans la crypte, comme l'an dernier. Je me place au centre et je me mets à tourner comme un derviche. Puis je m'allonge, en dévotion à Marie et Marie-Madeleine, en remerciement pour le miracle du canyon. Car je me sentais chaque fois reliée à elles dans tout ce qui m'est arrivé. Celle que j'invoque lorsque je suis avec les femmes, la grande prêtresse, c'est aussi Marie-Madeleine, cette femme sexuée, initiatrice, gardienne de la porte de l'amour.

Un jour, quand j'ai demandé « Qui me parle ? » on m'a répondu : « Tu es l'espace libre. » L'espace entre qui et qui ? Entre Marie et Jésus ? Mais je ne me sens pas l'âme d'un trait d'union. Je ne mets déjà pas de trait d'union entre Marie et Jésus dans mon prénom, car j'ai l'impression qu'ils ne pourraient pas respirer… Mais qui se trouve entre Marie et Jésus ? Qui ? Bon sang, mais c'est bien sûr : Marie-Madeleine ! C'est cette femme, guérisseuse entre toutes, que j'invite dans les cercles de femmes. Elle représente la sagesse infinie de la Terre-Mère, œuvrant dans l'invisible pour qu'hommes et femmes respectent la Terre, unis à travers la femme. Donc à travers la sexualité. Marie-Madeleine n'est pas une prostituée, mais l'expression du calice du Graal.

À peine rentrée chez moi, je me prépare à une randonnée initiatique sur les traces de… Marie-Madeleine ! Le 16 mai, c'était la chute ; du 23 au 25, le voyage aux Saintes-Maries-de-la-Mer, et dans la foulée cette sortie. Quatre jours de marche doivent nous mener d'Auxerre à Vézelay, avec un guide chevronné, José, accompagnateur en montagne. Si elle n'avait pas été prévue de longue date, je pense que j'aurais reporté cette randonnée. Mes hématomes sont toujours présents, et mes douleurs me tirent toujours des grimaces. Je comprends que c'est de la pure folie, mais, en même temps, je sais que je dois le faire. D'autant plus que c'est à mon initiative que José a organisé ce périple. Mon entourage secoue la tête, sans chercher à m'en dissuader, car ils savent que c'est peine perdue.

José est un homme à la fois charmant et sensible que je connais depuis plusieurs années. Il était venu me voir pour des massages ayurvédiques, puis il a participé à plusieurs stages de tantrisme. Quand il m'a dit qu'il était accompagnateur en montagne et qu'il organisait régulièrement des randonnées pédestres, j'ai eu l'inspiration de combiner une randonnée avec un pèlerinage en hommage à Marie-Madeleine. La première a eu lieu l'an dernier. Après la randonnée menée par José, je prenais le relais avec une partie « méditation » au cours des différentes étapes. Nous avons vécu de beaux moments de partage, de rires et d'échanges avec un groupe d'une douzaine de personnes, dans une belle complémentarité entre la partie purement physique et la partie spirituelle.

Nous renouvelons donc cette expérience cette année. Dans un contexte particulier pour la miraculée que je suis. C'est parti. Mon sac à dos m'arrache un cri de douleur. Je sens que ça va être dur. Et c'est dur ! À un moment, je pense même que je ne vais pas y arriver. Mais je m'accroche. Souffle, Marie Jésus, souffle ! Enfin, nous parvenons aux grottes d'Arcy-sur-Cure. Au fil de la randonnée, le guide se dévoile un peu plus. Il fait preuve de profondes connaissances sur les grottes, leur symbolisme, les traditions initiatiques, ce qui n'est pas pour me déplaire. Sur le chemin, nous trouvons de l'eau pure qui a la même vibration que dans les cryptes à côté de Marie-Madeleine.

— Le rayon lumineux d'une lampe permet de distinguer la légendaire « cité engloutie », explique le guide sans avoir l'air de plaisanter.

Je braque ma lampe sur la nappe d'eau. Lorsque mon regard se focalise sur l'eau, d'étranges reflets semblent relier le haut et le bas. Soudain, je me sens comme absorbée par un vortex ! Je me tourne vers les autres :

— Regardez, c'est une porte d'énergie !

Nous repartons chargés de cette bonne énergie. Le lendemain, à Vézelay, nous nous rendons à la maison du pèlerin. Notre guide nous explique les critères de l'approche des bâtisseurs : la lumière, les directions, les portes, le symbolisme. Je note que ces notions sont proches de mes enseignements. Dans la crypte, une messe est célébrée. Impossible de la visiter, donc. Nous prenons place sur les bancs et entamons spontanément une prière commune en réponse à cette invitation. Tous ces voyageurs me font penser aux gitans devenus pèlerins.

Au retour de Vézelay, je me rends au festival de la Terre avec Jean-Gabriel, dans sa bonne ville de Lausanne. Nous sommes attirés par une yourte et l'atelier « danse et voyage en tambour » qui s'y déroule. Le premier atelier a démarré, et nous attendons le deuxième, qui aura lieu dans une heure. En attendant, je demande à l'invisible de rencontrer les bonnes personnes. Un quart d'heure plus tard, je reconnais une des participantes de mes séminaires. L'énergie est immédiatement sollicitée. Qu'a-t-elle à me dire ?

Le voyage au tambour est annoncé, nous prenons place dans la yourte. La guide ne me semble pas trop chamane… Mais sa prestation est claire, rassurante. Elle propose à chacun de rencontrer un message. En confiance, je me laisse guider. *Rapidement, je me retrouve dans le canyon. Je revis ma chute, mais cette fois avec une porte ouverte vers le Ciel. À l'arrivée de ma dérive, je me transforme en crocodile, comme le bout de bois flottant auquel je m'étais accrochée pour me sortir de l'eau. Femme et crocodile en même temps ! Puis ma peau de saurien glisse. Toutes les femmes sont là et font également glisser leur peau. Nous restons un moment près du feu, puis nous repartons.* Le tambour de la chamane sonne le rappel. La partie crocodile en moi s'arrache une dent et me l'offre. Un présent ou une protection ? À moins que ce ne soit les deux à la fois…

Intriguée par cette vision, je me demande ce que ce crocodile a bien pu vouloir me transmettre. Je fouille dans le magma de mes connaissances. Voyons, le crocodile fait partie des plus grands reptiles vivants. Et puis c'est un animal chargé de symbolique dans de nombreuses civilisations à travers le monde. Depuis l'Antiquité, le saurien a été l'objet de mythes et de symboles ambivalents associés à la mort et à la renaissance. Il est à la fois l'être dévorateur et la mère. D'ailleurs, la femelle crocodile est, elle-même, une mère accomplie, qualité rare chez les reptiles. L'apparition du crocodile évoque la force primitive et la création, la présence des forces maternelles.

Lesquelles de ces symboliques me parlent plus que d'autres ? Celle qui fait de lui le gardien et le protecteur de la connaissance ? Le fait qu'en tant que rescapé de la Préhistoire, il porte en lui des énergies très primaires ? Ou alors sa position intermédiaire, entre la terre et l'eau, qui fait de lui le symbole des contradictions fondamentales ? Sa faculté à voir sans être vu ? Probablement un peu de tout ça…

Avec le temps, on peut regarder de plus loin et de plus haut, entendre, comprendre, interpréter la fin d'un cycle et le début d'un nouveau. Après ma chute, ma re-naissance, dans les semaines qui ont suivi, je me suis mise en chemin vers l'expression du Féminin sacré : j'ai effectué un pèlerinage aux Saintes-Maries-de-la-Mer, une randonnée initiatique sur les traces de Marie-Madeleine, puis je suis allée vers Margot. Pour ma dernière intervention en qualité de co-animatrice et de représentante de son enseignement, après dix ans de présence ininterrompue. Parole de chamane… Je me retire avec au cœur une immense gratitude pour tout ce temps passé ensemble, ces moments de vie inscrits en moi à tout jamais. J'ai alors à nouveau pu entendre résonner en moi ce message : « Mon cadeau pour toi : ton chemin, tu le feras seule. »

LE CANYON

Merci maman !

Marie Jésus

Je rends visite à ma mère, rentrée d'Espagne, la veille. Je ressens de drôles de sensations, comme si mon grand-père Roman veillait sur cet échange. Je ne lui raconte rien de ce qui m'est arrivé. C'est comme ça que je le sens. Mais, dans le secret de nos âmes, je suis sûre que quelque chose sait... Un pont d'émotion nous relie soudain. Mes plus tendres pensées sont pour elle.

Oui, je remercie ma mère de m'avoir donné la vie !

Oui, je remercie ma mère de m'avoir transmis sa force face aux épreuves de la vie !

Oui, je remercie ma mère aujourd'hui de pouvoir me témoigner sa peur de mourir en couches !

Oui, je remercie ma mère aujourd'hui de me témoigner ses émotions et de me dire son amour pour moi dans cette affirmation surgie du fond de son cœur de mère : « Je suis contente que tu ne sois pas morte. »

Retour sur l'avant-canyon, septembre 2011

« La passion est au cœur de ma vie comme un buisson ardent. » Ces mots très forts reflètent bien mon ressenti par rapport à ma vie et les différentes manières que je choisis pour traverser les épreuves qu'elle m'envoie.

Depuis ma rencontre avec la plante-médecine au Pérou, je me suis posée avec le profond désir d'explorer les espaces les plus souffrants dans ma relation à l'homme. Avec la volonté de rencontrer mes ombres, de les reconnaître et de les chérir comme autant d'opportunités de transformation. C'est vers mon couple intérieur – le masculin et le féminin en moi – que je privilégie mes relations. Et toutes ces années de pratiques tantriques, chamaniques, christiques, bouddhistes m'y invitent pleinement. Ne dit-on pas : « Charité bien ordonnée commence par soi-même » ?

J'étais bien installée dans cette direction, lorsque la déclaration d'amour de Jean-Gabriel est venue tout bousculer et m'a surprise. Car même si lors de notre première rencontre, au cours d'un rituel, j'ai eu une vision de mémoire amérindienne, je l'ai vite relativisée, car elle aurait pu être provoquée par la vue de sa silhouette aux longs cheveux et à la démarche féline. De plus, pendant ces trois années à le voir et le sentir grandir dans l'expression de qui il est vraiment, jamais je ne m'étais sentie troublée en sa présence.

C'est à un niveau plus profond que sa déclaration est venue cueillir mon âme. Et, si mon départ vers le Népal m'a donné tout l'espace pour entrer dans mon ressenti, il n'en demeure pas moins que je suis restée branchée sur canal vision… Et ce sont des images rapides, fugaces, qui m'ont visitée. Des visions de campements amérindiens, à la nuit tombée, autour d'un feu, de chants et de danses au son du tambour, de transes. Des images qui ont eu pour effet de me glacer le sang, de me pétrifier, sans que je ne comprenne pourquoi. Elles ont trouvé plus de clarté, au fil du temps. Ce qui a changé, c'est qu'aujourd'hui je sais dire et communiquer à partir de moi et que je me sens entendue. C'est après des mois d'échanges profonds et sincères que notre rencontre a pris corps. Ma relation avec Jean-Gabriel est ponctuée d'allers-retours ; ce qui me convient parfaitement, car cela me permet d'alterner les instants de partage et les moments de quête introspective de mon histoire de vie.

Les mois ont passé, et c'est avec une immense joie que nous préparons nos premières vacances ensemble, en septembre 2011. Mon souhait est de retourner dans ce canyon d'Andalousie, où j'avais tenu mon premier séminaire, « Tantra chamanisme », en août 2008. Un lieu magique incluant un moment magique : le 8/8/2008. Un jour important dans l'univers ésotérique, celui de la porte du huitième chakra, riche de souvenirs qui me portent et m'habitent si profondément que je tiens à les partager avec Jean-Gabriel. Pour voir si cet espace de liberté fera vibrer son cœur aussi profondément que le mien. En espérant qu'il pénétrera au plus profond de nous comme un seul souffle, incarnant le masculin et le féminin en chemin vers l'essentiel. Aller en Espagne avec Jean-Gabriel comporte une dimension supplémentaire pour moi : celle de pouvoir partager avec lui ma langue, mes racines, ma terre, mon pays, mes passions…

Lorsque nous arrivons sur place, ma mémoire me trahit : je ne me souviens plus du chemin menant au canyon… Alors je fais une demande à l'invisible, à ce qui œuvre en nous et à travers nous, à ce qui parle de notre rencontre d'ici et d'ailleurs. La réponse ne tardera pas. Le soir de notre arrivée, baignés d'envoûtants parfums de jasmin, de laurier, de rose, nous savourons une boisson fraîche au café du village. Moins caniculaires que celles de juillet-août, les températures de septembre restent néanmoins élevées en Andalousie. Nous sommes en pleine discussion, lorsqu'une vieille femme au dos voûté, à peine plus haute que trois pommes et vêtue tout en noir, s'approche de moi. Elle m'accoste d'un air plutôt autoritaire pour me proposer des pots en verre… Dérangée par son intrusion un peu cavalière, je lui demande de nous laisser tranquilles. Elle s'éloigne en bougonnant et se dirige vers d'autres tables. De l'une d'elles émanent de joyeux et toniques échanges, parmi lesquels il me semble reconnaître une voix. En évitant de les dévisager, je dirige discrètement mon regard vers les occupants de la table. Je n'y repère aucun visage familier. Pourtant, quelque chose a aiguisé ma curiosité, et je suis curieuse de savoir ce que ces pots en verre pouvaient bien contenir. Je prends mon courage à deux mains et me dirige vers la joyeuse tablée. En formulant ma demande sous le regard réprobateur de la vieille femme, je reconnais enfin cette voix et le visage qui va avec : c'est Angèle, la femme qui préparait les repas lors de mon premier passage en 2008 ! Embrassades, présentations et évocations de souvenirs se succèdent alors. Jean-Gabriel nous rejoint. Après un long moment, j'en reviens à ma question à propos de cette vieille femme aux allures de sorcière.

— Lucie est la mémoire du village et la maîtresse des plantes médicinales, des épices, m'explique Angèle. Elle a transmis ses dons à son fils, qui vit avec elle. À eux deux, ils connaissent tous les secrets des plantes médicinales qui prospèrent en ce lieu classé « réserve naturelle ». Ils sont également dépositaires de la connaissance des anciens, comme celle des meilleurs moments des récoltes avec la lune.

Je présente mes excuses à Lucie et lui achète quelques pots de ces plantes miraculeuses. Puis je demande le chemin du canyon à Angèle. Dans un élan de gentillesse, elle me propose de nous y emmener, dès le lendemain matin, à la fraîche. Merci l'invisible…

La nuit est courte et agitée par l'idée de revenir en cet endroit magique de célébration et de communion du 8 août 2008. Après un petit-déjeuner copieux, nous prenons la route du canyon avec Angèle. En chemin elle se révèle un guide précieux, nanti d'un authentique amour pour sa terre et d'une étonnante connaissance de la faune et de la flore locale. Une connaissance qu'elle partage avec passion. Elle nous parle, entre autres, de la grande camomille, de la sauge pourprée, de la prêle, de la carotte sauvage, de la rue fétide. Lorsqu'elle me parle de cette dernière, une plante abortive qu'utilisent les bergers quand les chèvres vêlent et que le placenta ne sort pas, je me sens émue, voire bousculée. Est-ce l'idée de l'avortement qui me perturbe ? Angèle poursuit ses explications en m'affirmant que ce savoir qui se transmet oralement ne risque pas de se perdre, car de nombreuses femmes utilisent encore la rue fétide, notamment en la plaçant sous le matelas. Ces informations contribuent à ouvrir un espace flottant dans ma conscience. Une sensation familière, qui signifie que quelque chose que je ne connais pas se cherche en moi... Ne rien vouloir, ne rien chercher... Juste me laisser vivre dans cet inconfort... Heureusement, nous arrivons en cet endroit magique que certains initiés ont baptisé « El Nacimiento » – « la naissance »... Notre première immersion dans cette eau pure ressemble à un baptême avec notre guide et les esprits gardiens du lieu. Puis Angèle prend le chemin du retour et nous laisse savourer la découverte de ce petit paradis. Nous vivons des moments de liberté qui ressemblent à mes visions, sans les tipis, mais avec ce côté originel dans cette végétation luxuriante, riche et généreuse. Au fil de notre séjour, la présence du vautour se fait grandissante. Nous sentons que ces grands oiseaux de proie nous appellent. Alors nous faisons tout pour entrer en communication avec eux : des offrandes, des prières, nous chantons et jouons du tambour. Autant d'invocations en direction d'une puissante médecine de transformation : la roue-médecine du vautour[1].

1. Dans les mythes, le vautour est un animal de mort, puisqu'il signale la présence d'un cadavre. Par son action de nettoyage des viandes mortes et putréfiées, il est aussi un animal de purification des âmes corrompues. Nettoyant le corps jusqu'à l'os qui, lui, est incorruptible, il est aussi l'animal gardien de l'âme, des esprits liés au squelette. Préparant le cadavre à une vie au-delà, c'est aussi l'animal de la

Nous effectuons de nombreux retours en ce lieu durant la semaine. Nous glissons tout doucement vers la fin du séjour, lorsque Jean-Gabriel me propose d'explorer le lit de la rivière. Même si l'invitation est de faire confiance à l'homme, la petite fille en moi qui a peur de mourir noyée refait surface. Ce n'est qu'après de nombreuses pratiques que je trouve l'espace et le courage de me laisser porter sur son dos. Le lit de la rivière est irrégulier, avec des variations importantes entre les parties où nous avons pied et d'autres, plus profondes, qui me ramènent à mes angoisses primaires. La couleur des eaux, oscillant entre le vert turquoise et le jade, leur conserve tout leur mystère, malgré leur clarté. À un moment, je me sens attirée par une bande de sable sur ma droite, et même si Jean-Gabriel me propose l'autre direction, je maintiens ma demande avec une douceur mâtinée de fermeté. Nous nous dirigeons donc vers la « bande d'arrêt d'urgence » pour me permettre de souffler et de gérer ma peur de la noyade. En arrivant, nous apercevons soudain une chose flottant à la surface des eaux. Nous nous approchons dans un silence quasi religieux. Et nous découvrons que cette masse inerte, à moitié immergée, n'est autre qu'un vautour. Sa mort semble récente. Une fois passé le temps de questionnement et de révolte par rapport à ce qui a pu se produire, un irrésistible besoin de m'approprier ce moment me traverse comme une vague, une réponse à un mystérieux appel subliminal que je commence à reconnaître. Ma raison me dit que c'est un écho à la frustration de ne pas avoir trouvé la moindre plume de vautour en 2008, en dépit de mes recherches, investigations et demandes. Parce que, présentement, j'ai la sensation d'avoir trouvé une mine d'or !

---

transformation. Il permet de passer du matériel à l'immatériel, de la vie terrestre à la vie spirituelle. Il trompe la mort, en faisant passer en premier la survie des esprits liés aux os. Il protège les morts et devient un refuge devant la mort de la chair. Il est présent dans de nombreuses civilisations : de la tradition biblique à la Grèce antique, en passant par l'Égypte, l'Inde, les Mayas, la Turquie, la Hongrie, le Tibet, où l'on parle d'« inhumation céleste » lorsque les corps des défunts sont offerts aux vautours, dans un rituel qui permet aux âmes d'atteindre le ciel en toute sérénité.

Commence alors une danse autour de ce défunt, un appel à la mémoire, à ce signe, à ce totem de la roue-médecine du Vautour. Nous prenons des photos avec ce sage, ce défunt venu nous parler d'autrefois. C'est avec le plus profond respect que je lui tire une plume après l'autre, en le remerciant de ce don et de tout ce qu'il va m'apporter. Je ne crois pas si bien dire, car voilà que je me sens, petit à petit, glisser dans un autre monde : une vision se manifeste, alors que Jean-Gabriel se trouve en face de moi, tenant la base de la plume pour en faciliter l'extraction. Je me sens comme aspirée par un vortex, vers un espace à la fois flou et pourtant suffisamment clair pour que je voie mon compagnon se transformer en Amérindien. Je me trouve à ses côtés, dans la même scène que celle que nous vivons présentement, mais dans un autre espace-temps. Nous sommes en pleine préparation d'objets de rituels pour des cérémonies à venir. Puis, le souffle qui m'a absorbée dans le vortex dans une inspiration m'oriente vers la sortie, dans une expiration. Le temps de reprendre mes esprits, et je partage ma vision avec Jean-Gabriel. Sans pour autant en faire une vérité, mais en m'autorisant à me laisser ressentir où tout cela m'emmène. Je me laisse pleurer et prendre par la main par l'invisible, tout en évitant d'inquiéter mon compagnon.

Après un temps à collecter ces précieux trésors, ces plumes comme autant de sources de création et de possibilités à rester dans cette connexion, Jean-Gabriel me ramène à la raison. Il reste en moi l'appel des pattes et du bec de l'animal, et je sens en moi comme une pointe de frustration. Mais l'acceptation l'emporte. Nous remercions ce guide de l'invisible venu tout droit du monde des morts et nous optons pour une sépulture et une cérémonie. Nous posons en conscience chaque pierre avec délicatesse, respect et joie sur sa dépouille. Nous restituons ses plumes au noble rapace, sous forme de bambous avec lesquels nous reconstituons sa parure. Nous garnissons sa tombe avec des fleurs et les plantes médicinales que Jean-Gabriel est allé cueillir. Puis nous procédons à des fumigations pour accompagner nos prières.

Quand nous rentrons à la pension, ce soir-là, nous sommes tout les deux dans un état second, silencieux et actifs à la fois. Tandis que

Jean-Gabriel classe les plumes par taille, je ressens toujours une once de frustration par rapport à mon désir irrationnel de prélever les pattes et le bec de l'animal. « Étrange, tout de même, me dis-je, pour moi qui ne supporte pas la vue d'un cadavre ni même de plumer un poulet… » Mon compagnon continue de m'en dissuader, et je respecte son point de vue.

Le lendemain, après avoir échangé avec Angèle sur notre trouvaille, notre amie nous explique que certains animaux sont victimes d'électrocution suite à des contacts avec les lignes électriques, non protégées, dans la région. Puis elle nous conseille de quitter le lit de la rivière et de pénétrer dans la forêt magique de chêne-liège qui fait la prospérité de ce village. « Tout en haut de la montagne, au trou à l'Ours, se trouve un passage, nous confie-t-elle, avec un regard complice. Il est situé sur un terrain privé, mais, si vous dites que vous nous connaissez, ma sœur Isabel et moi, vous n'aurez pas de problème. » Nous nous mettons en route, le cœur et le pied légers. À un moment, en cherchant le chemin, je me dirige comme un automate vers un sentier entre les bosquets. C'est là que je le trouve. Couché sur le dos et les pattes en l'air : un vautour. Son cadavre semble m'avoir attendue. « Prends-moi ! » semble-t-il supplier… Parti dans une autre direction, Jean-Gabriel me rejoint. Il est stupéfait à la vue de ma trouvaille. « Cette fois, je repartirai avec les pattes ; Jean-Gabriel ne pourra pas s'opposer à cet appel du destin », me dis-je avec détermination. Seulement, nous n'avons pas de couteau sur nous, aussi nous décidons de revenir le lendemain. Pour le moment, portés par cette nouvelle découverte, nous savourons le panorama du canyon depuis cette vue plongeante. Jean-Gabriel s'approche au plus près de la falaise, avec assurance et grâce. Ses cheveux sont balayés par le vent, et son paréo me fait penser à un pagne. Aussitôt, je me sens à nouveau flotter dans cet espace entre plusieurs plans de conscience. Lorsque les vautours quittent leurs nids et s'élancent dans leurs vols majestueux, cette vision d'ici et maintenant s'imprime à tout jamais en moi comme le reflet d'un autre temps.

L'heure du départ approche, et nos valises débordent de souvenirs, de cadeaux, de photos, autour d'un trésor inestimable pour moi : des plumes et des pattes de vautour. Mais aussi des souvenirs immatériels, subliminaux, magiques. Car Jean-Gabriel et moi avons compris qu'au plus profond de nous quelque chose nous relie à des niveaux si subtils que chercher à comprendre serait illusoire. Bien plus que des vacances, ce séjour nous montre une direction, celle de la suite à donner à ce premier séminaire, impulsé en 2008. Je pense à un cycle plus avancé, dans ce canyon, pour un groupe mixte, avec notre couple comme guide. Mes dernières nuits sur place sont habitées des échanges avec Angèle à propos de la plante abortive. Avec, en filigrane, la sensation de donner la mort, de commettre un infanticide, mais aussi l'impression que quelque chose se meurt en moi et appelle au secours. C'est neuf mois plus tard que je prendrai la route avec les femmes, direction le canyon des Vautours…

Épilogue

En septembre 2013, soit deux ans après nos premières vacances au canyon et cinq mois après ma chute, nous sommes retournés au canyon avec Jean-Gabriel. Je tenais à transcender les démons qui m'habitent et, en même temps, il me fallait du repos. Nous avons été accueillis chaleureusement par les habitants du village, habités à la fois par une légitime curiosité et une infinie gentillesse. Il faut dire que, pour eux, l'intervention des représentants de la garde civile, des pompiers et de l'Office national des forêts avait ravivé des événements tragiques du passé. Je suis la première personne à ressortir vivante de cette épreuve, de plus miraculeusement indemne après une chute de plus de vingt mètres de dénivelé, dont cinq mètres dans le vide.

À l'époque de ma chute, aucun panneau n'indiquait le danger lié à la nature variable du débit de ce cours d'eau issu d'une retenue d'eau de la centrale hydroélectrique du village. Aucune information non plus dans le guide touristique de la région sur les risques du chemin balisé et recommandé qui emprunte ce périlleux passage. C'est aussi pour ces raisons que je suis venue, me dis-je, avec cette voix qui tonne en moi : « Après moi, plus jamais ça n'arrivera ! » Durant mon séjour, mes rencontres, mes échanges, mes propos iront tous dans cette direction : toucher les consciences de tous ceux que je rencontre, afin que plus jamais cela ne puisse se produire.

Avec Jean-Gabriel, nous reprenons le chemin vers le canyon, dans le silence. Je refais le chemin, pas à pas, en conscience et en prière, le cœur baigné à la fois de douleur et de joie. Chaque pas est une victoire, chaque souffle une audace, chaque larme une offrande, chaque sourire une prière… Tout au long du chemin, manifestement devenu plus praticable, je remarque des panneaux de signalisation. « Ils m'ont écoutée ! » Arrivée devant la chute, je ne peux retenir mes pleurs, ma détresse, ma colère, ma gratitude… Là aussi, des écriteaux avertissent le randonneur. Présentement, le fameux torrent est à sec et, au vu de l'état de la végétation, cela doit faire un bon moment. En contrebas, la rivière dans laquelle il se jette coule paisiblement.

Je me pose et remercie les esprits gardiens du lieu pour leur bienveillance. Je me laisse emmener par la rondeur des courbes de mon tambour et par les émotions profondes qui remontent à la surface de ma conscience. La présence de Jean-Gabriel agit comme un baume bienfaisant sur mon cœur. Il me garde dans l'ici et maintenant, tout en me laissant continuer à voyager entre Terre et Ciel. Dans mon périple intérieur, je vois soudain s'ouvrir la porte des morts. De leurs voix faibles et suppliantes, les décédés me demandent de les aider à monter, à trouver la paix. Certains, toujours en état de choc, n'ont pas compris ce qu'il leur est arrivé… Alors je fais de mon mieux pour leur expliquer qu'ils évoluent désormais sur un autre plan, au-delà du plan terrestre et matériel. Je les enjoins de suivre les guides qui vont venir les chercher et d'aller vers la lumière. Puis je reviens tout doucement au monde des vivants. Je fais des offrandes et mets en œuvre tout ce qui est en mon pouvoir pour ces âmes et pour la partie de moi qui est morte dans ce canyon. Puisse-t-elle à tout jamais trouver la paix !

Venu des tréfonds de ma mémoire sélective, resurgit alors le souvenir de cette voix que j'avais captée dans une église. J'avais tout juste dix-huit ans et je venais d'apprendre que je ne pourrais jamais vivre ma vocation, celle de m'occuper d'enfants. Je cherchais désespérément un soutien et, à cette période, ce sont les églises vides qui me l'ont apporté. Je pleurais toutes les larmes de mon corps, car rien d'autre que de prendre soin de jeunes enfants ne trouvait d'intérêt dans ma vie. Une voix venue de nulle part m'avait alors invectivée : « Penses-tu vraiment que c'est à cela qu'on te destine ? » Je me suis retournée pour chercher du regard qui avait prononcé ces paroles. Personne… Qui a parlé ?

Qui est là ? J'étais seule dans l'église... Depuis, chaque fois que le doute me reprend, quand je ne trouve pas de sens à ma vie, le souvenir de ce message sort de sa cachette, dans un coin de mon âme, pour éclairer mon chemin.

De ma chute dans le canyon, je n'oublierai jamais cet espace paisible au cœur du chaos, cette partie de moi qui a accepté que c'était un beau jour pour mourir. Cette acceptation qui m'a procuré le relâchement nécessaire pour fusionner avec les éléments. Et cette voix qui m'a permis de visiter avec sérénité et conscience mon passage en me rassurant : « J'ai accompli ma mission. » Cet abandon de moi-même, quand je m'en suis remise à plus grand, quand j'ai senti mon âme se détacher de mon corps sans que j'en perde les sensations, quand j'ai goûté à un espace d'une immense sérénité. Peut-être était-ce la même sensation que celle que j'ai connue à l'hôpital dans mon enfance. Seulement, cette fois, je l'ai vécue en conscience !

En revisitant le lieu de ma chute, l'absence d'eau dans le torrent nous permet de comprendre combien ma vie n'a tenu qu'à un fil. En effet, à l'endroit où je suis tombée se dressent plusieurs rochers, comme autant de piques sur lesquelles j'aurais pu m'empaler. Au lieu de cela, j'ai miraculeusement atterri dans une vasque à peine plus grande que moi, avant d'arriver dans la rivière. Tout cela s'est joué à environ dix centimètres près... Dix centimètres de frontière entre la vie et la mort... Je me souviens aussi que, dans ma dérive, le courant m'avait guidée du bon côté d'une fourche du cours d'eau, dont une des branches menait à un bloc de pierre percé. Je comprends que je ne m'en serais pas sortie si j'avais été poussée par la pression de l'eau contre ce trou trop petit pour me laisser passer... Ce n'est pas un seul ange gardien, mais tout un escadron de séraphins qui a veillé sur moi...

C'est le cœur plein d'émotions et portée par un indicible sentiment que je rejoins la rivière qui a failli m'engloutir à tout jamais. La fraîcheur, la douceur et la transparence de l'eau me procurent une sensation de vie, de miracle comme jamais. Les souvenirs reviennent si fort que j'ai l'impression que je vais imploser et exploser à la fois.

Jean-Gabriel me propose de me laisser porter par le courant doux et murmurant de la rivière pour rejoindre l'endroit de mon atterrissage. Quand je me plonge dans les eaux turquoise, j'ai l'impression d'une bénédiction, d'un baptême, d'une purification. Après quelques mètres dans le courant, je me pose sur une bande de sable. Soudain, je la reconnais : c'est ici même que nous avions trouvé le vautour mort, deux ans plus tôt ! Je n'aurais jamais imaginé que tout cela me ramènerait à cet endroit ! Je rends grâce à mes guides, aux ancêtres, à la médecine du vautour, à ses enseignements et à Jean-Gabriel d'être là, près de moi, à cet endroit du miracle de la connexion.

Addendum

Mon épreuve dans le canyon n'aura pas été inutile. Ni à moi ni à tous ceux qui y vivent ou visitent ce lieu. Ce passage si dangereux, qui a coûté la vie à plusieurs personnes, est à présent un chemin balisé, nanti d'une passerelle érigée fin 2013. Les autorités ont proposé de lui donner mon prénom. Je me suis sentie honorée, mais j'ai préféré commémorer le lieu et les esprits qui l'habitent avec deux plaques scellées dans la roche, l'une dédiée à la Vierge d'Andalousie, la Macarena, et l'autre à Jésus, avec son cœur flamboyant.

La passerelle symbolise le lien, le passage. Comme chez le chaman, passeur d'âmes entre les deux mondes, les deux plans. La matérialisation de cette passerelle me confirme que je ne peux plus me cacher derrière la partie de moi qui ne se sent pas à la hauteur ou qui ne veut pas. Une analogie me frappe : dans nos deux histoires de couple, avec Jean-Gabriel, la séparation s'est faite alors que nous habitions « Rue de la Passerelle » pour moi, et « Chemin de la Passerelle » pour lui. Aujourd'hui, je peux enfin affirmer : oui, je suis une passerelle ! Oui, je suis une passeuse, une accoucheuse d'âmes… Alors résonne à nouveau en moi cette voix qui semble m'ordonner : « Et tu seras chamane ! »

MARIE JÉSUS SANDOVAL-AMRITA

Le mot de la fin du narrateur

Ballottée par les tempêtes de l'existence, on peut dire que Marie Jésus est morte plusieurs fois dans sa vie. Et pourtant, elle est toujours là. Plus vivante que jamais, célébrant jour après jour le bonheur de fouler la terre, de respirer le vent, de sentir l'eau glisser sur sa peau, d'entretenir son feu intérieur.

« Tant que le corps n'est pas allé toucher son ombre, il sera difficile de rencontrer sa lumière », dit-on en chamanisme. Des ombres, Marie Jésus en a touché de nombreuses au cours de son existence. La sienne, mais également celles des participants à ses séminaires. Mieux que jamais, elle sait leur transmettre cette joie profonde de sentir la vie, tout en se souvenant de la proximité de sa mort.

Remerciements

Mes remerciements les plus sincères vont à mon épouse, Claire, à l'origine de cette biographie. Ses précieux conseils m'ont aidé à mener à bien cette aventure littéraire. Claire, qui nous a quittés fin novembre 2017 pour aller rejoindre les forêts éternelles et qui m'a envoyé de nombreux et merveilleux signes de vie, depuis.

Je remercie également les participantes du séminaire au canyon qui m'ont apporté leurs témoignages et leur éclairage sur cet événement. Tout particulièrement Brigitte, qui en a livré une description complète et détaillée. Un grand merci également à Marie-Reine, qui a complété les étapes de la vie de Marie Jésus et contribué à en préciser la chronologie. Merci aussi à Agnès pour ses remarques et précieux conseils. Ma gratitude s'adresse également à la vigilante « Suzanne Œil de lynx », pour ses pertinents commentaires et ses corrections, et ses « complices » Claudine et Jean. Sans oublier les Esprits, omniprésents, qui m'ont guidé dans la rédaction de cet ouvrage.

Bien entendu, je remercie Marie Jésus pour sa confiance et le bonheur partagé tout au long de ce cheminement plein d'enseignements.

JEAN-LUC NUSSBAUMER

Je tiens à remercier Claire pour m'avoir encouragée et contribué à faire écrire le roman de ma vie, bien avant mon aventure au canyon. Jean-Luc, pour avoir mis à disposition son écoute, ses qualités humanistes et sa patience, pour m'avoir aidée à dépasser les réticences de ma pudeur et de mes peurs à me dévoiler à la face du monde, à accoucher de moi-même. À poser un acte aussi fort, comme un testament, un hommage et un éclairage pour tous ceux qui se sentent oubliés de la Vie, qui perdent pied, confiance, de cheminer avec au ventre cette peur qui paralyse et qui ne demande qu'à être transcendée. Prendre son bâton de pèlerin pour un voyage intérieur où chaque étape est comme une porte que l'on pousse et qui nous dévoile d'autres portes, qui ouvrent sur d'autres portes… À l'infini…

Je remercie du fond du cœur toutes mes compagnes d'aventure du canyon. Quand je rendrai mon dernier souffle, je serai habitée du souvenir de leur amour et de leurs prières. Elles seront près de moi, et je serai près d'elles.

Agnès et Henri, pour leur regard perçant et leur grande sagesse. Et tous ceux que je ne nommerai pas et qui se reconnaîtront…

MARIE JÉSUS SANDOVAL-AMRITA

Marie Jésus Sandoval-Amrita

Chamane de naissance, Marie Jésus Sandoval-Amrita est enseignante tantra, certifiée par Margot Anand. Masso-sexo-thérapeute et praticienne en Ayurvéda, elle propose divers séminaires guidés par une approche psychocorporelle. Véritable direction intérieure vers un chemin d'éveil des consciences et d'harmonisation de nos natures profondes, tant célestes que terrestres, cette approche révèle, de façon douce et puissante, les informations inscrites dans les mémoires corporelles (dites « cellulaires »). Aussi bien à un niveau personnel, transgénérationnel que transpersonnel.

Renseignements et inscriptions :

www.esprittantra.org et www.femininsacre.org

E-mail : sandovalamrita@gmail.com

Articles de presse et témoignages sur les sites www.esprittantra.org et www.femininsacre.org

Table des matières

Achevé d'imprimer en avril 2021
sur les presses de la Nouvelle Imprimerie Laballery
58500 Clamecy
Dépôt légal : avril 2021
Numéro d'impression : 103820

Imprimé en France

La Nouvelle Imprimerie Laballery est titulaire de la marque Imprim'Vert®

Composition et maquette : Soft Office